Fotografieren für Kinder

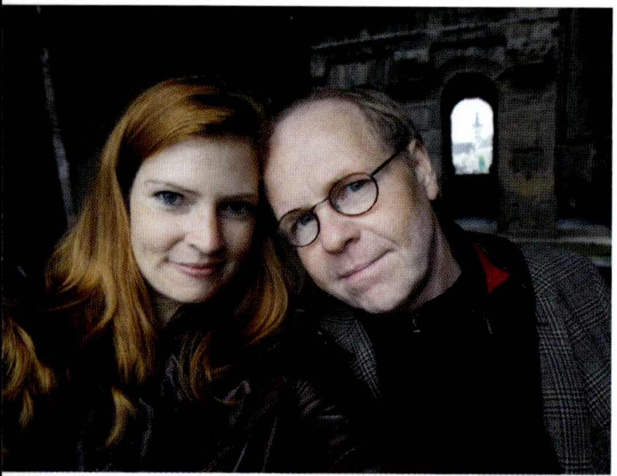

Michael Ebert ist Fotograf und unterrichtet an den Hochschulen Magdeburg und Hannover Bildjournalismus. Früher hat er lange für Zeitungen und Magazine fotografiert. Inzwischen macht er Fotoausstellungen mit berühmten Fotografen und hat schon viel über Fotografie geschrieben.

Sandra Abend hat Kunstgeschichte studiert. Dabei hat sie sich intensiv mit Fotografie beschäftigt und schließlich ihre Doktorarbeit über den Fotografen Jeff Wall geschrieben. Sie leitet die Kinderartothek im Wilhelm-Fabry-Museum in Hilden und lehrt auch an der Universität Düsseldorf.

Zusammen veranstalten Sandra und Michael seit einigen Jahren Foto-Workshops für Kinder.

Michael Ebert & Sandra Abend

Fotografieren für Kinder

Kinder entdecken die Welt der Fotografie und wie man die Welt fotografiert

2., erweiterte Auflage

dpunkt.verlag

Michael Ebert, www.michaelebert.de

Lektorat: Rudolf Krahm
Copy-Editing: Friederike Daenecke, Zülpich
Layout: Lilia Bauer
Satz: Cora Banek, Mainz
Herstellung: Frank Heidt
Umschlaggestaltung: Helmut Kraus, www.exclam.de
Umschlagfoto: Michael Ebert
Druck und Bindung: Stürtz GmbH, Würzburg

Bibliografische Information der Deutschen Nationalbibliothek
Die Deutsche Nationalbibliothek verzeichnet diese Publikation in der Deutschen Nationalbibliografie; detaillierte bibliografische Daten sind im Internet über http://dnb.d-nb.de abrufbar.

ISBN 978-3-86490-174-4

2., erweiterte Auflage 2014

Wieblinger Weg 17
69123 Heidelberg

Abbildungsnachweise: Seite 9, 10, 15 und 17: The Library of Congress; Seite 14: Jean-Baptiste Sabatier-Blot; Seite 146, 147 und 148: Lewis Hine; Seite 2, 136 und 154: Sandra Abend; alle anderen Bilder: Michael Ebert.

5 4 3 2 1 0

Danksagung

Danke an Anja, Anna, Antonia, Charlotte, Javed, Kasandra, Lea, Melina, Neele, Nele, Phillipp, Pia, Selin, Vicky und die vielen, vielen anderen Kinder, die uns bei diesem Buch geholfen haben. Dank auch an Canon für die technische Unterstützung.

Inhaltsverzeichnis

Vorwort

Warum fotografieren die Menschen eigentlich so gerne? Darauf gibt es viele Antworten. Zum einen macht es Spaß! Es ist spannend, Momente, Menschen, Tiere, Orte und Dinge festzuhalten, die einen faszinieren. Nach einer Weile sieht man sich die Bilder an und erinnert sich an den tollen Urlaub oder den ersten Schultag. Fotos können so zu einer Art Gedächtnis werden. Durch Fotos können wir längst vergangene Zeiten wachrufen. Fragt mal eure Eltern, vielleicht habt ihr ja sogar in eurer Familie noch ganz alte Fotos von den Urgroßeltern, als sie selbst noch Kinder waren.

Früher war das Fotografieren etwas ganz Besonderes. Auf dem Foto rechts könnt ihr erkennen, wie fasziniert diese Kinder von der Kamera der amerikanischen Fotografin Frances Benjamin Johnston waren. Sie war eine Pionierin der Fotografie und dieses Bild entstand um das Jahr 1900.

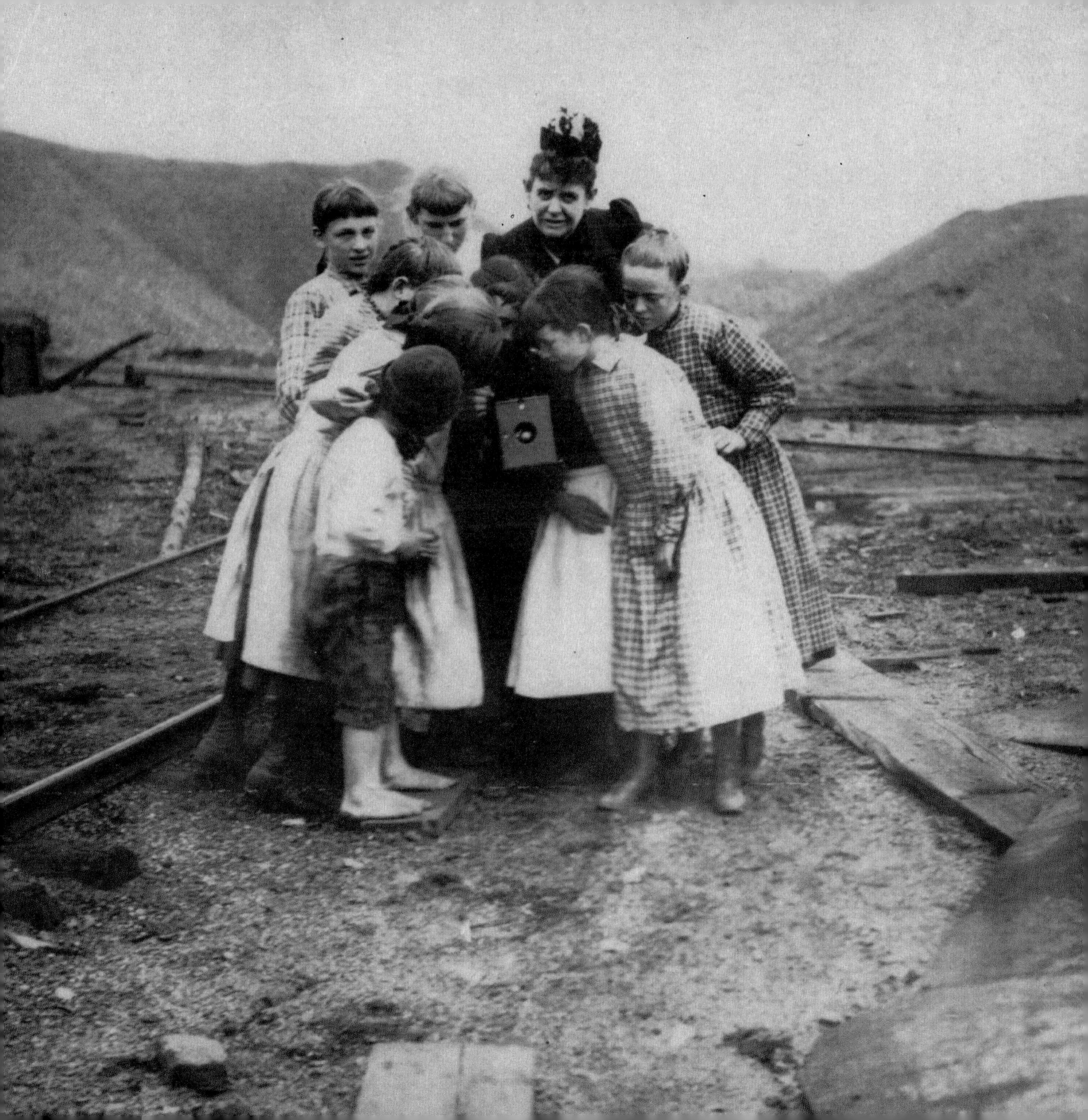

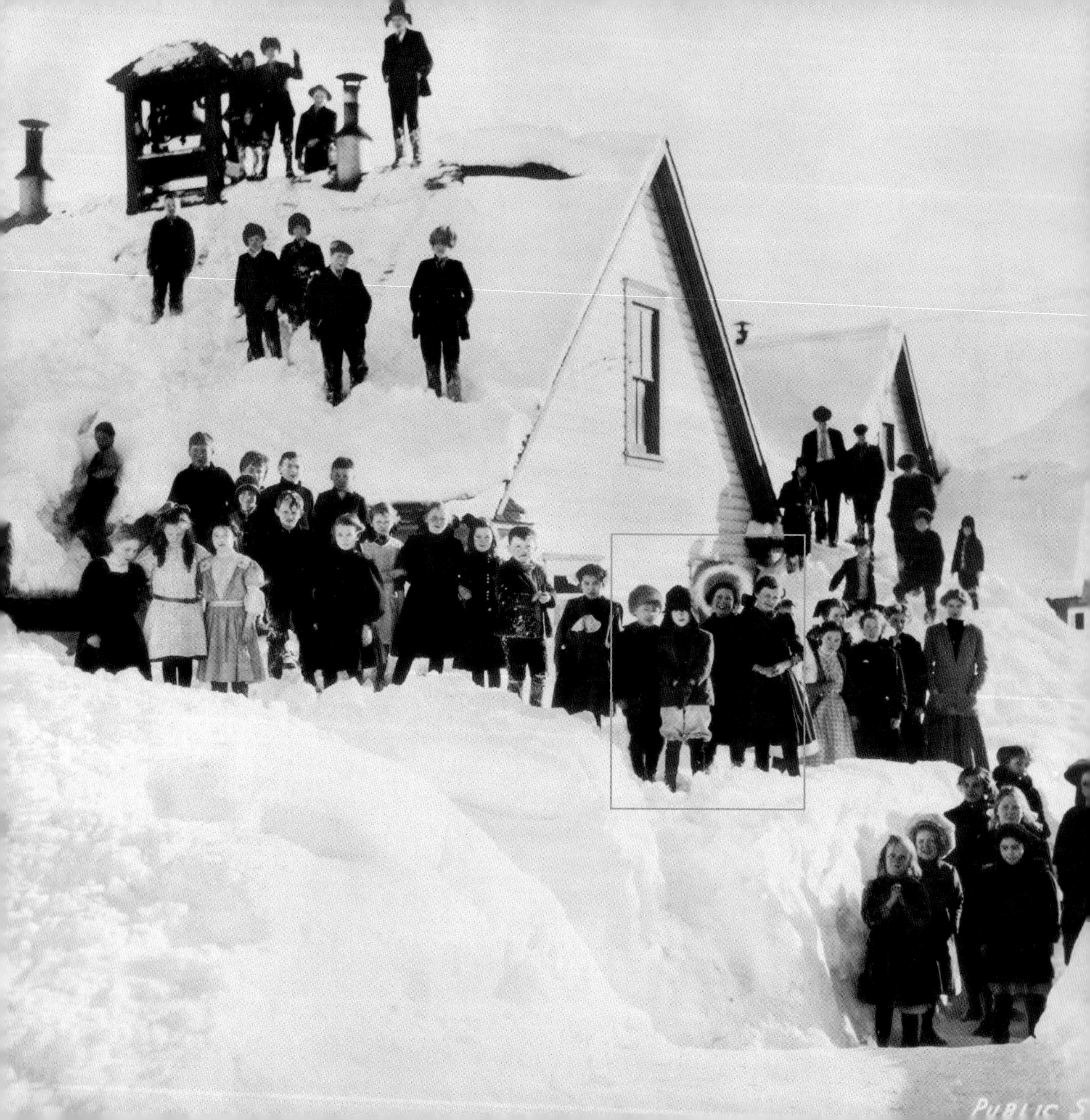
PUBLIC S

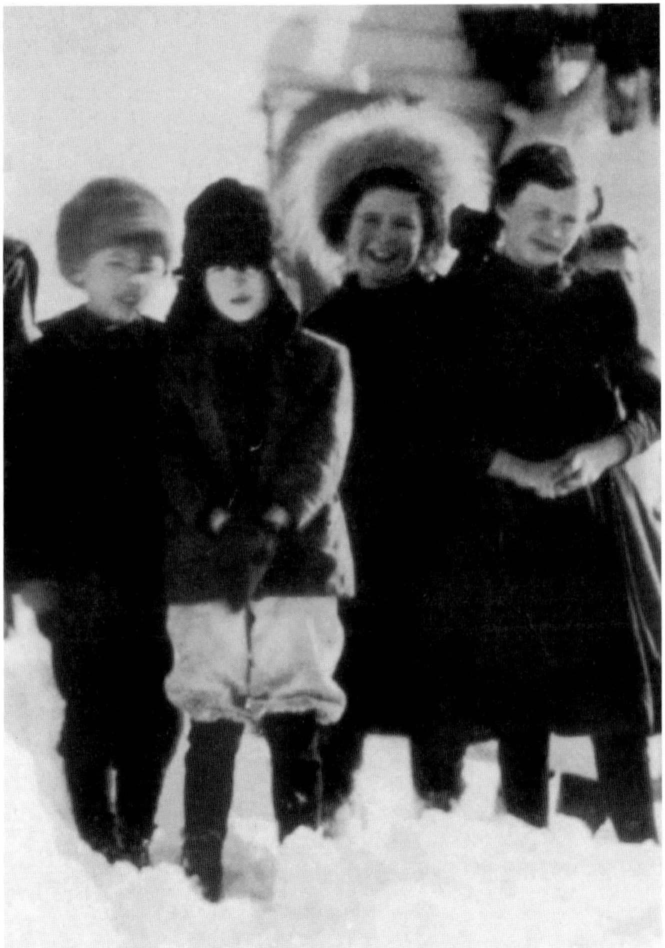

Dieses Bild von einer Schule in Alaska wurde 1910 aufgenommen. Inzwischen sind über 100 Jahre vergangen und sehr wahrscheinlich lebt von diesen Menschen heute niemand mehr. Trotzdem wirken die Kinder so lebendig, als wäre das Foto gerade erst gemacht worden.

Fotos sind Bilder, die mit einem Apparat gemacht werden und die einen wirklichen Moment abbilden, etwas, das passiert ist (falls sie nicht nachträglich am Computer oder in der Kamera verändert werden). Sie zeigen einen kurzen Augenblick im Leben, ein Lachen, das Ausblasen der Geburtstagskerzen oder das entscheidende Tor beim Fußball.

Zum anderen werden Fotos für viele weitere Zwecke benötigt. In der Werbung nutzt man Fotos, um Dinge zu zeigen, die man verkaufen will. Zeitungen drucken Bilder, damit wir sehen können, was in der Welt passiert. Die Polizei fotografiert Tatorte, um Spuren zu sichern. Stars lassen sich fotografieren, damit ihr sie euch an die Wand pinnen könnt. Und auf fast allen Internetseiten sind unzählige Fotos zu finden.

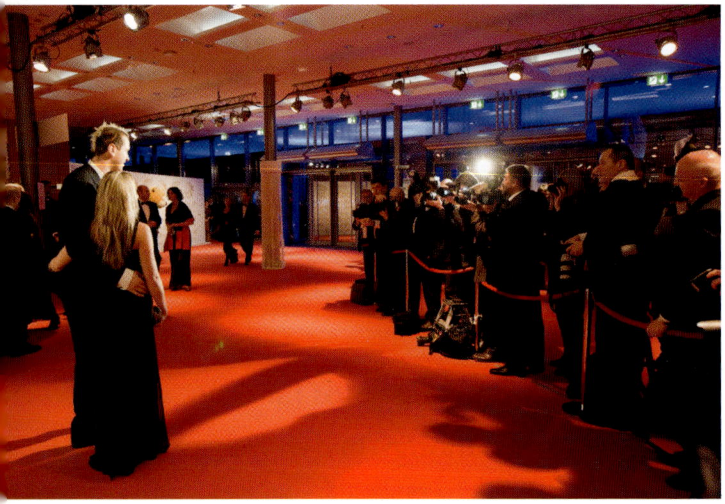

Heute ist Fotografieren einfacher als je zuvor. Die modernen Kameras sind technisch so perfekt, dass eigentlich jeder gute Aufnahmen machen kann. Trotzdem werden die Bilder besser, wenn man ein bisschen mehr über die Technik und die Gestaltung weiß. Einiges davon wollen wir in diesem Buch erklären und euch damit helfen, noch mehr Spaß am Fotografieren zu haben. Dazu gibt es jede Menge Tipps und Ideen für spannende und außergewöhnliche Bilder, die sich sehen lassen können.

Links: Was wären Stars ohne Fotografen, die sie auf Schritt und Tritt begleiten und am roten Teppich erwarten?
Rechts: Heute sind Fotografen überall dort, wo etwas passiert, so wie hier auf dem Fußballplatz bei einem Bundesligaspiel.

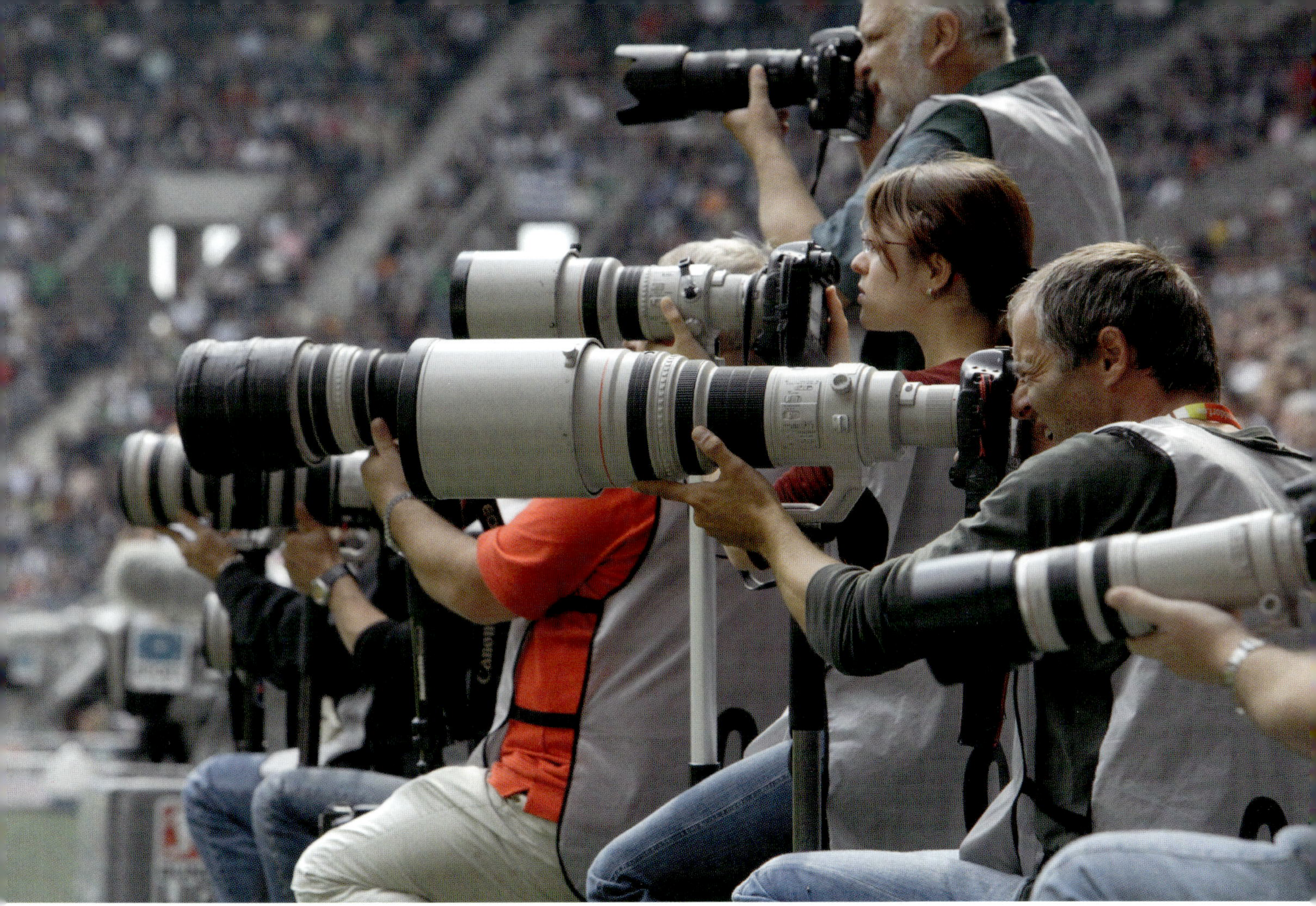

Wie alles anfing

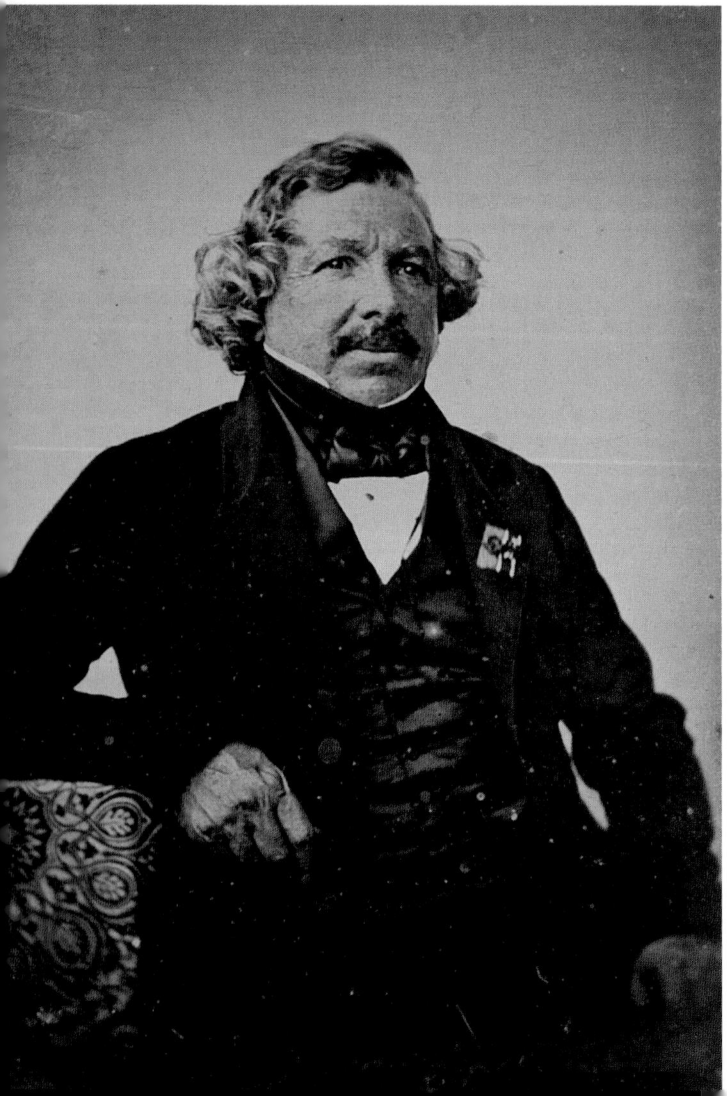

Wie die meisten Dinge wurde auch die Fotografie irgendwann einmal erfunden. Das geschah im Jahr 1839 und der Erfinder war ein Franzose, der Louis Jacques Mandé Daguerre hieß (das spricht man *Lui Schack Mandee Dagär*). Zuerst war das alles ziemlich kompliziert. Es dauerte schrecklich lange, bis ein Bild fertig war. Auch die Fotoapparate waren noch riesig und sehr schwer. Natürlich gab es noch keine digitalen Kameras und schon gar keine Computer. Man machte Fotos auf Glasplatten und die mussten entwickelt werden. Darum fotografierten nur wenige Menschen, und das waren zumeist Berufsfotografen. Wer ein Foto von sich wollte, der ging in ein

Louis Jacques Mandé Daguerre

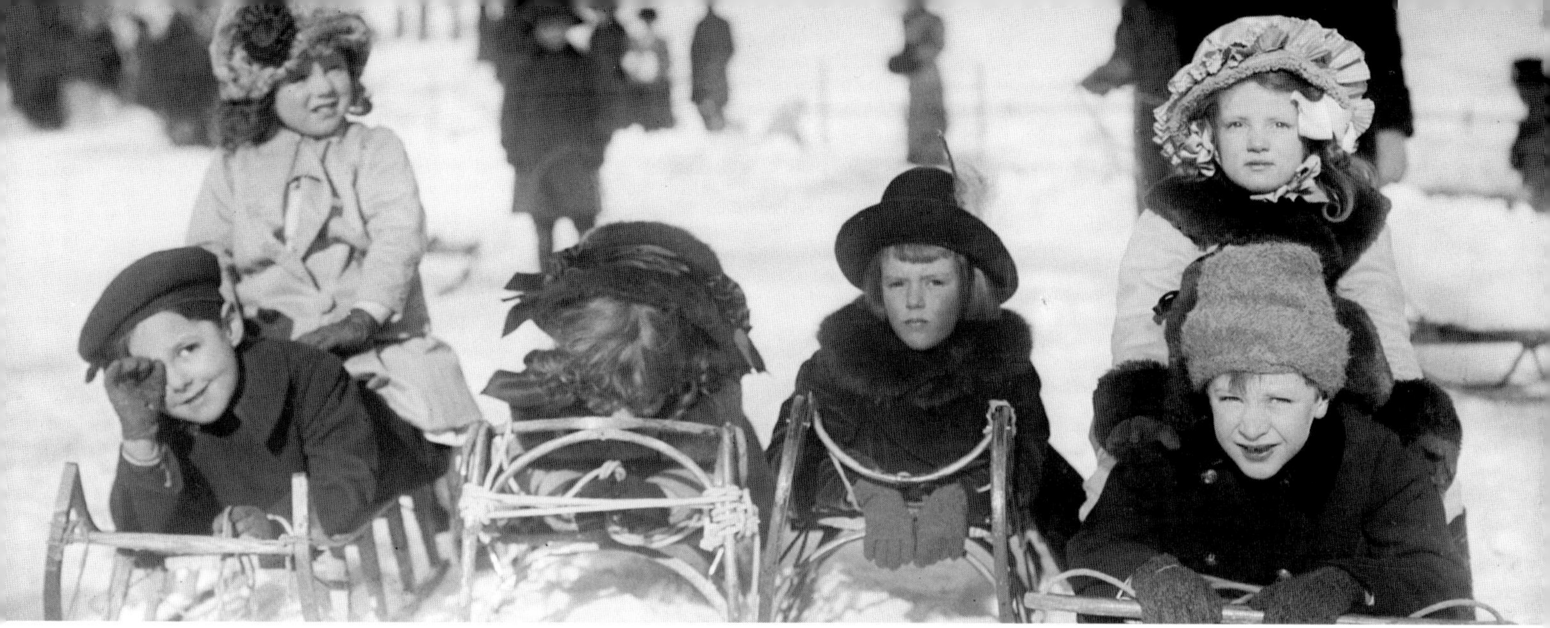

Fotoatelier, und das war ein großes Ereignis. Daher war es normal, dass es in einer Familie nur ganz wenige Bilder gab. Trotzdem war die Erfindung der Fotografie eine wahre Revolution, denn vorher konnte man die Welt nur malen.

Erst als ein findiger Amerikaner namens George Eastman (das spricht man *Dschorsch Istmän*) 1889 den *Film* erfand, wurde das Fotografieren einfacher und auch billiger. Schon bald wollten immer mehr Leute ihre Welt in Bildern festhalten. Der Siegeszug der Fotografie begann. Ungefähr ab dem Jahr 1900 konnte man Fotos auch in Zeitungen und Zeitschriften drucken. Bis zum Ende des letzten Jahrhunderts konnte man Fotos ausschließlich auf Film aufnehmen. Preisgünstige *Digitalkameras* gibt es erst seit dem Jahr 2000 und eure Eltern erinnern sich ganz gewiss noch daran, dass sie früher ihre Filme in den Fotoladen zum Entwickeln bringen mussten. Das dauerte lange und manchmal konnte man die fertigen Fotos erst nach Tagen ansehen. Heute ist alles viel einfacher und schneller. Durch die digitale Technik und den Computer braucht man keinen Film mehr und kann die Bilder direkt nach der Aufnahme betrachten. Und was besonders schön ist: Es kostet auch viel weniger als früher.

Früher war Fotografieren etwas ganz Besonderes.

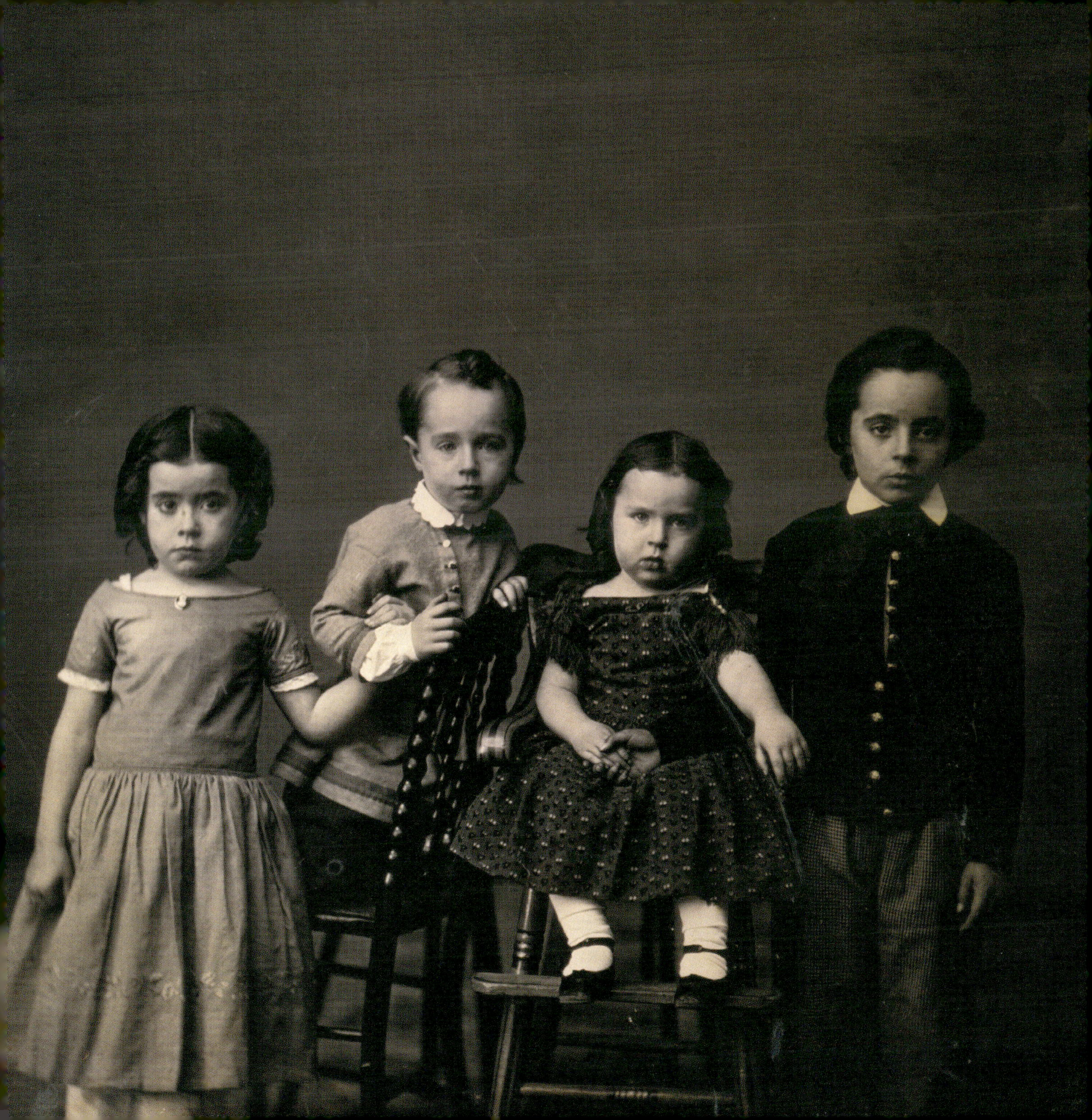

Ein Foto

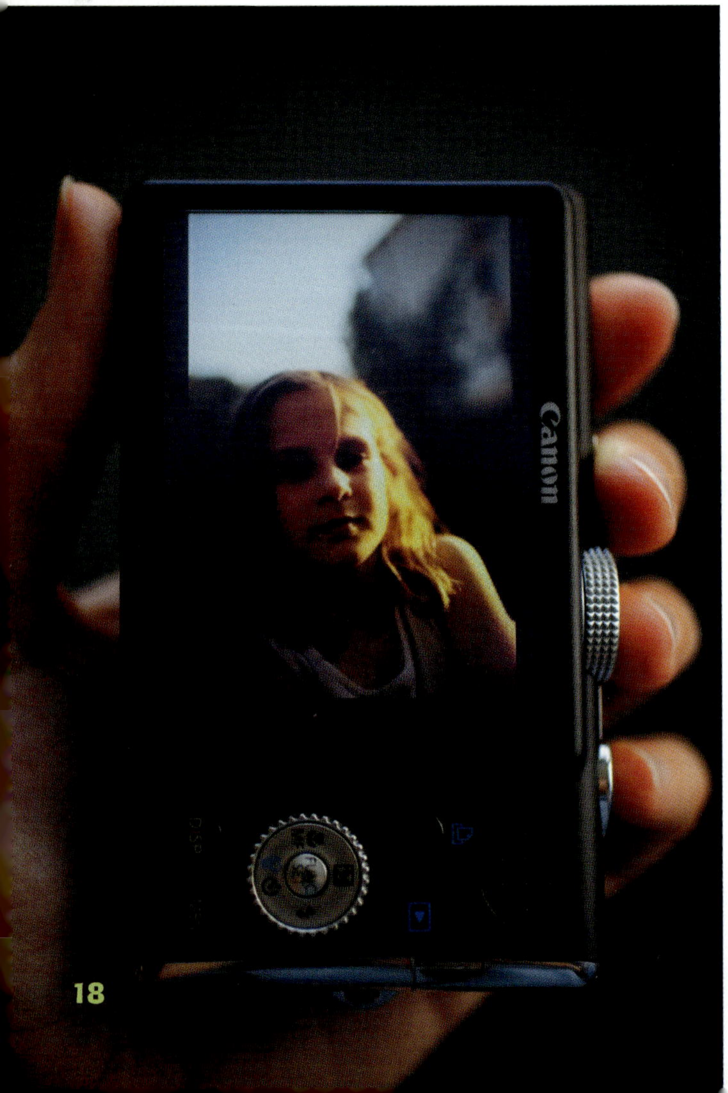

Ein Foto ist ein Bild, das durch Licht erzeugt wird, zum Beispiel durch das Licht der Sonne oder von Lampen. Alles, worauf Licht fällt, wirft auch Licht zurück, man nennt das *reflektieren*. Helle Dinge, wie ein weißes T-Shirt, reflektieren viel mehr Licht als dunkle Dinge, wie der schwarze Anzug eines Schornsteinfegers. Dieses reflektierte Licht wird mit einem Apparat aufgenommen und gespeichert. So entsteht eine genaue Abbildung von dem, was wir fotografiert haben. Alles wird so festgehalten, wie es im Moment der Aufnahme war. Das, was wir fotografieren, nennt man *Motiv*, und das, womit wir fotografieren, *Kamera*.

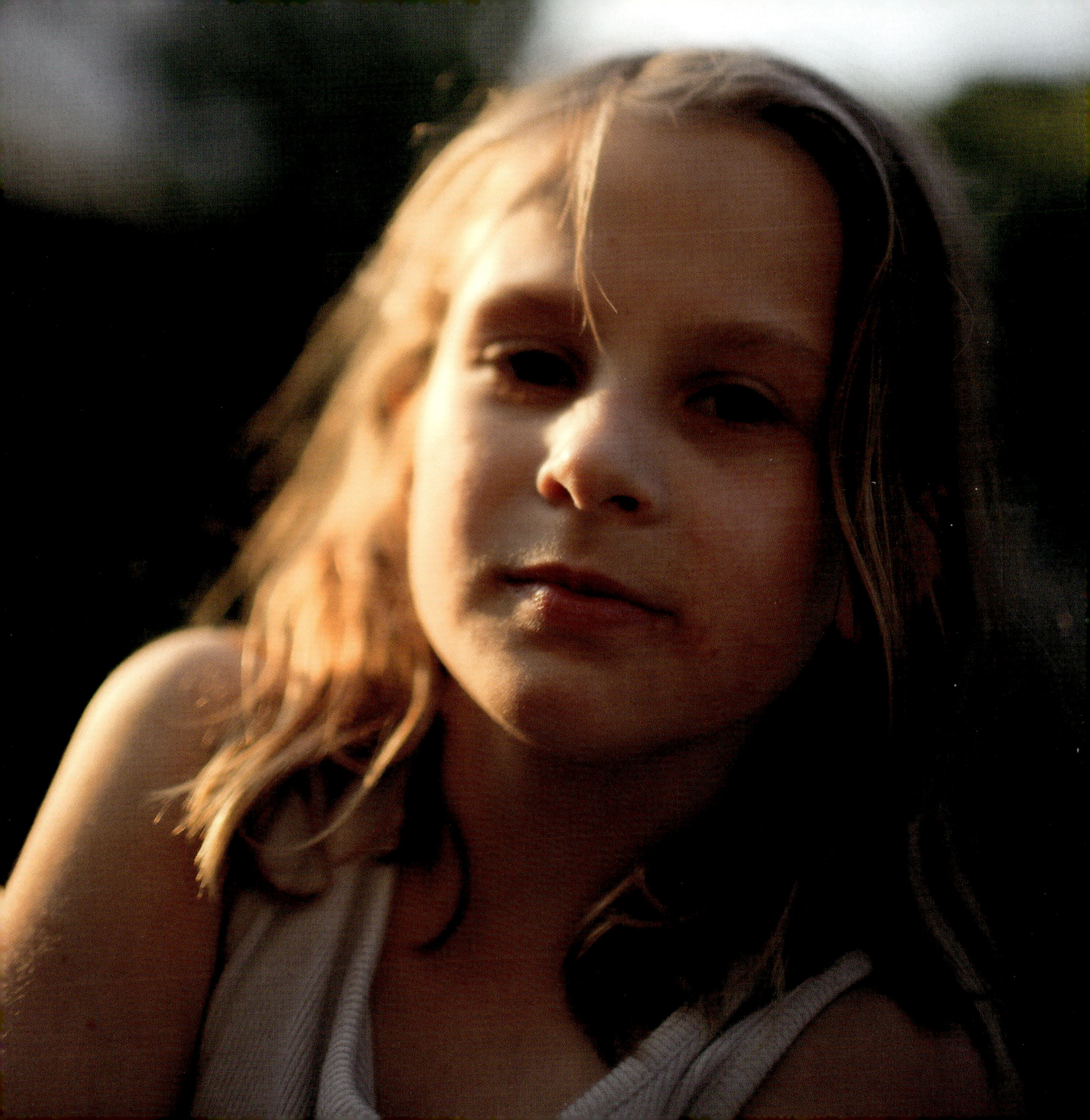

Fotos halten einen kurzen Moment im Leben fest.

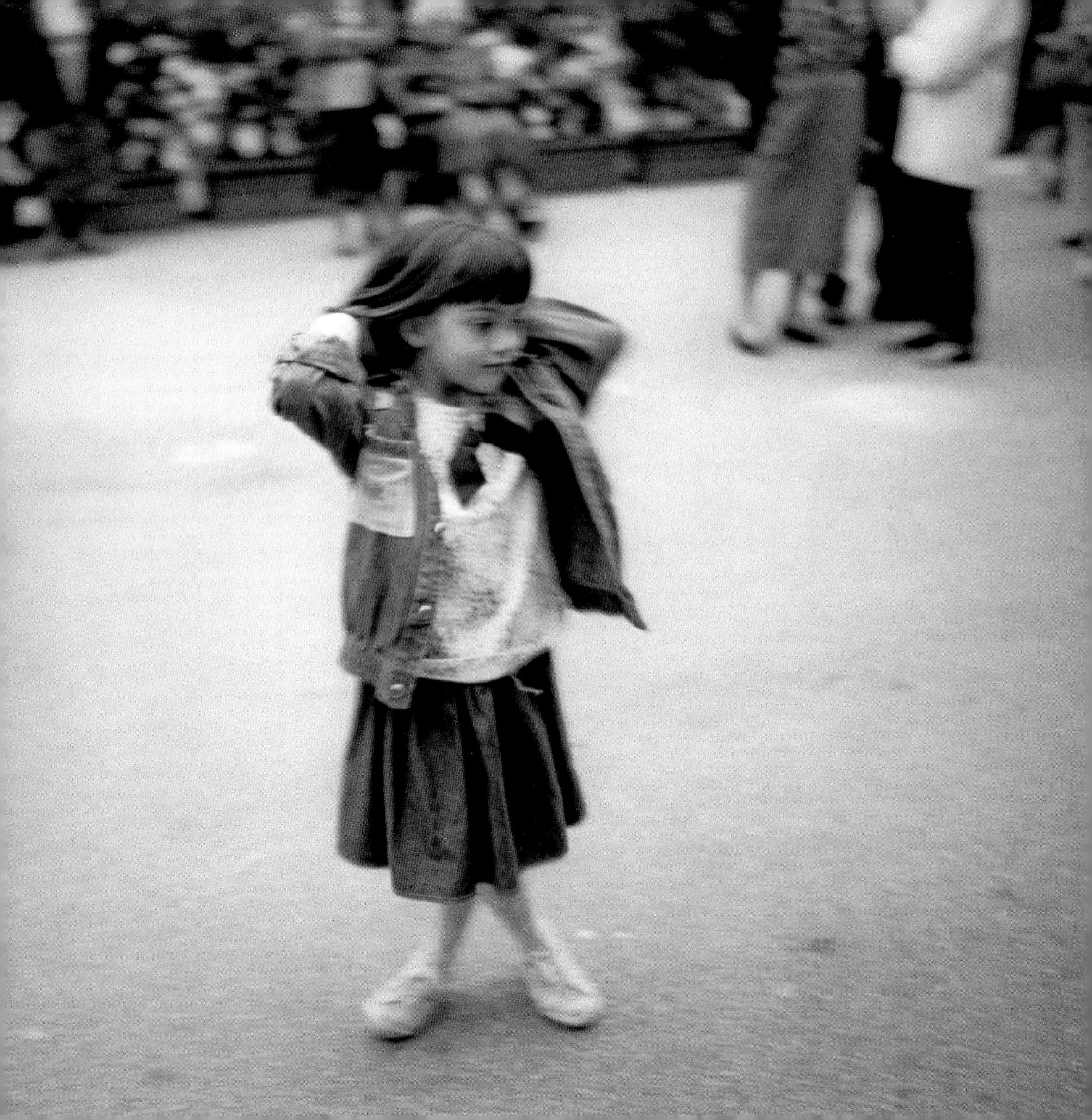

Was ist eigentlich eine Kamera?

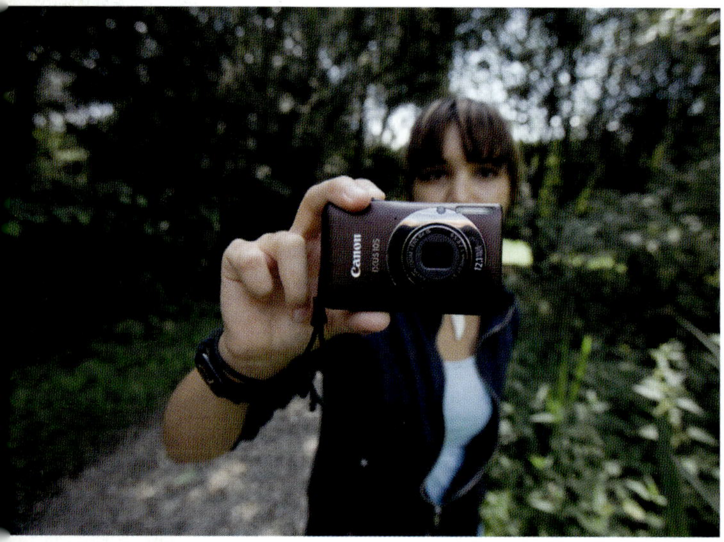

Das ist eine moderne Digitalkamera. In der Mitte sieht man deutlich das runde Objektiv.

Aber was ist eigentlich eine Kamera genau? Klar, ein Gerät, um Bilder zu machen, werdet ihr jetzt sagen. Stimmt, aber wir wollen es doch ein kleines bisschen genauer wissen. Eigentlich ist eine Kamera ziemlich einfach aufgebaut. Eine Kamera ist im Grunde genommen nicht mehr als ein kleiner Kasten. An der Vorderseite befindet sich das *Objektiv*.

Das Auge der Kamera

Das Objektiv ist sozusagen das Auge der Kamera. Es besteht aus mehreren Glaslinsen, ähnlich wie sie auch in Brillen verwendet werden. Wichtig ist, dass euer Objektiv immer sauber ist, sonst entsteht eine ungewollte Unschärfe auf allen Bildern! Vor allem bei Handys passiert das schnell. Zum Reinigen nehmt ihr am besten ein Brillenputztuch.

Das Objektiv „sieht" das Motiv und wirft es auf den dahinter liegenden *Bildsensor*, manchmal auch *Chip* genannt. Der Sensor fängt dann das Bild ein. Das seht ihr auf dem kleinen Bildschirm auf der Rückseite der Kamera. Dieser Bildschirm wird auch *Display* genannt. Wenn man auslöst, wird dieses Bild auf der *Speicherkarte* als Datei abgelegt und gleichzeitig erscheint es auf dem Bildschirm. So könnt ihr sofort sehen, ob die Aufnahme gelungen ist.

Neben dem Objektiv, dem Auslöser und dem Bildschirm befinden sich an der Kamera noch eine Reihe weiterer Knöpfe und Tasten, mit denen ihr die Aufnahme beeinflussen und die Kamera steuern könnt. Die wichtigsten wollen wir euch nun erklären.

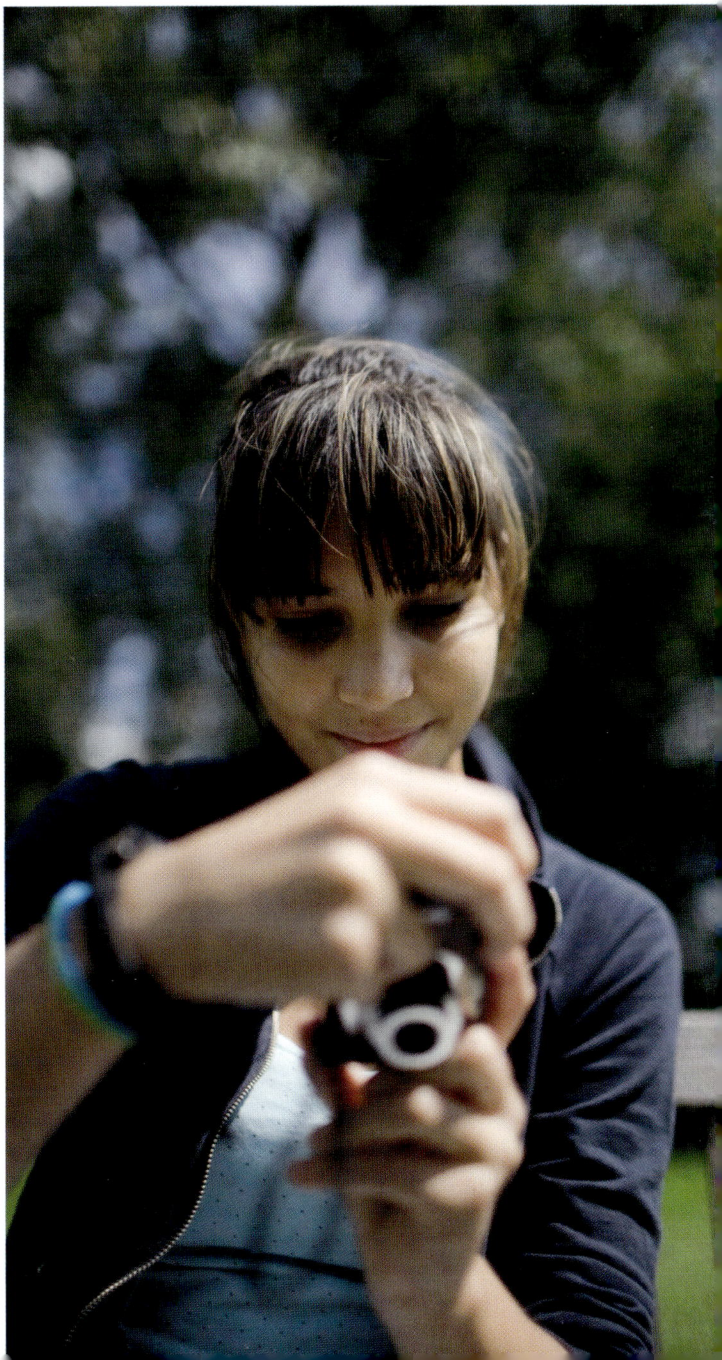

Auf dem Bildschirm auf der Rückseite der Kamera könnt ihr euch alle Bilder anschauen, die ihr schon gemacht habt.

Jetzt geht es richtig los!

Aller Anfang ist leicht und wir zeigen euch, wie das bei unserem Fotoapparat geht. Zum Glück sind alle modernen Kameras sehr ähnlich aufgebaut, sodass ihr bestimmt schnell die entsprechenden Einstellungen bei eurer eigenen Kamera finden werdet. Studiert aber besser auch noch die Bedienungsanleitung der Kamera, in ihr werden die Funktionen ganz genau erklärt. Als Erstes steckt ihr die Hand durch die kleine Schlaufe, damit eure wertvolle Kamera nicht auf den Boden fallen kann, dann schaltet ihr sie mit dem *On*-Knopf ein. Manchmal steht an diesem Knopf auch *POWER* oder *ON/OFF* (On = An, Off = Aus).

Über das Drehrad werden die unterschiedlichen Funktionen der Kamera gesteuert. „Auto" ist die Einstellung, mit der ihr die besten Ergebnisse erzielt. Mit dem On/Off-Knopf daneben wird die Kamera eingeschaltet.

Nun fährt das Objektiv aus dem Kameragehäuse heraus und hinten auf dem Bildschirm sieht man bereits ein Bild. Mit dem Drehrad auf der Oberseite werden die unterschiedlichen automatischen Programme gewählt. Für den Anfang stellen wir das Rad am besten auf die grüne Einstellung *Auto* ein. Diese heißt manchmal auch *Automatik* oder einfach nur *A*. Hin und wieder wird die Automatik auch nur durch eine kleine grüne Kamera AUTO angezeigt.

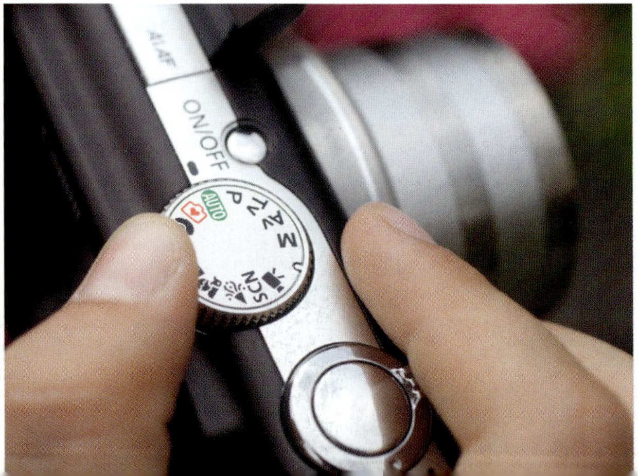

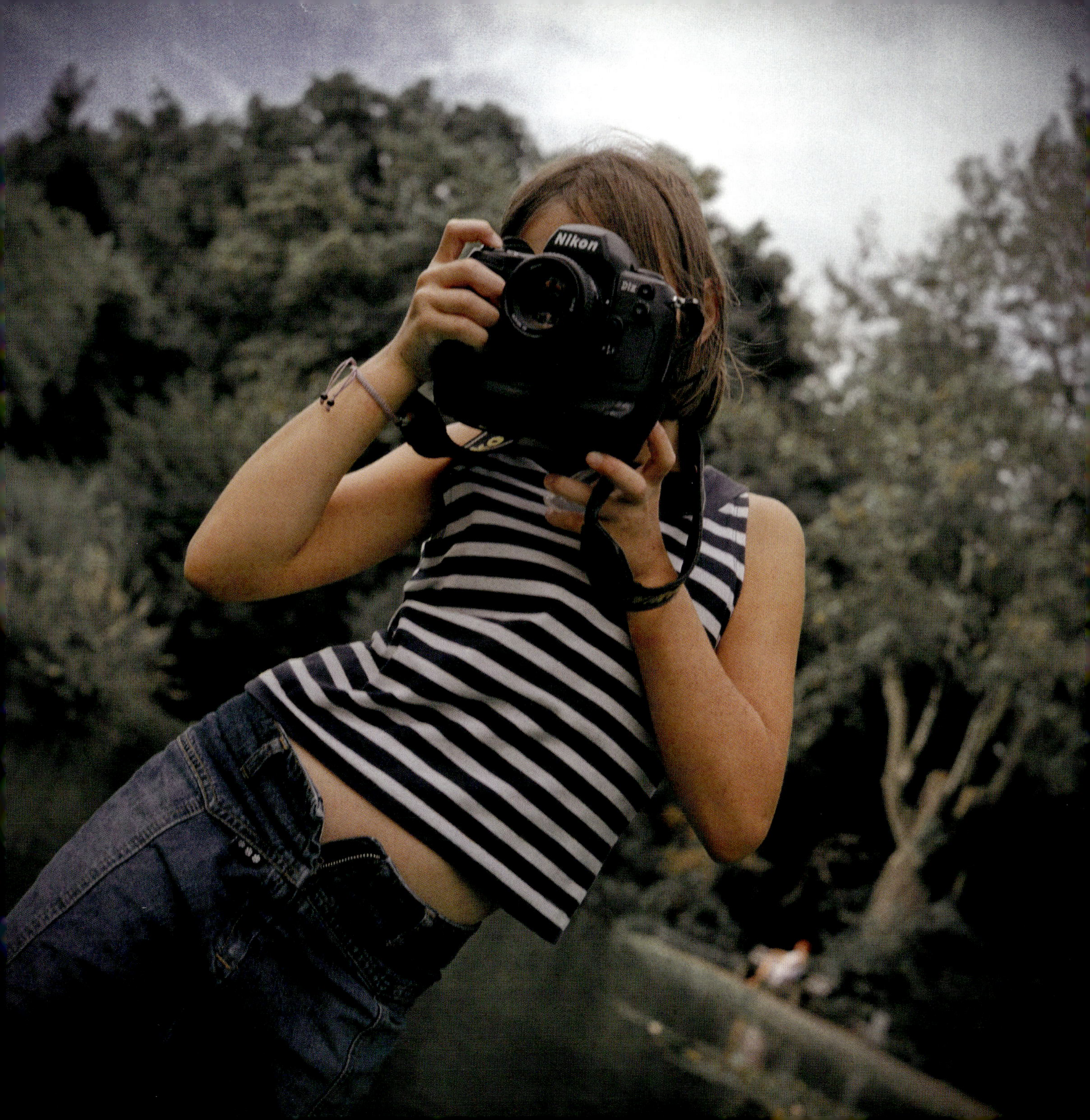
Nikon

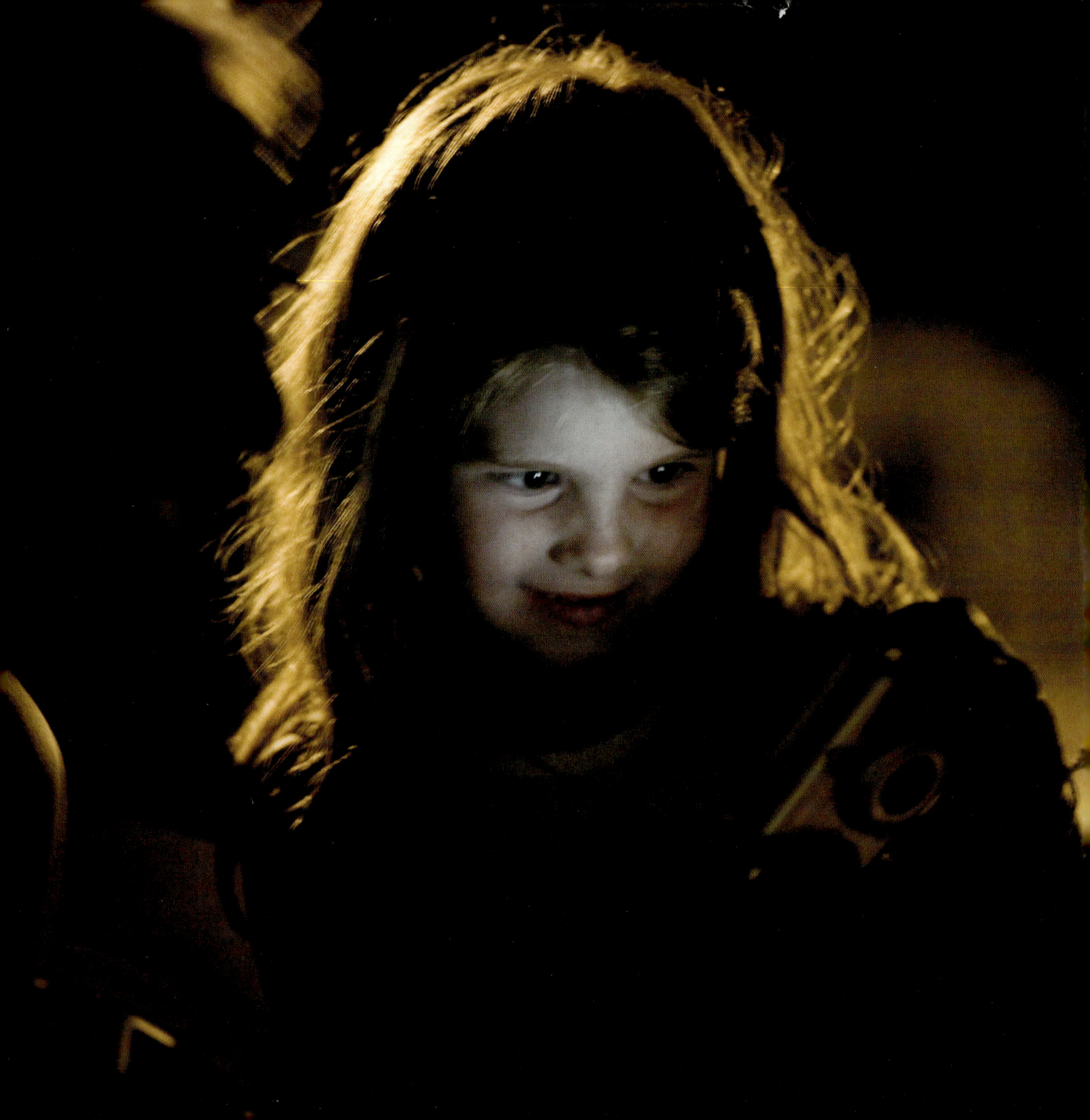

So gelingen die Bilder fast immer, denn alle wichtigen Entscheidungen werden von dem kleinen Computer der Kamera getroffen. Mit der Einstellung *Auto* AUTO könnt ihr also problemlos sofort loslegen. Zum Fotografieren müsst ihr die Kamera fest und ruhig in der Hand halten. Beim Auslösen dürft ihr nicht wackeln, sonst werden die Bilder unscharf. Wenn ihr jetzt auf den Auslöser drückt, macht es leise Klick und ihr habt schon ein Foto gemacht. Es ist sofort danach auf dem Display zu sehen und verschwindet nach ein paar Sekunden wieder.

Um das Foto noch einmal auf dem Kameramonitor anzuzeigen, müsst ihr nur den *Play*-Knopf ▶ drücken. Mit den Pfeiltasten könnt ihr dann durch alle Bilder blättern, die schon in der Kamera gespeichert sind.

Wenn ihr weiterfotografieren wollt, schaltet ihr einfach wieder in den Aufnahme- Modus zurück. Einige Kameras haben dafür einen eigenen Schalter, bei unserer drückt man einfach den Play-Knopf ▶ noch einmal. Dass ihr im Aufnahme- Modus seid, merkt ihr daran, dass ihr auf dem Display das seht, was gerade vor eurer Kamera passiert.

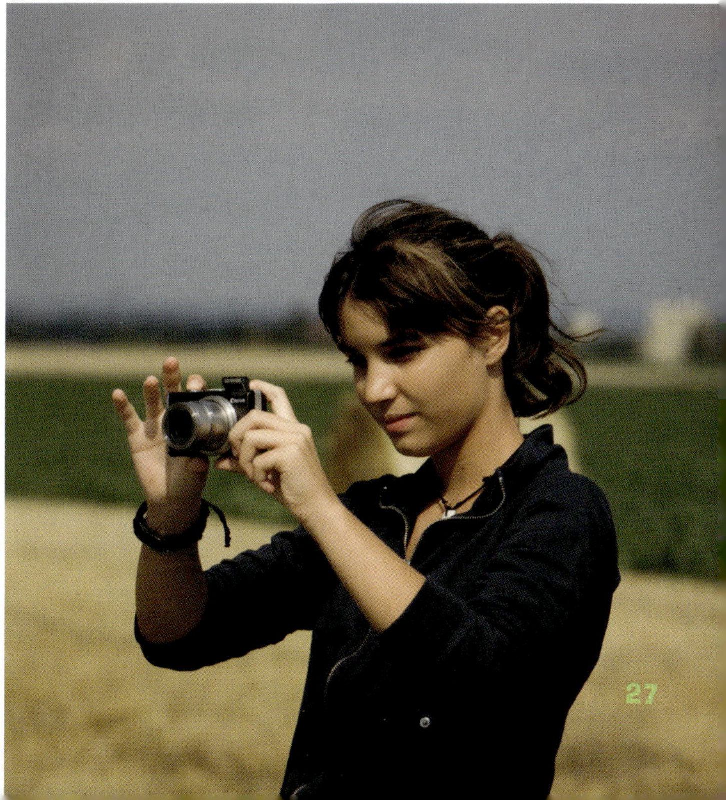

Um ein Bild zu machen, drückt man den Auslöser ganz durch. Wichtig ist, dass ihr die Kamera dabei sehr ruhig haltet.

Heute kann man ganz einfach fantastische Fotos machen.

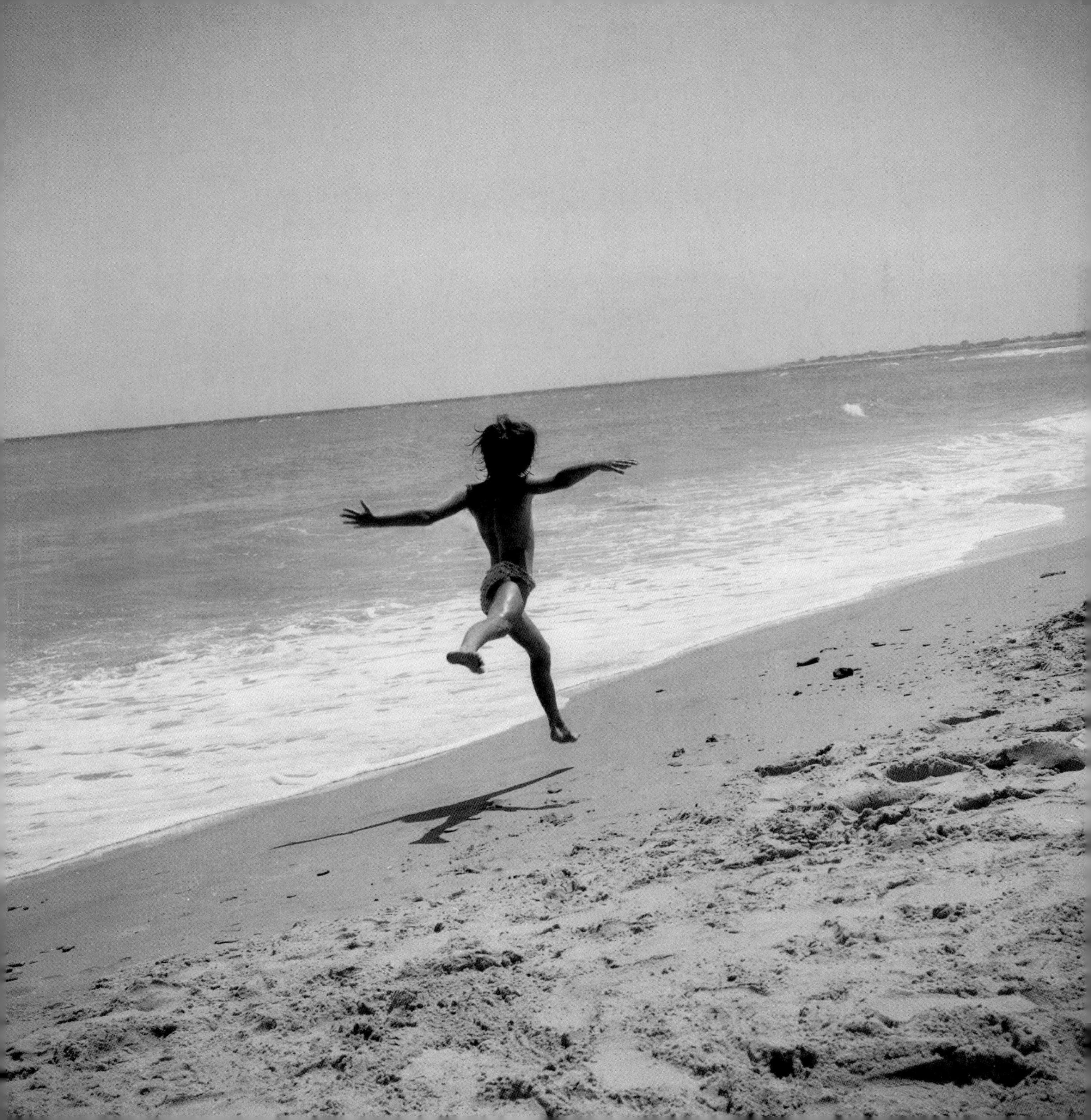

Gucken, Knipsen, Sehen

Zoom

Nun habt ihr die ersten Bilder gemacht und es wird Zeit, die Kamera noch etwas genauer anzuschauen. Vor dem Auslöser befindet sich ein kleiner Wippschalter. Wenn ihr den nach rechts bewegt, könnt ihr entfernte Motive nah heranholen. Dabei fährt das Objektiv aus der Kamera heraus. Drückt ihr ihn nach links in die andere Richtung, wird das Bild wieder kleiner, aber ihr habt mehr drauf. Gleichzeitig fährt das Objektiv wieder in die Kamera zurück. Diese Funktion nennt man Zoom (das spricht man *Suum*). Mit dem Zoom bestimmt man den Bildausschnitt, also das, was wirklich aufgenommen wird. Ist mehr auf dem Bild, spricht man von *Weitwinkel*, weil man eben viel von dem abbildet, was man sieht. Ist der Bildwinkel eng, dann nennt man

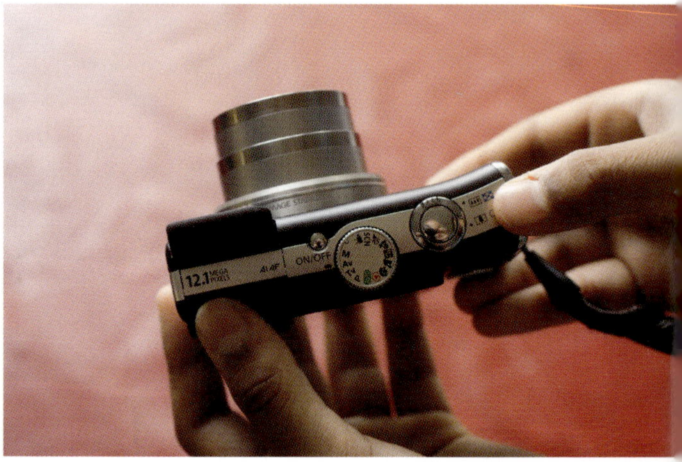

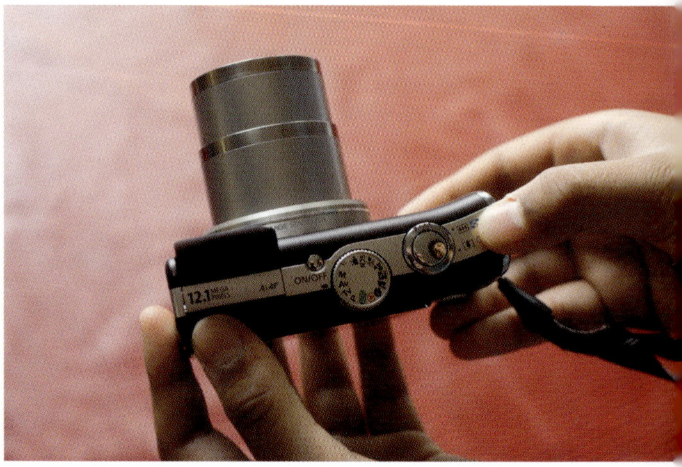

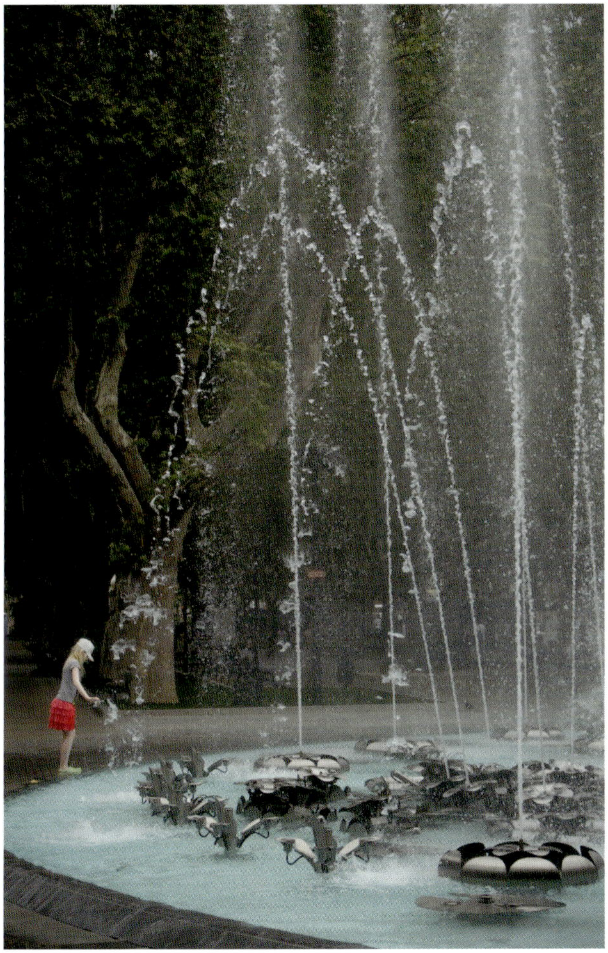

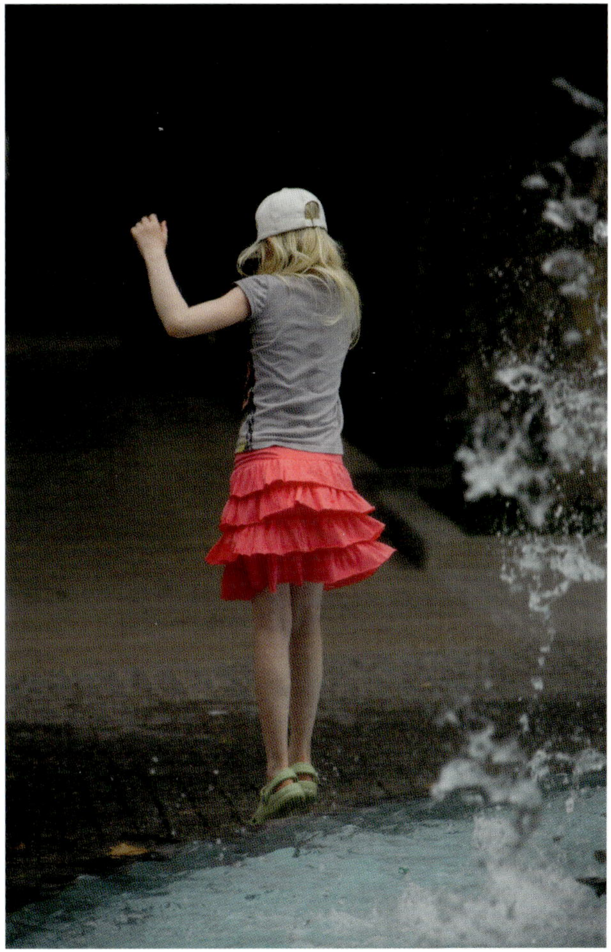

das *Tele* [icon], weil man eine ganz bestimmte Einzelheit, zum Beispiel nur ein Gesicht, auf das Bild bekommt. So könnt ihr ganz einfach wählen, was genau auf dem Bild sein soll: viel oder wenig, nur ein Kopf oder die ganze Familie.

Mit dem Weitwinkel (links) bekommt man viel auf das Bild. Mit dem Tele (rechts) zeigt man einen bestimmten Ausschnitt.

Linke Seite: In der Teleeinstellung ist das Objektiv vollständig ausgefahren. In der Weitwinkeleinstellung fährt es wieder komplett zurück in das Kameragehäuse.

Gucken, Knipsen, Sehen

Scharf und unscharf

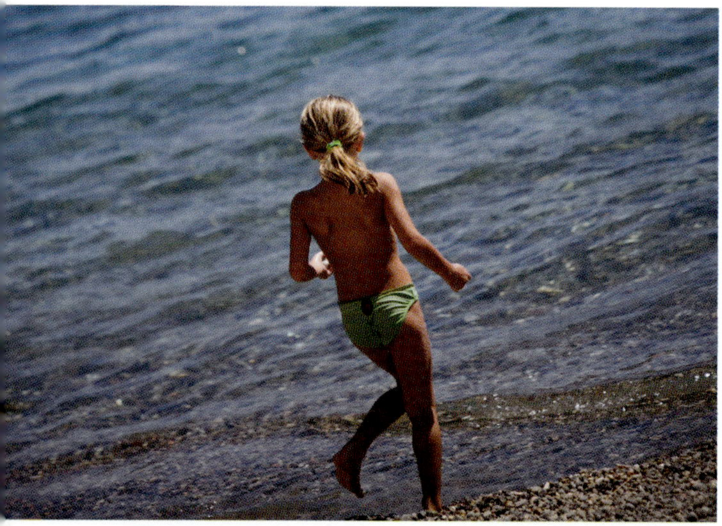

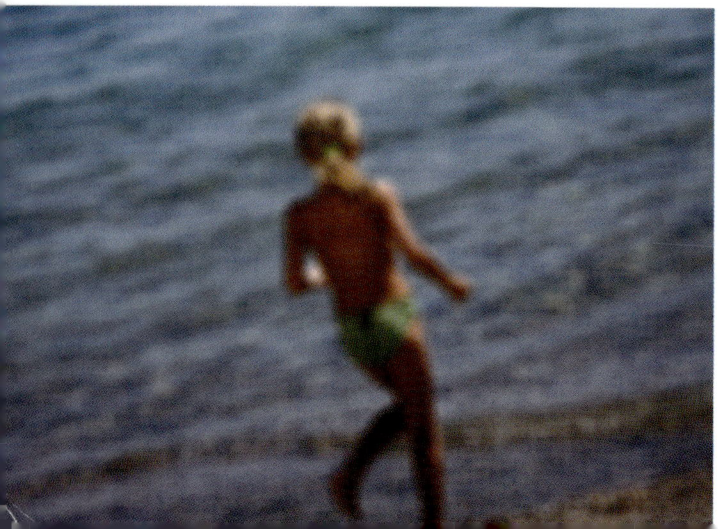

Noch eine andere Funktion ist sehr wichtig: die Scharfeinstellung. Unscharfe Bilder kennt ihr, unscharf ist verschwommen und undeutlich. Scharf ist klar und deutlich. Damit ein Bild richtig scharf wird, müsst ihr das Objektiv der Kamera auf die genaue Entfernung einstellen. Und zwar genau auf die Entfernung, in der sich der Gegenstand oder der Mensch befindet, den ihr fotografieren wollt. Stellt euch das einfach so wie bei einer Lupe vor, die müsst ihr ja auch im richtigen Abstand zu dem Gegenstand halten, den ihr betrachten wollt. Auch durch ein Fernglas seht ihr nur deutlich, wenn ihr es vorher auf das eingestellt habt, was ihr anschauen wollt.

Bei der Kamera hilft uns der Autofokus, er stellt das Objektiv automatisch auf die

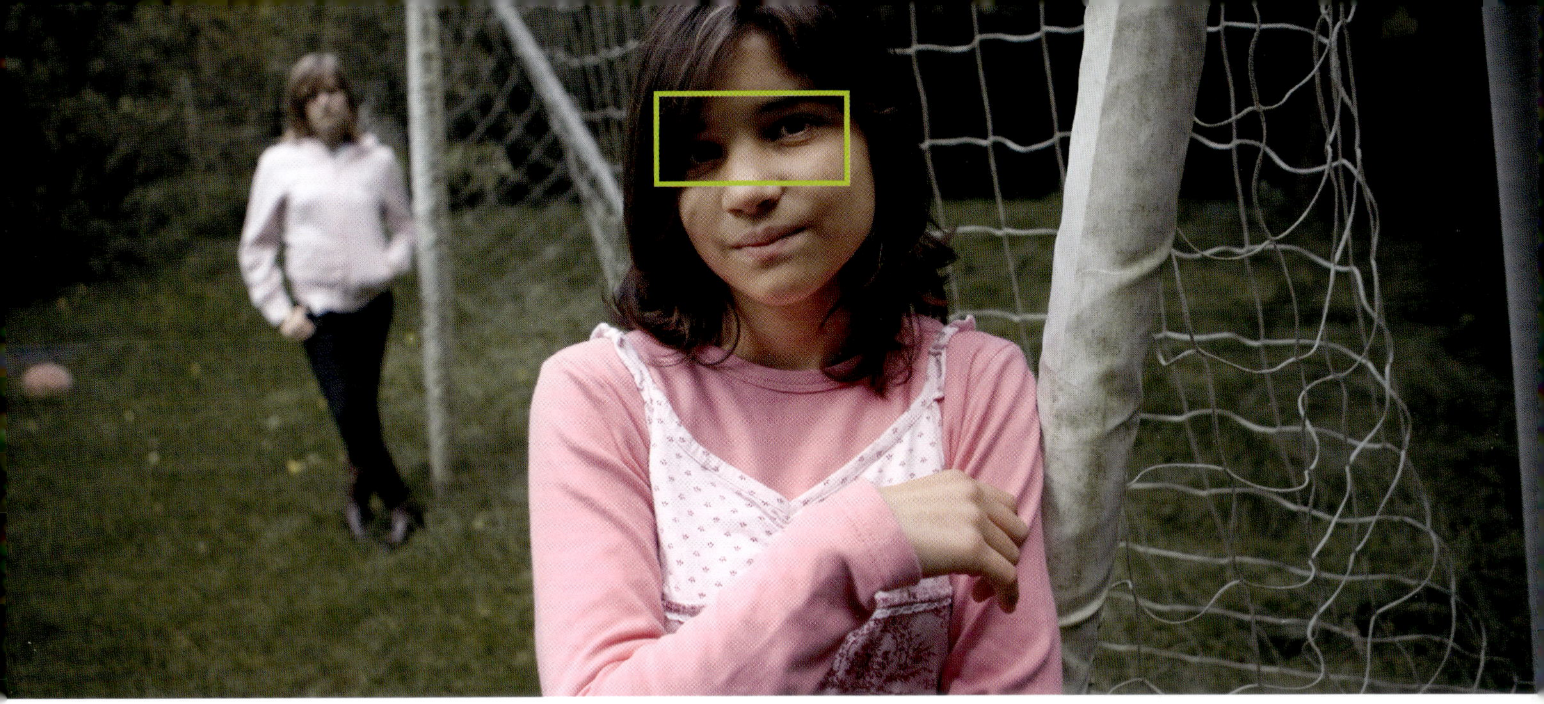

richtige Entfernung ein. Scharf gestellt wird immer auf das Wichtigste im Bild, auf das, was euch im Bild am meisten interessiert. Natürlich muss der Autofokus wissen, auf welchen Teil des Bildes er scharf einstellen soll. Schließlich kann die Kamera ja nicht ahnen, ob vorne Anna das Wichtigste ist oder das Mädchen dahinter. Dazu muss man den Auslöser einfach ein kleines Stück herunterdrücken – nur nicht zu weit, sonst macht ihr schon ein Bild! Auf dem Bildschirm könnt ihr jetzt beobachten, wie euer Motiv klar und deutlich wird.

Dabei hilft euch ein kleines Kästchen auf dem Bildschirm, das anzeigt, worauf ihr gerade scharfstellt. Wenn ihr den Auslöser festhaltet, dann bleibt die Bildschärfe auf diesen Punkt eingestellt. Drückt aber, wie gesagt, den Auslöser nicht tiefer, sonst macht ihr schon ein Bild! Je nachdem, was für eine Kamera ihr habt, hört das Kästchen auf zu blinken, ändert seine Farbe oder ein Piepen ertönt. Nur wenn ihr zu nah an eurem Motiv seid oder eine einfarbige Fläche zu fotografieren versucht, gelingt es der Kamera manchmal nicht scharfzustellen.

Gucken, Knipsen, Sehen

Hell und dunkel

Wir haben ja schon geschrieben, dass Fotos mit Licht gemacht werden. Damit sie gelingen, ist eine gewisse Menge Licht erforderlich. Ist es also zu dunkel, dann kann man auf dem Foto nichts erkennen. Aber auch wenn es zu hell ist, kann ein Bild misslingen. Die Kamera verfügt über verschiedene Automatiken, um das Licht zu regeln, und in den meisten Fällen klappt das auch bestens. Nur selten wird ein Foto zu dunkel oder zu hell. Wenn das passiert, könnt ihr mit der *Korrekturfunktion* ganz schnell eingreifen. Es ist leicht: Bewegt die Markierung auf der Skala zum Pluszeichen hin, dann wird das Foto heller, bewegt sie zum Minuszeichen hin, dann wird es dunkler.

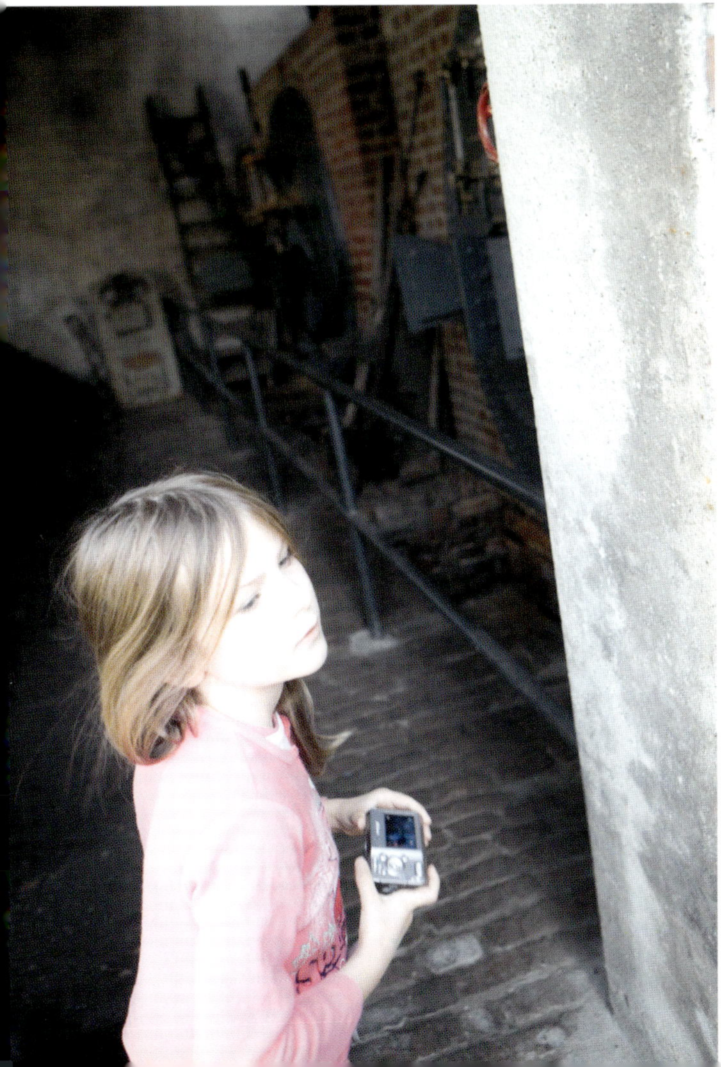
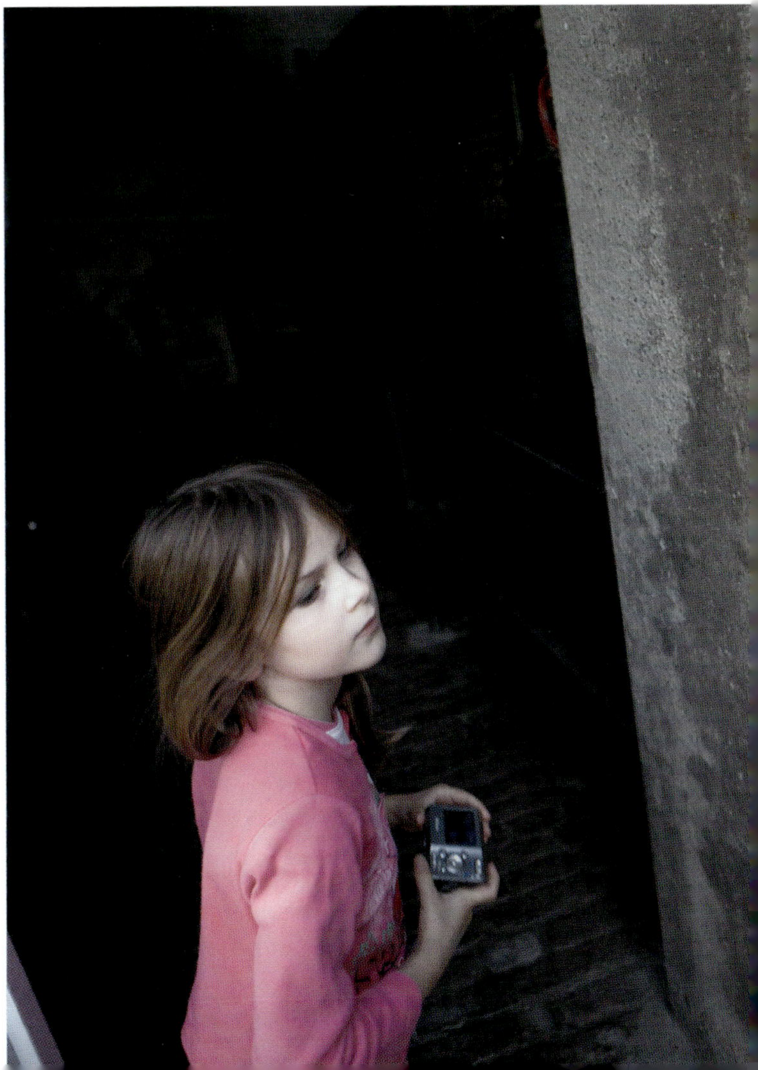

Gucken, Knipsen, Sehen

Bewegung

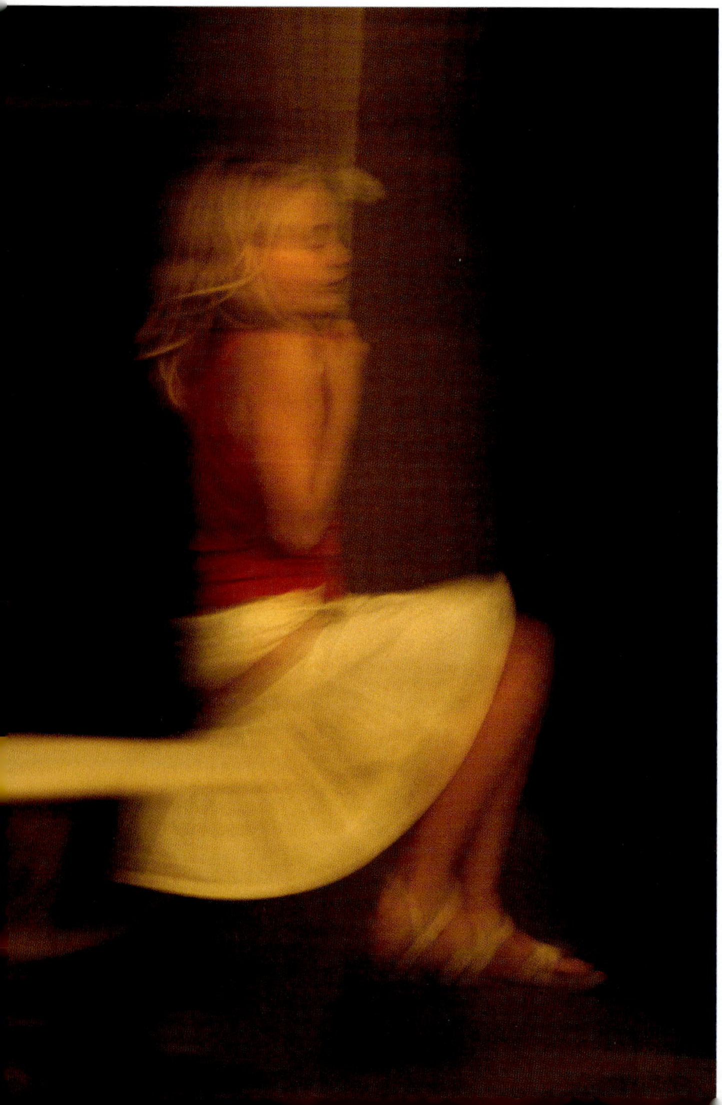

Manchmal werden Bilder unscharf, obwohl man die Scharfeinstellung sehr genau vorgenommen hat. Sie sind irgendwie verwischt. Woran liegt das? Ein Foto ist eine Momentaufnahme und in dem Wort „Moment" liegt schon die Lösung des Rätsels. Wenn man den Auslöser drückt, öffnet sich eine kleine Klappe vor dem Sensor. Das geht sehr schnell, meist dauert es nur den Bruchteil einer Sekunde. Ist das Bild gemacht, geht die Klappe sofort wieder zu. Die Zeitdauer, in der die Klappe geöffnet ist, heißt *Belichtungszeit*. Wie lange die Belichtungszeit dauert, hängt vor allem davon ab, wie hell oder dunkel es ist. Ist es hell, so wie am Strand, dann belichtet die Kamera nur sehr kurz. Ist es aber so dunkel wie im Keller, dann wird die Belichtungszeit länger. Das kann man dann sogar hören, wenn nämlich nach dem Klicken des Auslösens kurze Zeit später ein zweites Klicken erfolgt. Alles, was zwischen den beiden Klicks passiert ist, wurde fotografiert und alles, was sich während dieser Belichtungszeit vor der Kamera bewegt, wird verwischt. Man nennt das auch *Bewegungsunschärfe*. Menschen oder Tiere, die sich bewegen, sind dann unscharf. Auch wenn ihr die Kamera nicht ruhig haltet, kann eine solche Unschärfe auftreten, das nennt man dann *verwackelt*.

Normalerweise möchte man natürlich immer scharfe Bilder haben. Allerdings können Bewegungsunschärfen auch schön sein, denn sie wirken oft sehr lebendig. Probiert das mal aus. Ganz toll kann es aussehen, wenn ihr während einer langen Belichtungszeit das, was sich bewegt, mit der Kamera verfolgt. Wenn ihr Bewegungsunschärfen oder Verwackeln aber sicher vermeiden wollt, dann hilft im Dunkeln das eingebaute Blitzlicht.

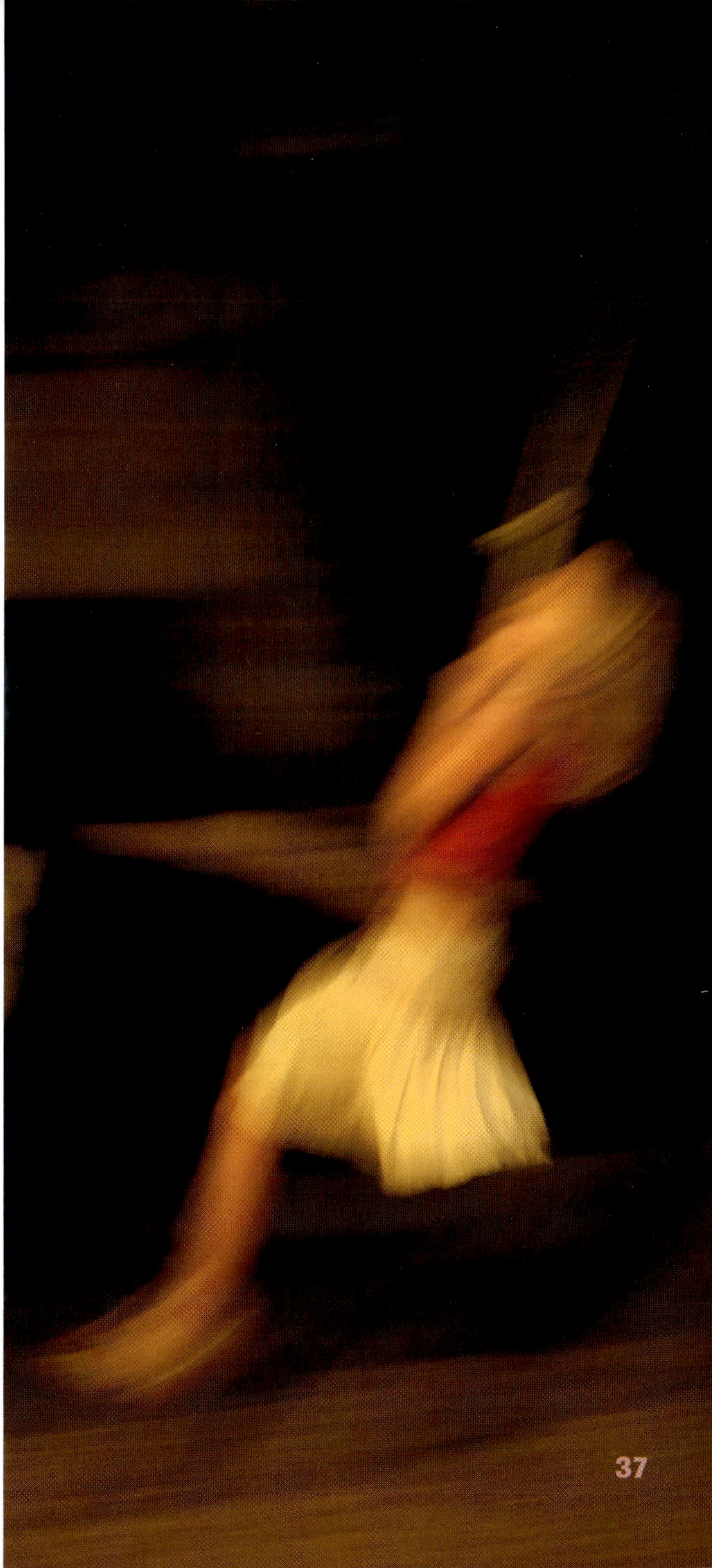

Gucken, Knipsen, Sehen

Blitz ohne Gewitter

Neben dem Bildschirm befinden sich noch einige weitere Schalter und Knöpfe. Auf einem ist ein kleines Blitzsymbol ϟ. Damit kann man das eingebaute Blitzgerät ein- und ausschalten. Das Blitzgerät ist eigentlich nur eine kleine und ziemlich starke Lampe, die ganz kurz leuchtet, nämlich so lange, wie die Kamera braucht, um ein Bild zu machen. Eben wie ein Blitz. Wie die anderen Einstellungen wird das auch mit einem Symbol ϟ auf dem Bildschirm angezeigt. Normalerweise gibt es mehrere Blitzeinstellungen. Das Blitzsymbol mit Sternchen zeigt die Funktion Nachtblitz an. Das bedeutet, dass eine kleinere Lichtmenge abgegeben wird und die Kamera länger belichtet. Dadurch können beeindruckende Effekte erzielt werden.

Das durchgestrichene Blitzsymbol zeigt an, dass der Blitz ausgeschaltet ist. Oftmals ist es besser, den Blitz auszumachen, denn das grelle Licht ist nicht immer schön. Gesichter glänzen und man sieht jeden Schweißtropfen. Die Netzhaut des Auges wirft das Licht zurück, dadurch haben viele Menschen auf den Fotos rote Augen wie Kaninchen.

Und wann immer es möglich ist, solltet ihr versuchen, mit dem normalen Licht auszukommen und ohne Blitzlicht zu fotografieren. Wenn es doch sein muss, dann benutzt am besten die Einstellung Nachtblitz .

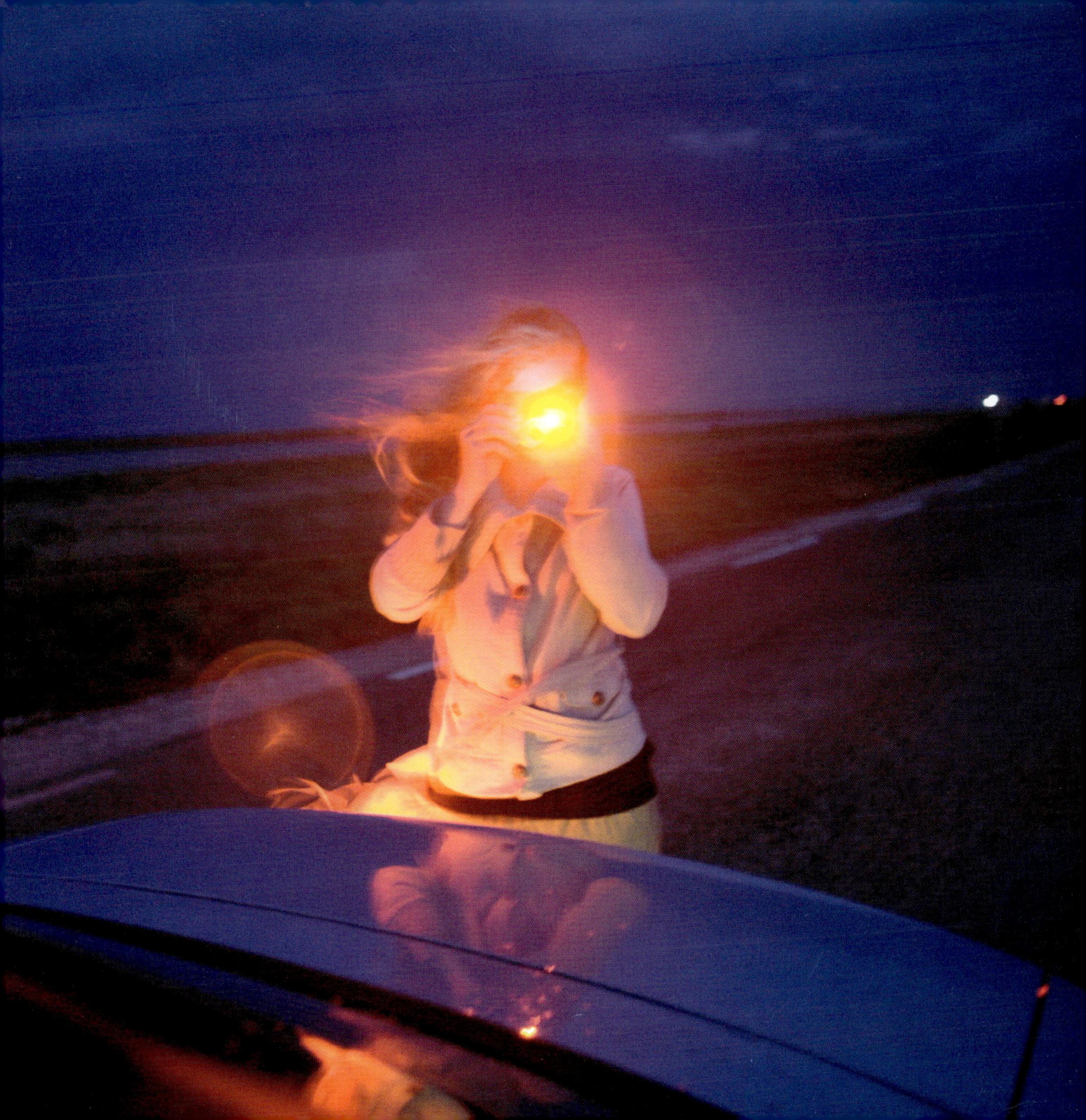

Gucken, Knipsen, Sehen

Gegen das Licht

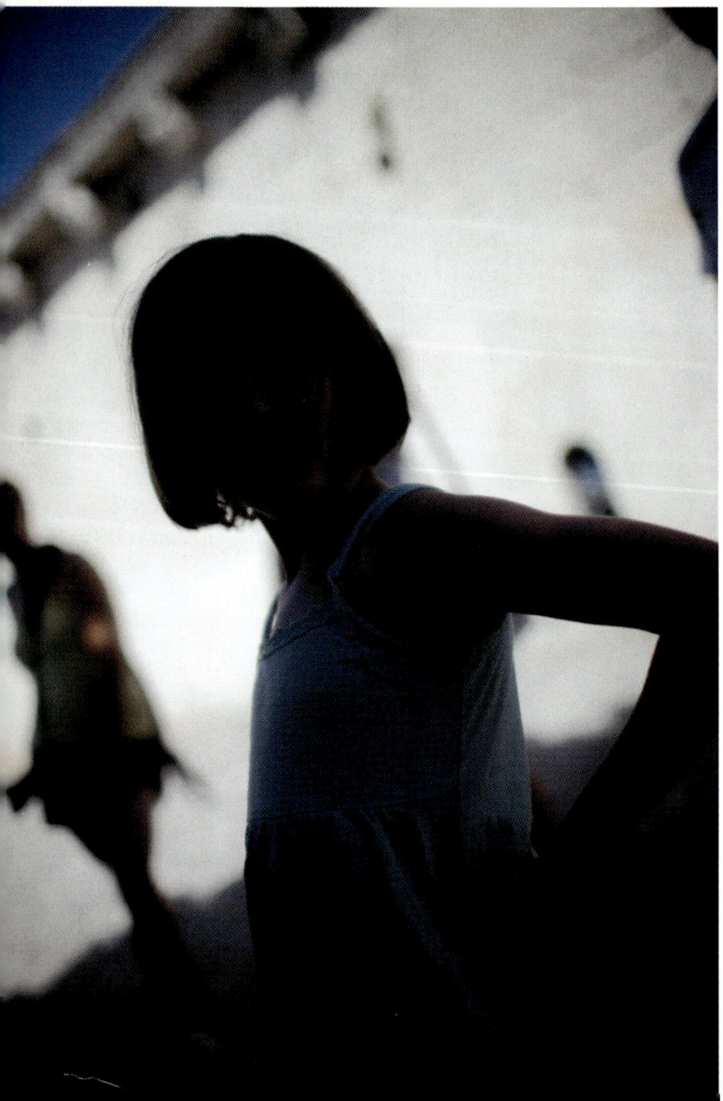

„Ich mach mal schnell ein Foto von euch, das Wetter ist so schön, stellt euch mal vor das helle Fenster." Was passiert bei so einer Aufnahme? Ihr habt starkes Gegenlicht und so ist der Hintergrund viel zu hell und die Gesichter sind fast nicht mehr zu erkennen. Meist kann man gerade noch die Umrisse wahrnehmen. Bei hellem Licht, egal ob ihr drinnen oder draußen seid, fotografiert ihr am besten mit dem Licht in eurem Rücken. Achtet jedoch darauf, dass das Licht nicht zu grell und zu steil ist, sonst blendet es eure Freunde und sie müssen die Augen zukneifen oder blinzeln.

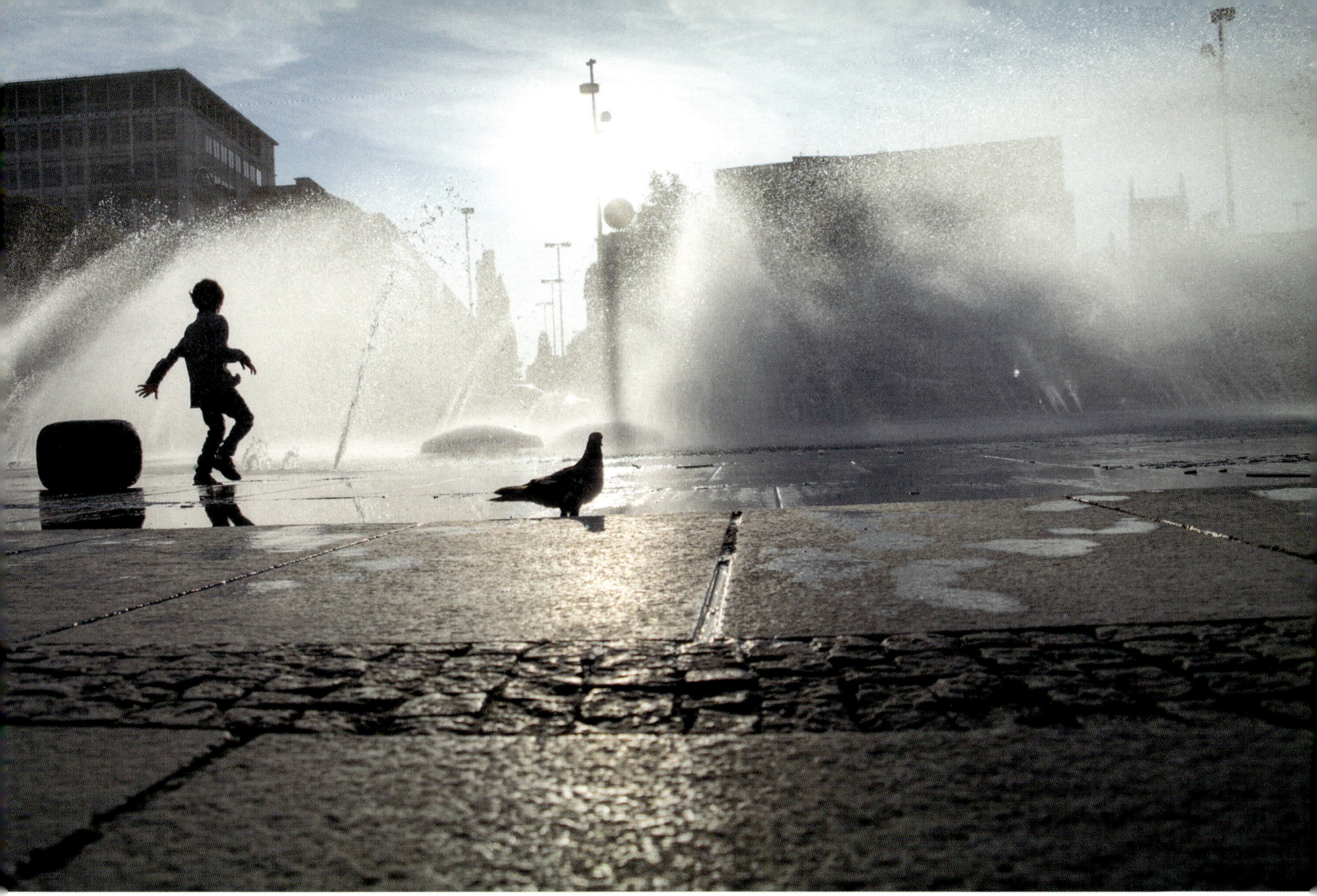

Es gibt aber auch Situationen, in denen das Gegenlicht spannend sein kann. Zum Beispiel dann, wenn die Sonne zu später Stunde so tief steht, das Menschen, Tiere oder Gegenstände im Vordergrund als dunkle Silhouette erscheinen und sich vom leuchtend hellen Hintergrund abheben. Das Bild sieht dann ein bisschen so aus wie ein Scherenschnitt.

Gucken, Knipsen, Sehen

Für kleine Dinge

Der Schalter mit dem Blümchen bringt das Objektiv in die Naheinstellung. Die braucht ihr, wenn ihr sehr kleine Motive wie Käfer aus der Nähe aufnehmen wollt. Das nennt man *Makro*. Auf dem Bildschirm erkennt ihr die Makroeinstellung an dem Blümchen . Wenn ihr also die spannende Welt der kleinen Gegenstände erkunden wollt, wählt ihr diese Einstellung.

Vergesst nur nicht, danach das Blümchen wieder auszustellen, sonst gelingen die Bilder von normal großen Sachen nicht.

Jetzt kennt ihr eure Kamera schon richtig gut und könnt fast so fotografieren wie die Profis. Was machen wir nun mit den tollen Fotos, die sich inzwischen in der Kamera angesammelt haben?

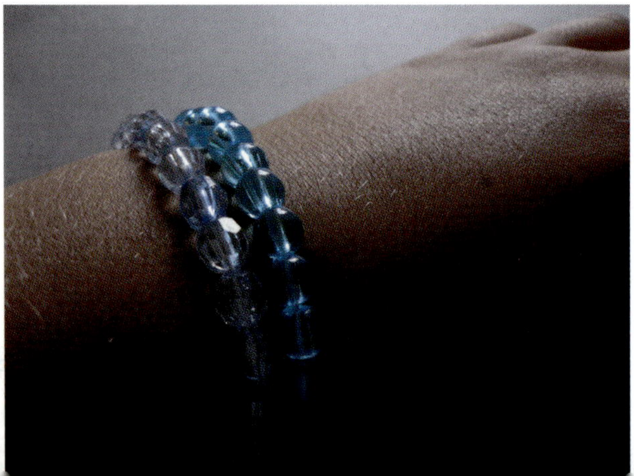

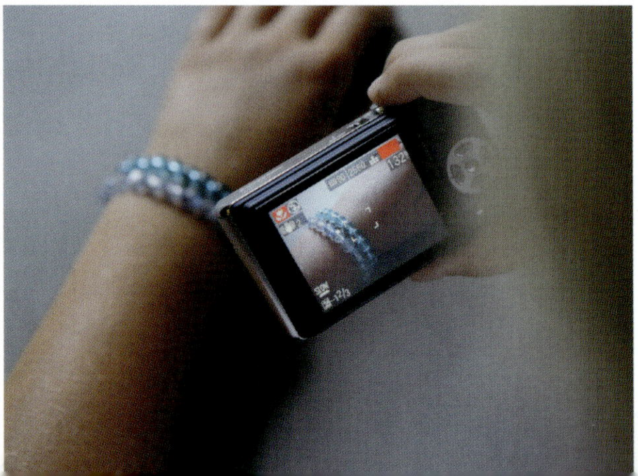

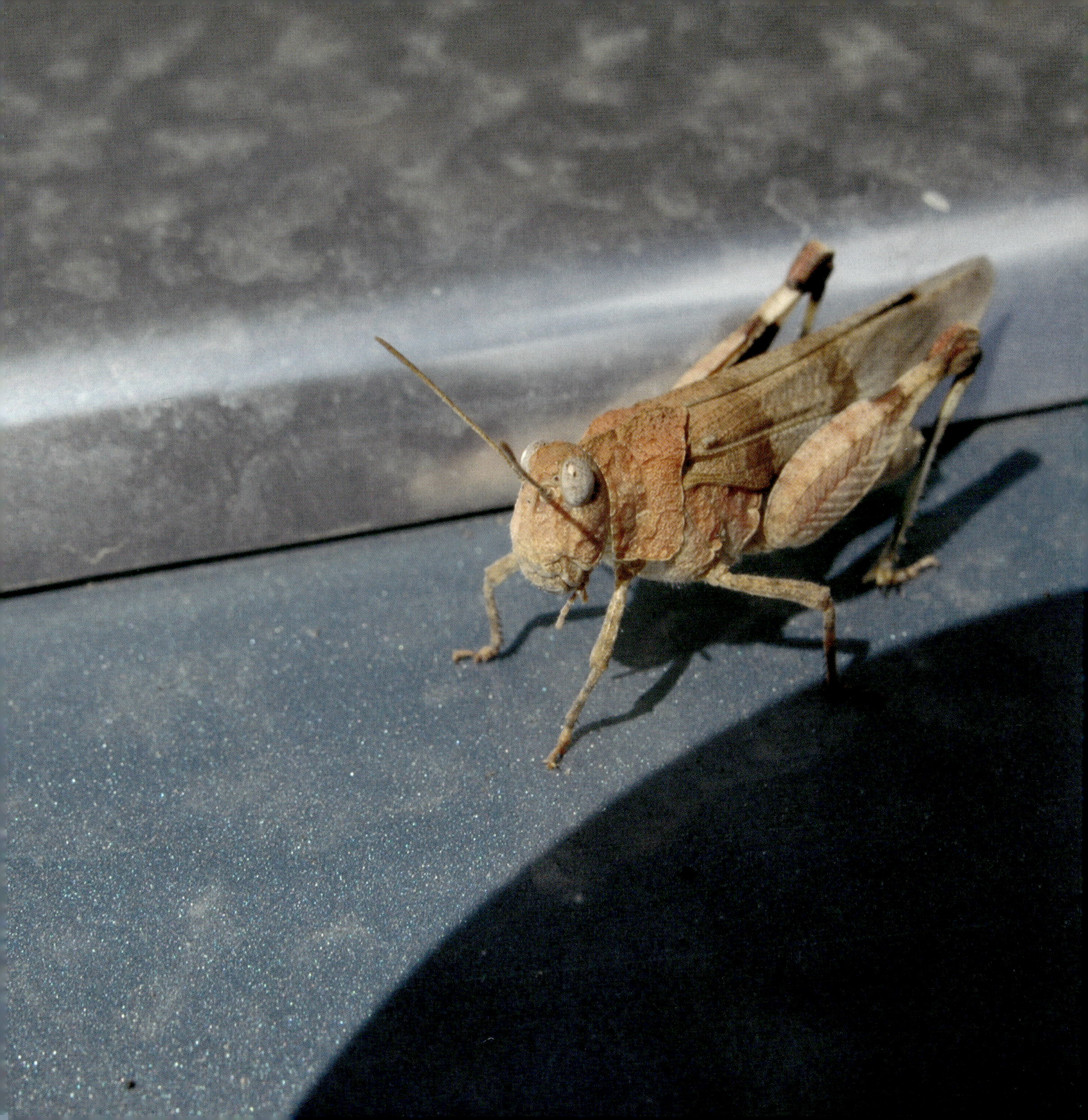

Gucken, Knipsen, Sehen

Wie kommen die Bilder in den Computer?

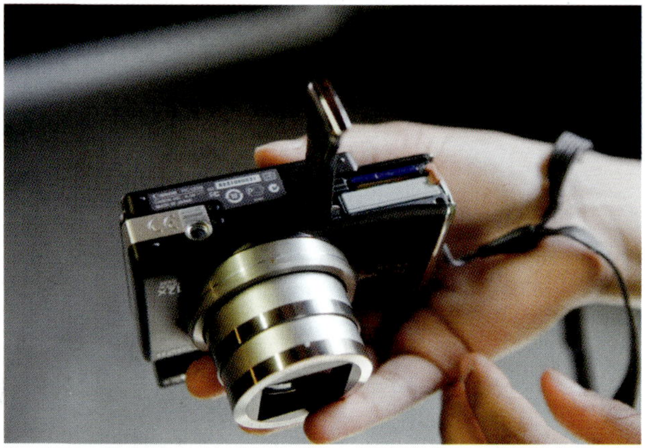

Unter der kleinen Klappe findet ihr den Akku und die Speicherkarte.

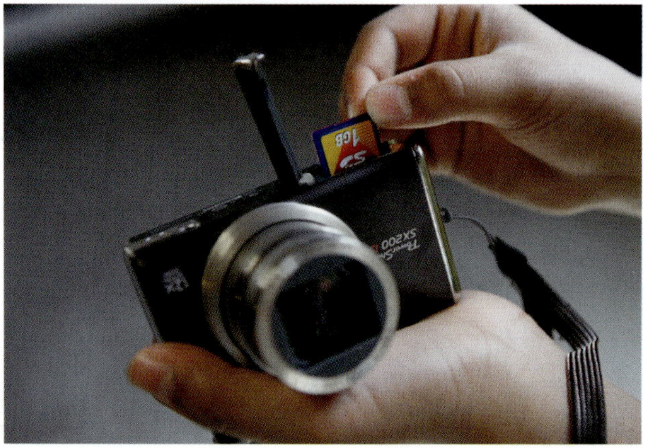

Sicher möchtet ihr die Bilder irgendwann nicht nur auf dem winzigen Display der Kamera anschauen, sondern auch auf dem großen Computerbildschirm. Und vielleicht wollt ihr ja sogar von den besten Aufnahmen einen Ausdruck machen. Dazu müsst ihr die Fotos zuerst in den Computer schicken. Das ist wirklich nicht schwer und bestimmt habt ihr das auch schon einmal gesehen. Trotzdem solltet ihr euch am Anfang von jemandem helfen lassen, der ein wenig Erfahrung mit Computern hat. Entweder wird die Kamera über ein Kabel direkt mit dem Computer verbunden oder die Speicherkarte, die sich in der Kamera befindet, wird herausgeholt und in das Kartenlesegerät des Computers gesteckt.

Und mit ein paar Klicks können die Fotos in kurzer Zeit auf der Festplatte abgelegt werden. Das war’s schon. Mit einem speziellen Programm, das sich *Bild-Browser* (das spricht man *Bildbrauser*) nennt, könnt ihr euch dann eure Bilder auf dem Bildschirm ansehen. Es gibt eine Menge kostenlose Bild-Browser im Internet, zum Beispiel Fast-Stone, XnView oder Picasa. Mit ihnen kann man Fotos sehr gut auf dem Computer sortieren und ordnen.

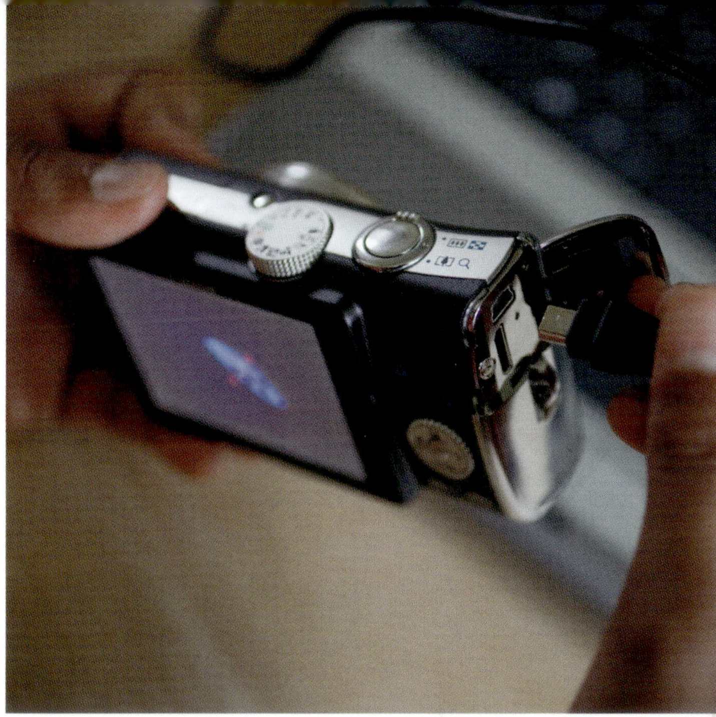

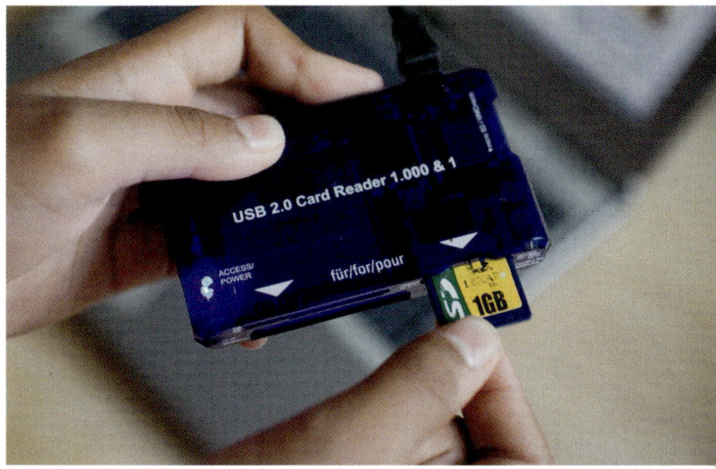

Man kann die Kamera mit einem USB-Kabel direkt an den Computer anschließen oder die Bilder auf der Karte mit einem USB-Kartenlesegerät zum Computer übertragen und dort speichern.

Die Welt ist voller Motive für dich!

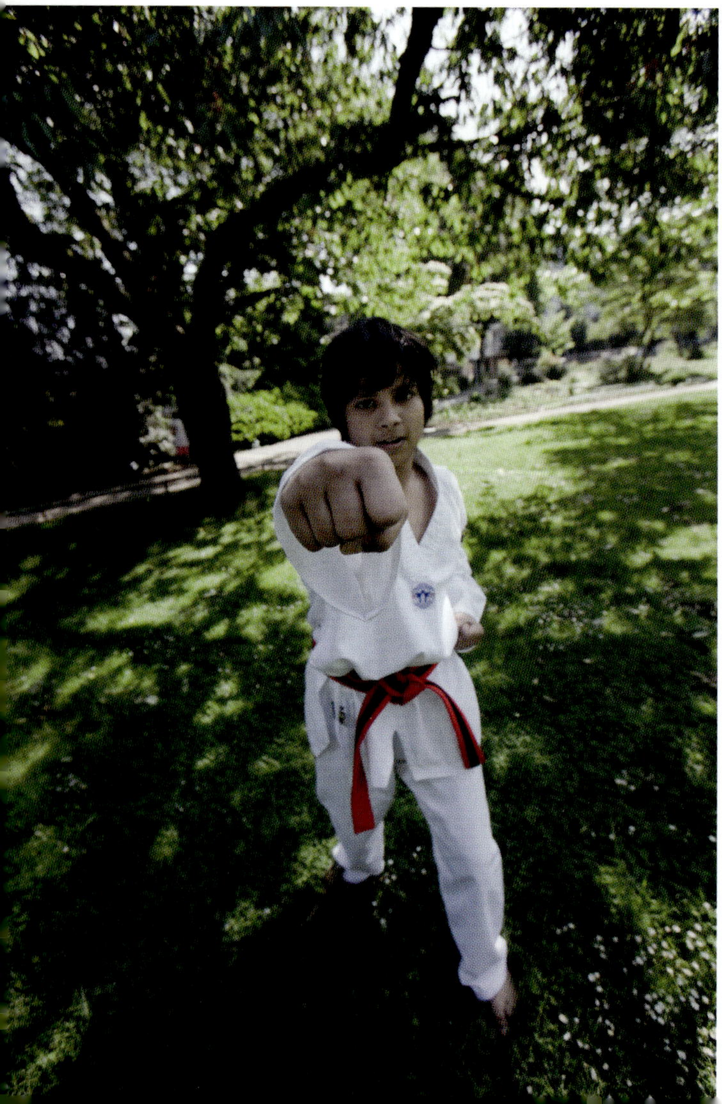

Jetzt kennt ihr alles, was ihr braucht, um gelungene Fotos zu machen. Aber was soll man fotografieren? In den nächsten Kapiteln möchten wir euch ein paar Anregungen geben, um eure Welt mit der Kamera zu entdecken. Selbstverständlich kann man alles fotografieren, was man interessant oder schön findet. Allerdings gibt es einige Themen, die besonders beliebt sind. Zuerst einmal natürlich die Menschen – sie stehen häufig im Mittelpunkt des Interesses. Ein Grund dafür ist vielleicht, dass wir Menschen uns immer wieder verändern und neue Dinge tun. Mit Fotos könnt ihr diese Veränderungen sehr gut festhalten.

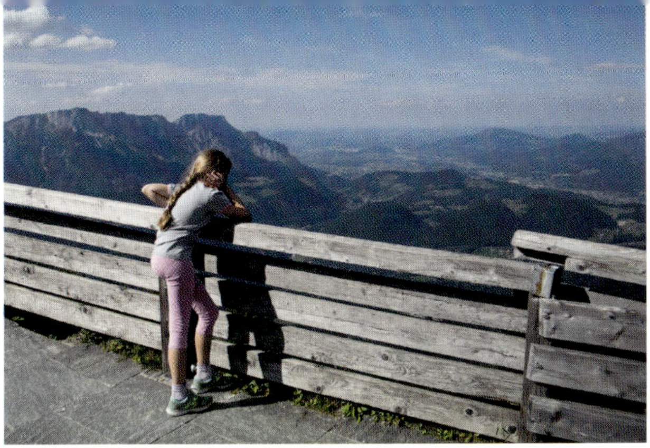

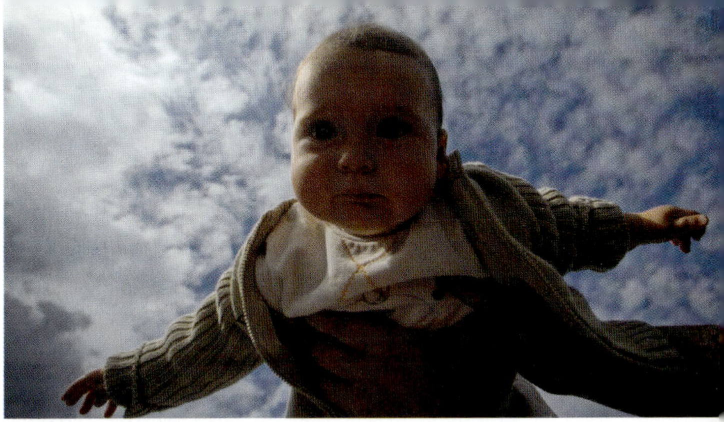

Viele Leute fotografieren auch gerne schöne Landschaften wie die Berge oder das Meer. Andere bevorzugen kleine oder große Tiere. Allerdings lässt sich nicht immer genau festlegen, zu welchem Thema ein Bild genau gehört. Wenn ihr jemanden auf einer grünen Wiese mit atemberaubenden Bergen dahinter fotografiert, dann ist das gleichermaßen ein Menschenbild und eine Landschaftsaufnahme. Und ein Foto von eurer kleinen Schwester, die ein niedliches Kätzlein in den Armen hält, ist sowohl ein Tierbild als auch ein Menschenbild. Davon solltet ihr euch aber nicht beirren lassen. Fotografiert einfach alles, was für euch wichtig ist.

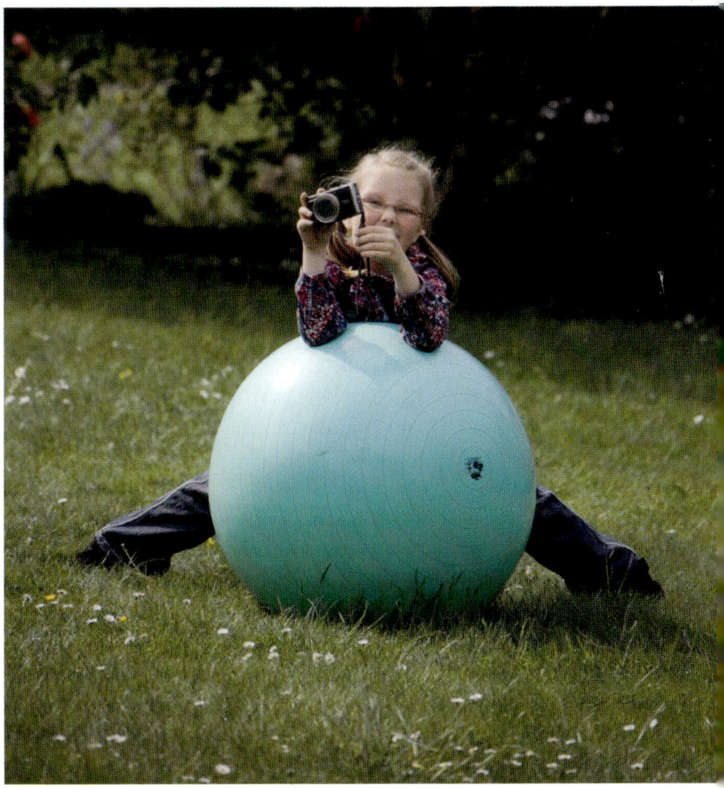

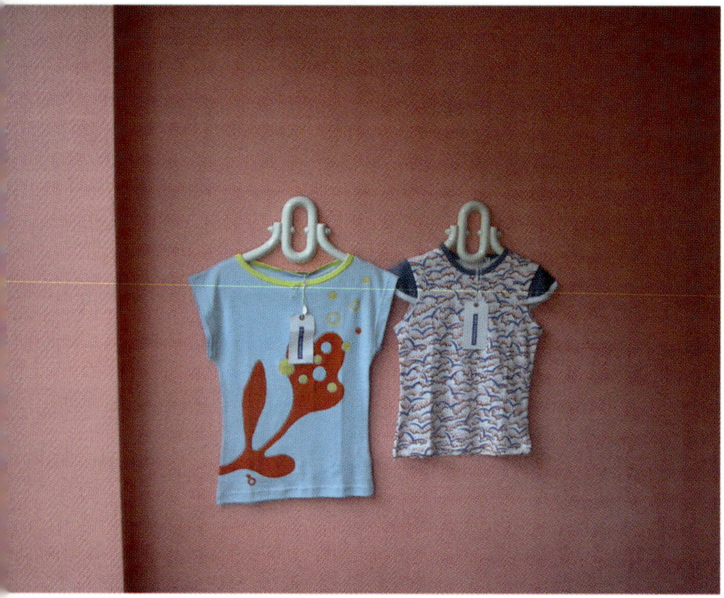

Vorab möchten wir euch noch einige grundsätzliche Ratschläge für gelungene Fotos geben. Diese Ratschläge sind in allen Situationen gut zu gebrauchen:

- Draußen herrscht das beste Licht am Abend und am Morgen. Mittags steht die Sonne so hoch, dass alles langweilig aussieht. Der tiefe Sonnenstand und das warme Licht am Morgen und Abend sorgen für Fotos, auf denen ihr viele Einzelheiten erkennen könnt.
- Geht nah heran, wenn ihr Menschen fotografiert. Ein „Suchbild", auf dem man die Personen erst auf den zweiten Blick entdeckt, ist nervig.
- Versucht nicht, zu viel auf euer Foto zu bekommen. Konzentriert euch auf das Wichtigste.
- Achtet auf das, was hinten im Bild passiert. Pflanzen und andere Dinge können sehr störend sein, wenn sie direkt hinter Menschen auftauchen. Dann sieht es so aus, als wenn jemandem eine Blume aus dem Kopf herauswächst.

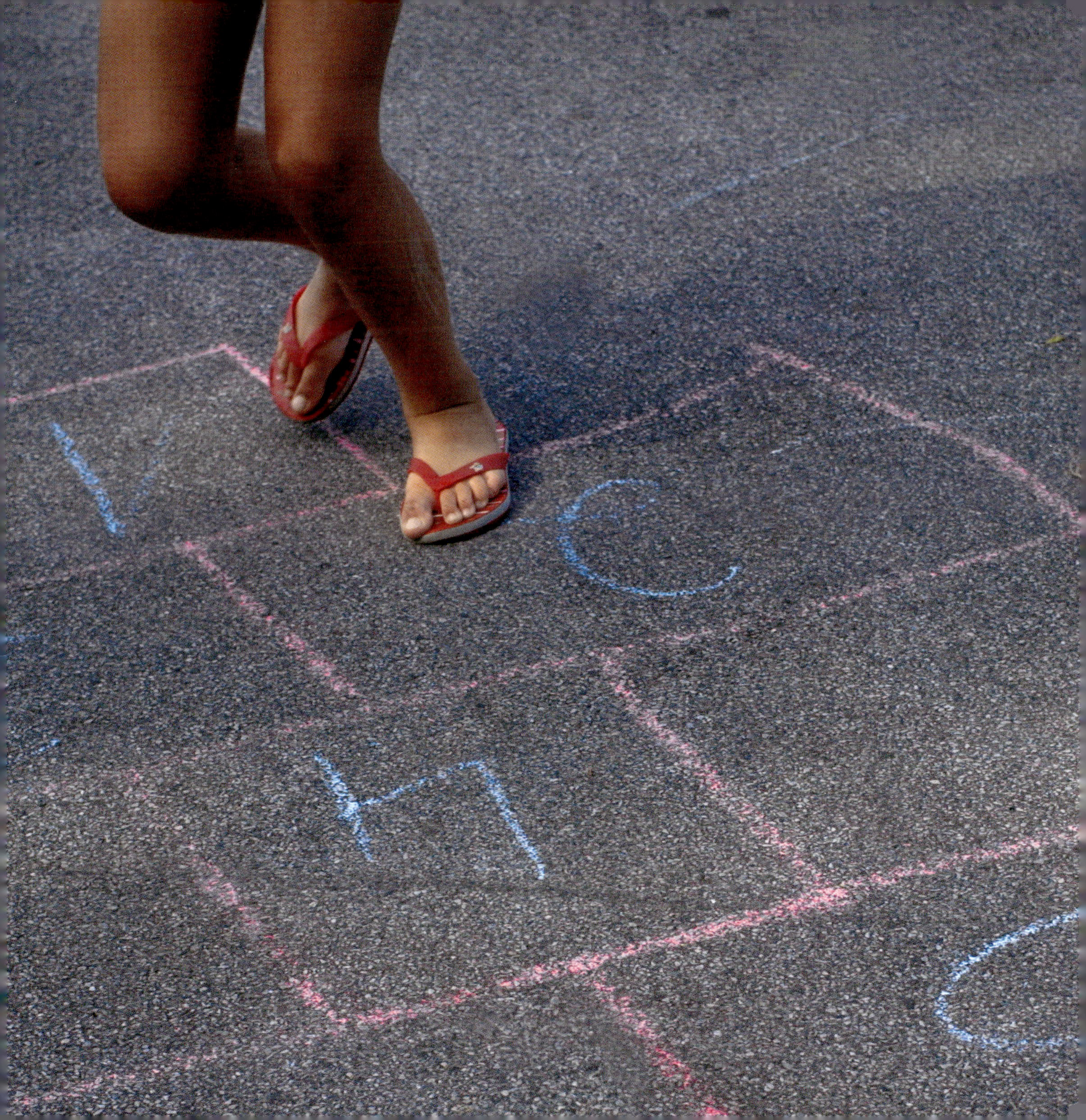
C
H

Tipp Nehmt eure Kamera so oft wie möglich mit. Nicht nur in Situationen, in denen es normal ist, eine Kamera dabei zu haben. Je öfter ihr die Kamera griffbereit habt, desto größer ist die Chance, ungewöhnliche Bilder aufzunehmen, die ihr sonst verpassen würdet. Und solltet ihr schon ein Handy mit Kamera haben, dann geht es notfalls auch mal damit.

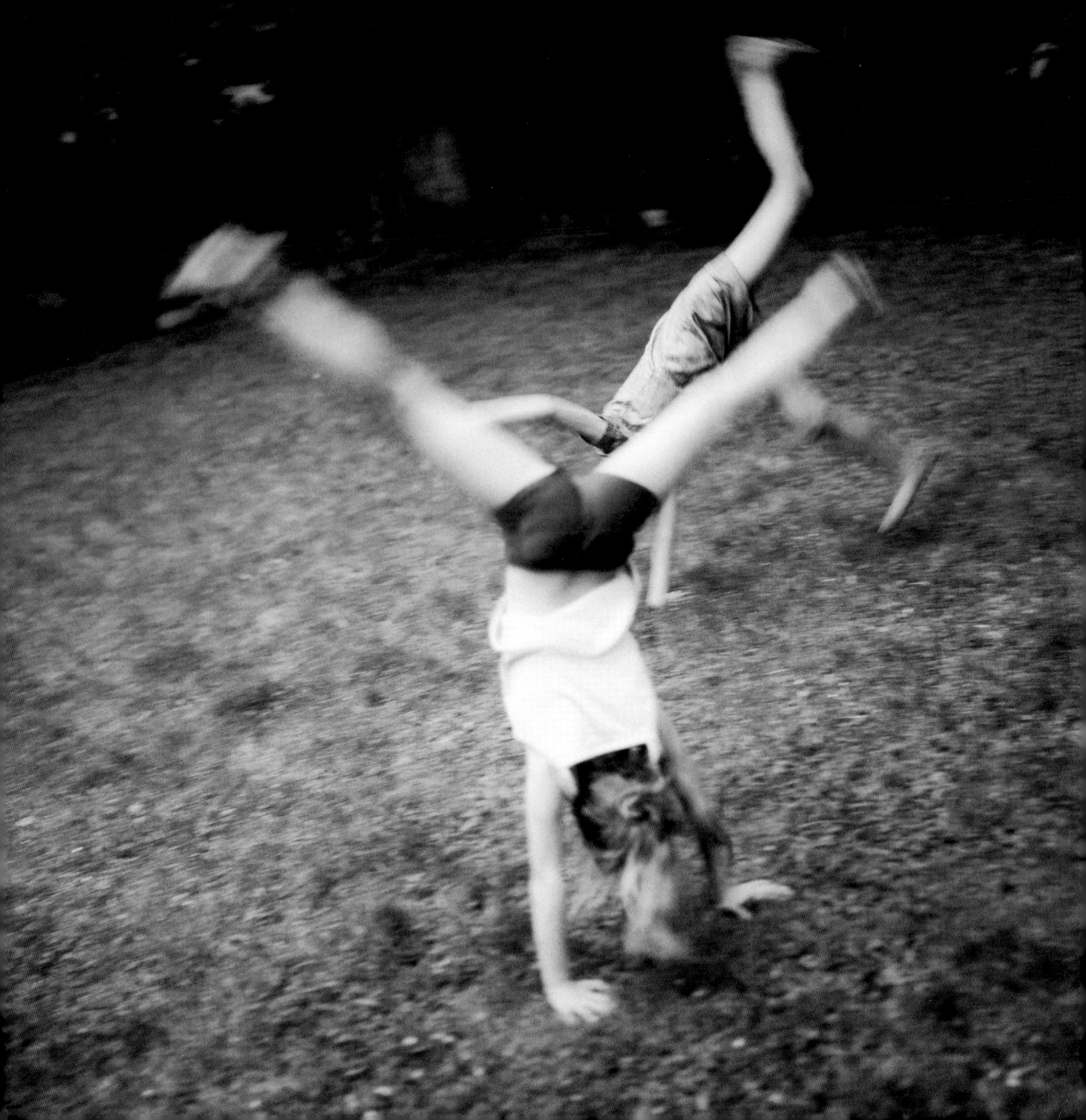

„Mach ein Bild von mir!"

„Freunde sind das Salz in der Suppe des Lebens", soll mal jemand gesagt haben und das ist sicher richtig. Ohne gute Freunde ist das Leben ziemlich langweilig. Freunde helfen einem in der Not und man kann sich immer auf sie verlassen. Und manchmal hat man sie ein Leben lang. Darum sollten wir den Menschen, die wir lieben, auch mit der Kamera besondere Aufmerksamkeit schenken. Später, wenn ihr älter seid, werden diese Bilder vielleicht zu eurem wertvollsten Besitz gehören. Begleitet eure Freunde bei besonderen Ereignissen wie der Konfirmation, der Kommunion oder einer Theateraufführung mit der Kamera. Man kann sogar beim Fotografieren neue Freunde kennenlernen. Fragt doch bei nächster Gelegenheit jemanden, den ihr besonders nett findet, ob ihr nicht ein Bild von ihm oder ihr machen dürft. Das kann der Beginn einer langen Freundschaft werden.

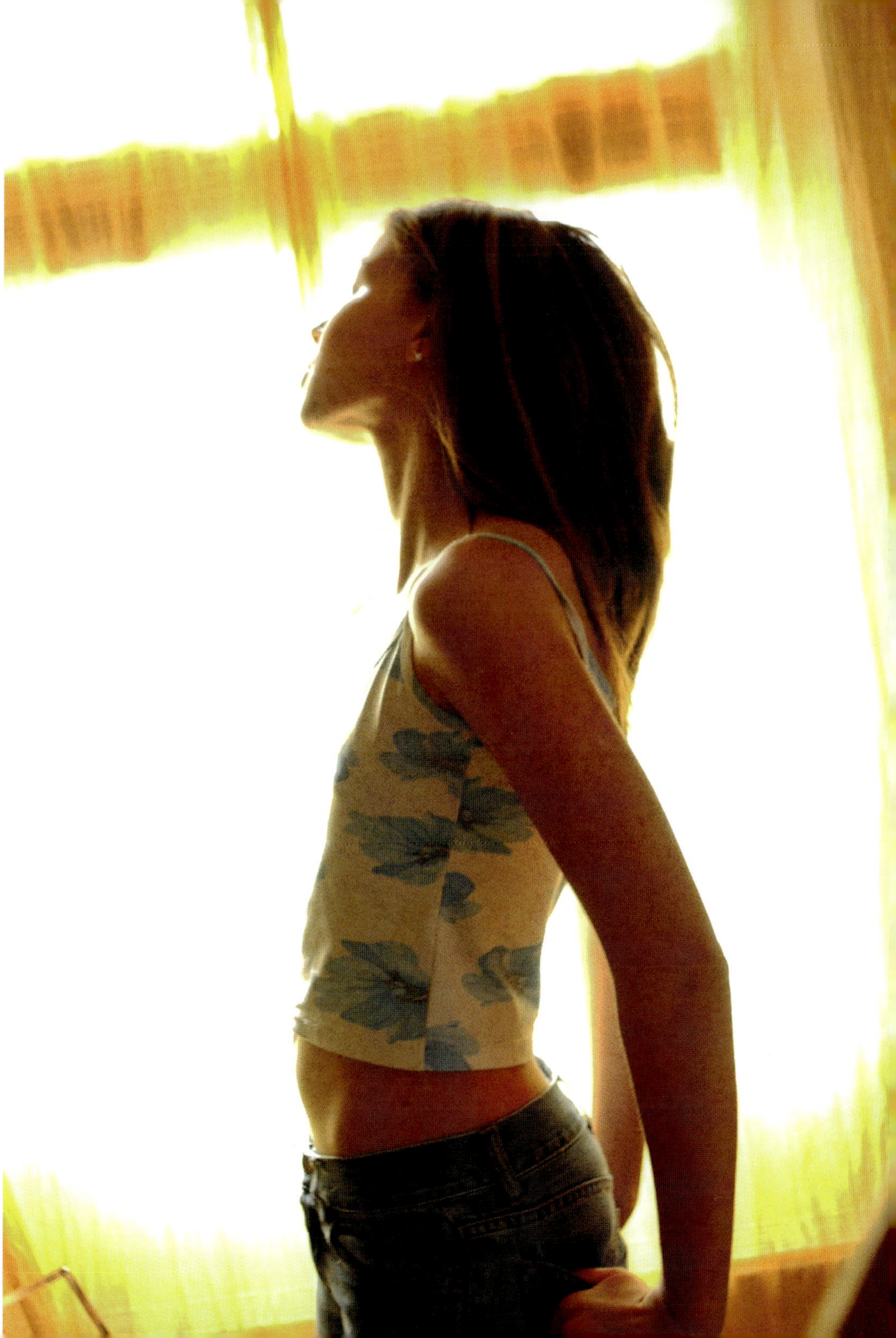

Tipp Fotografiert eure allerbesten Freunde und pinnt die Bilder in eurem Zimmer an die Wand. So sind sie immer bei euch.

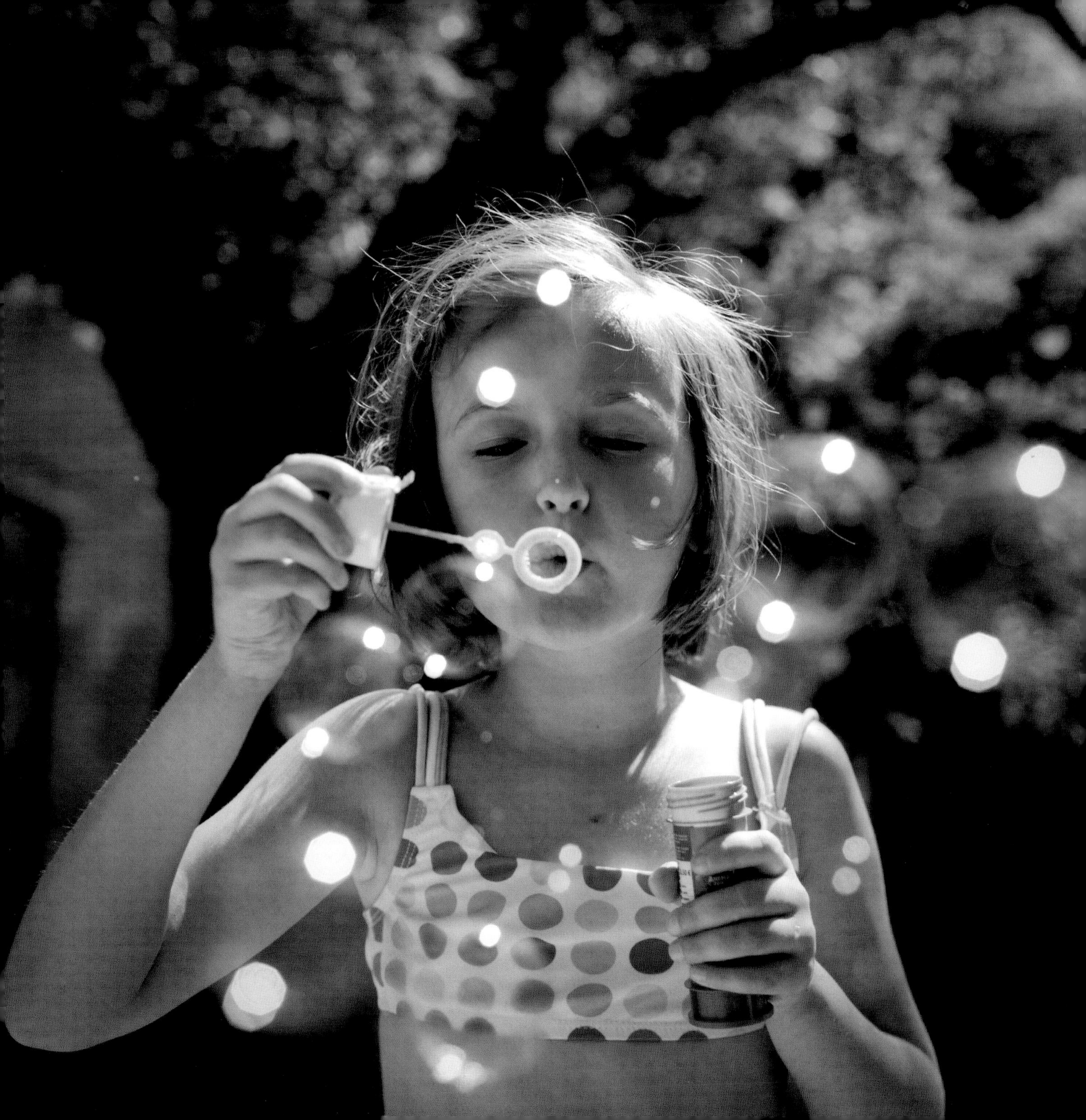

Alle lieben Tiere!

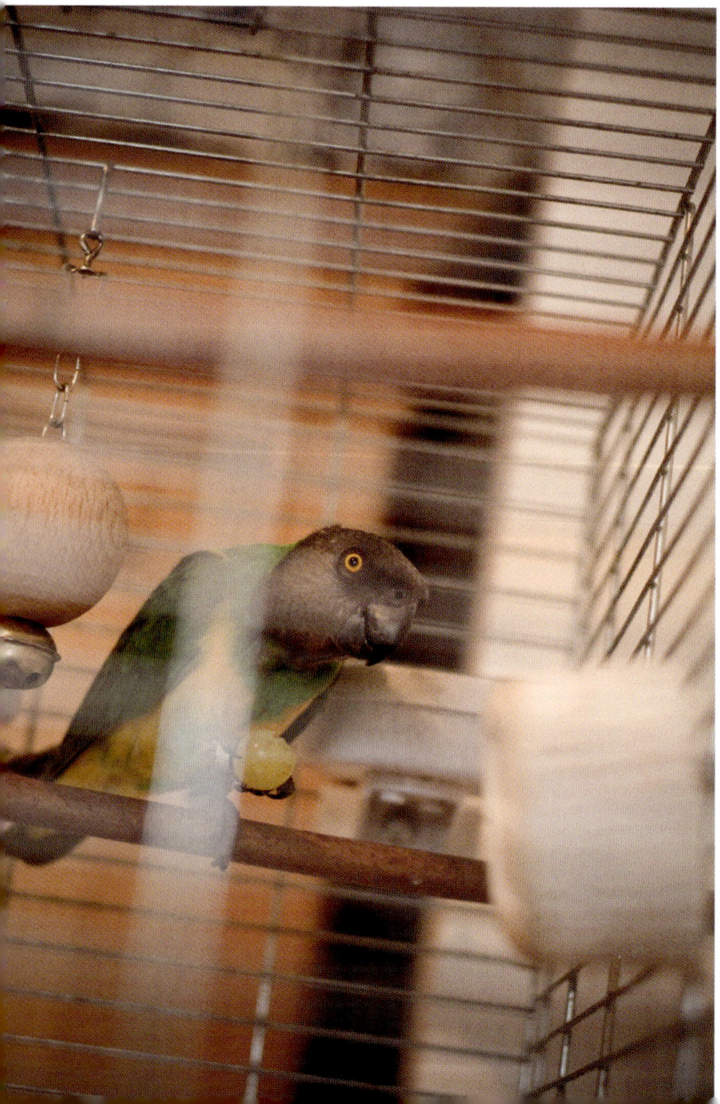

Tiere gehören zu den beliebtesten Motiven überhaupt. Kein Wunder, schließlich haben Tiere jede Menge Eigenschaften, die unsere Neugier wecken und uns begeistern. Sie sind lustig und süß, spannend und fremdartig oder auch wild und gefährlich. Darum gibt es auch spezielle Tierfotografen, die in die entlegensten Regionen unserer Welt reisen und all die fantastischen Aufnahmen von Tieren machen, die ihr aus Zeitschriften und Büchern kennt.

Neben den fotografischen Regeln solltet ihr für Tierfotos auch noch einiges andere beachten. Manche Tiere sind wirklich gefährlich. Solltet ihr also einen Löwen oder ein Krokodil treffen, dann ist es sicherer, nicht zu nah heranzugehen und die größte Teleeinstellung des Zooms zu wählen. Das Gleiche gilt auch für Hunde, die ihr nicht kennt. Zum Glück sind die meisten Tiere hierzulande aber ungefährlich und auch nicht allzu groß. Ihr müsst also nicht gleich nach Afrika reisen, um schöne Bilder von Tieren zu knipsen.

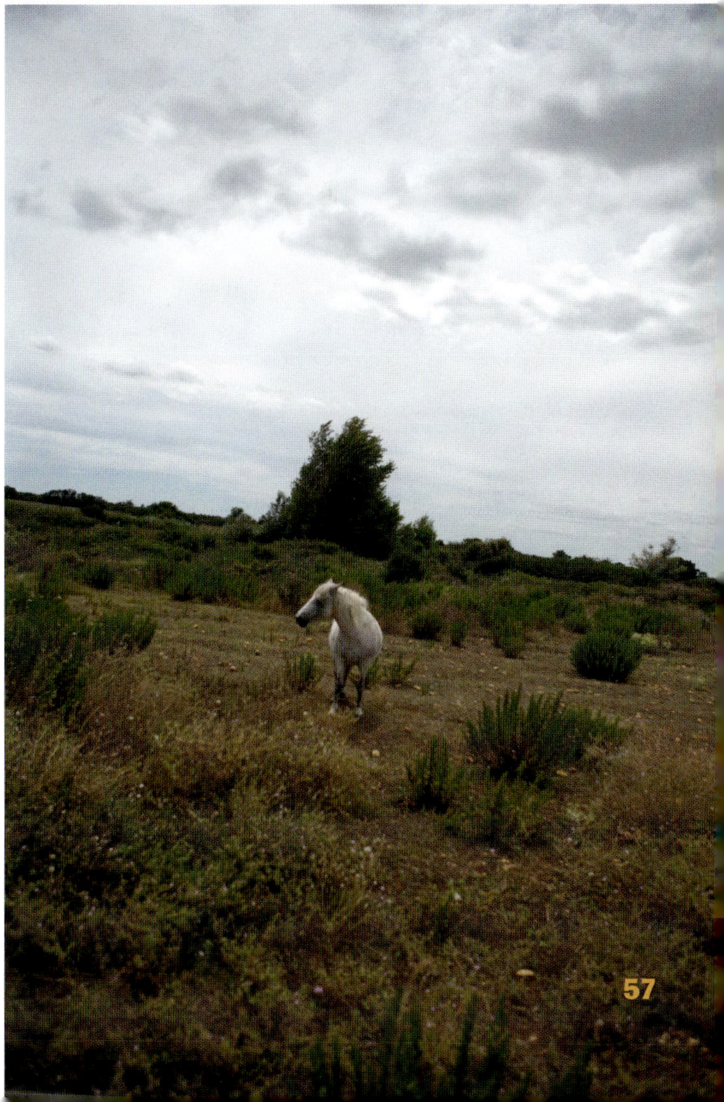

Alle lieben Tiere!

Vierbeinige Mitbewohner

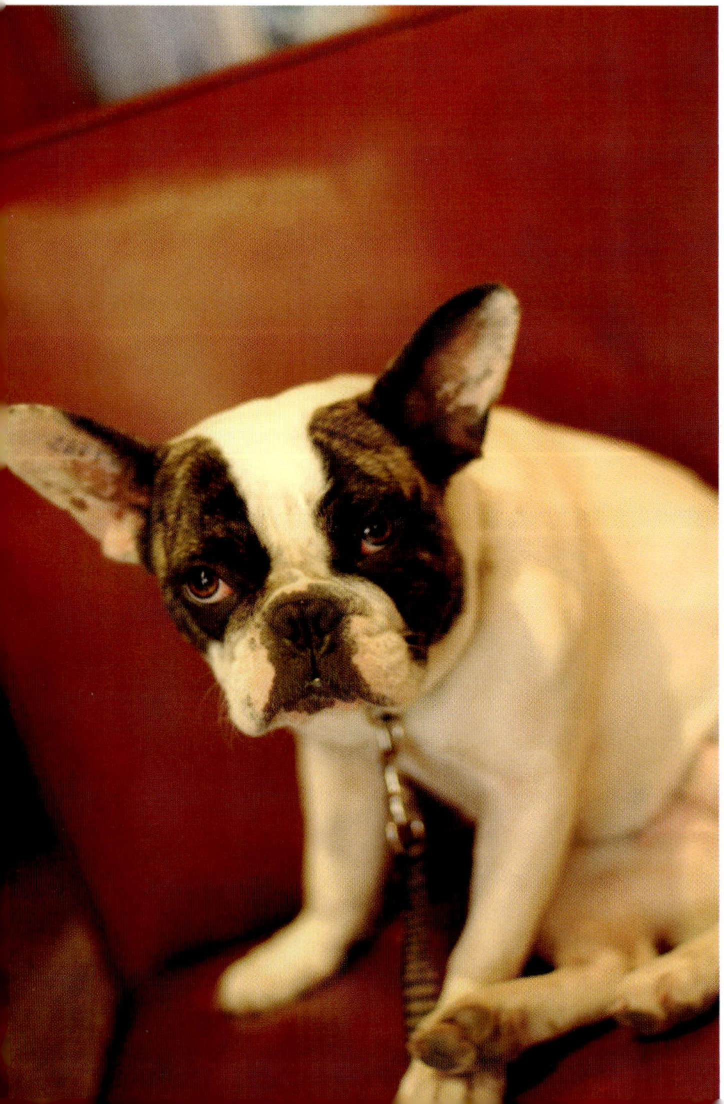

Wahrscheinlich werdet ihr die ersten Erfahrungen in der Tierfotografie mit der eigenen Katze, dem Meerschweinchen oder Wellensittich machen. Wenn ihr kein eigenes Tier habt, könnt ihr eure Freunde einmal fragen, ob ihr ein Fotoshooting mit ihrem Haustier machen dürft.

Katzen sind geschickte Akrobaten. Versucht, sie im Sprung auf die Mauer oder im Baum kletternd zu erwischen. Dabei zoomt ihr am besten in die Teleeinstellung [♠], so könnt ihr von einem entfernten Standpunkt aus das kleine Raubtier groß heranholen. Aber auch beim Spielen im Zimmer sind Katzen faszinierende Motive. Man kann stundenlang dabei zusehen, wie sie mit einem Wollknäuel kämpfen oder einer

Schnur nachjagen. Dabei könnt ihr ganz unterschiedliche Standpunkte ausprobieren, also mal von oben, indem ihr auf einen stabilen Stuhl steigt, oder auch auf dem Boden liegend direkt auf Augenhöhe.

Natürlich sind Hunde ebenfalls hervorragende Stars vor der Kamera. Um das Stöckchen zurück zu Herrchen zu bringen, vollführen sie oft atemberaubende Kunststücke und mancher Hund springt dafür sogar gerne mal ins Wasser. Wieder an Land schütteln sie sich ausgiebig. Dann spritzt das Wasser in alle Richtungen: ein herrlicher und bei heißem Wetter auch erfrischender Anblick. Passt nur auf, dass eure Kamera dabei nicht zu nass wird.

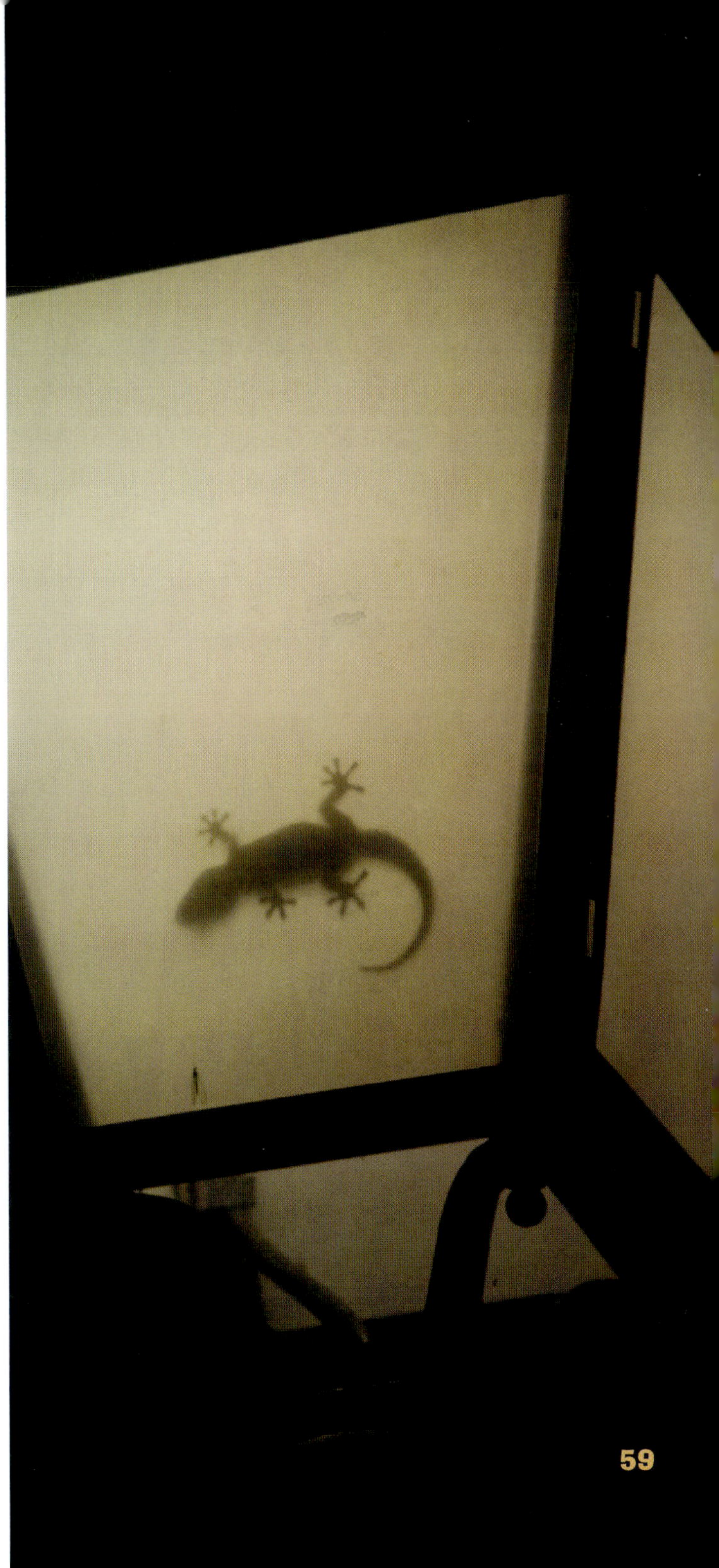

Wenn ihr Tiere fotografiert, ist es nicht schlecht, viele Bilder zu machen und später die besten herauszusuchen. Tiere sind sehr lebendig, sie bewegen sich ständig und anfangs werden viele Bilder unscharf oder misslungen sein. Wenn man Tierbilder macht, ist es oft gut, einen Freund dabei zu haben, der sich mit dem Vierbeiner beschäftigt, sodass ihr euch in Ruhe auf die Fotos konzentrieren könnt.

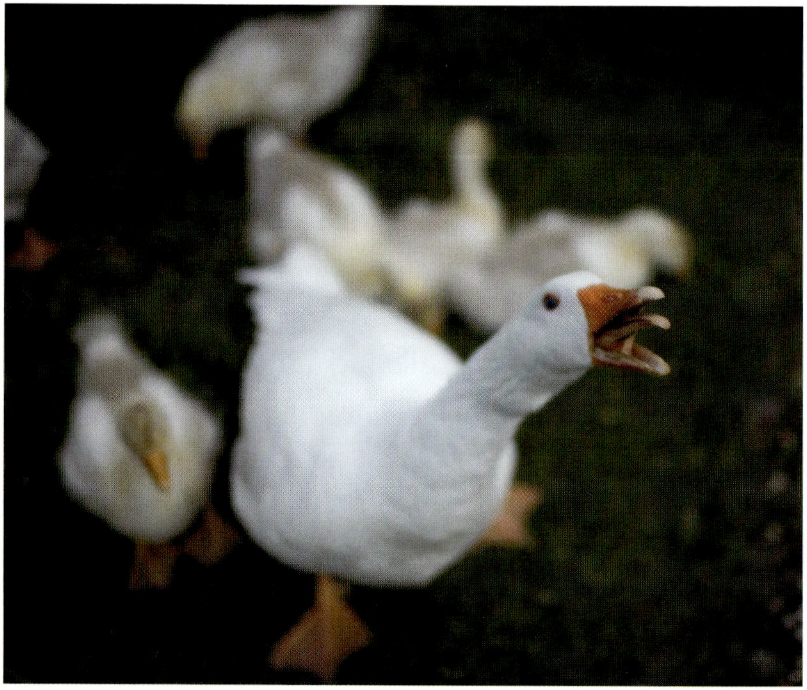

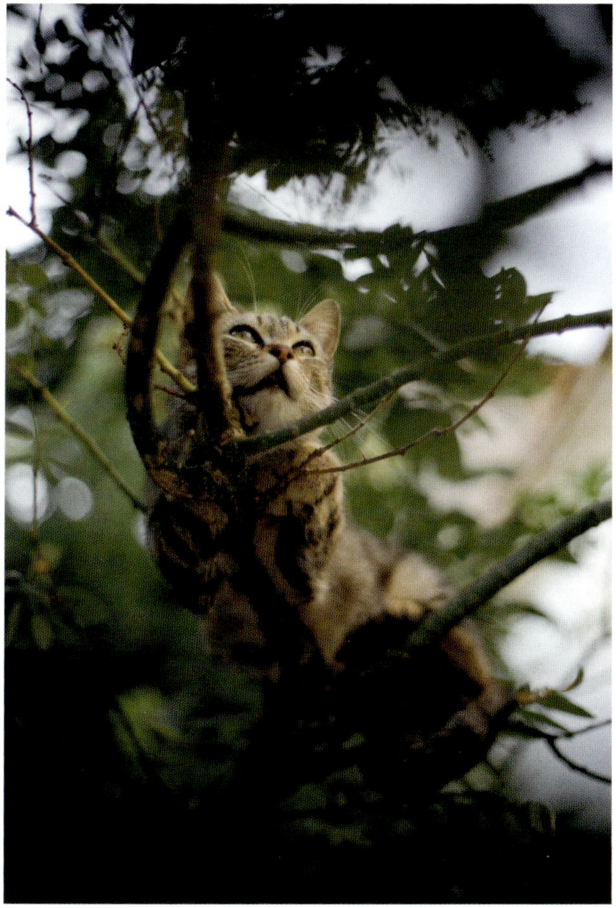

Wie bei anderen Motiven auch, solltet ihr verschiedene Perspektiven ausprobieren. Fotografiert die Tiere mal von oben, so wie bei der Gans und dem Hund, oder von unten, so wie bei der Katze.

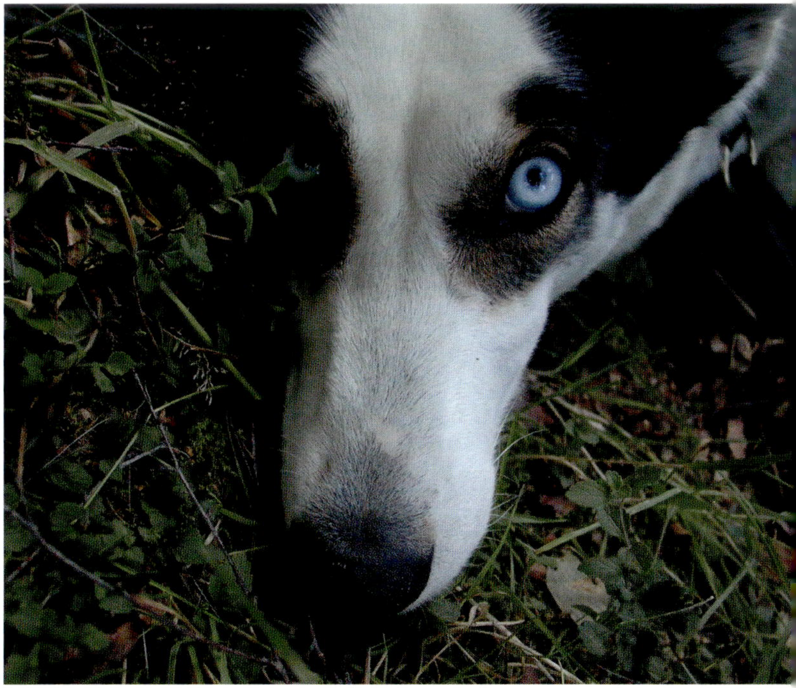

Alle lieben Tiere!

Tiere sind überall

Dabei gibt es nicht nur unsere vierbeinigen Hausgenossen. Tiere sind überall. Pferde und Kühe stehen auf der Weide. Enten und Schwäne schwimmen im Teich. Eichhörnchen springen von Baum zu Baum. Die Tauben nehmen ein Bad im Brunnen. Bunte Schmetterlinge sitzen auf Blumen. Tiere sind wirklich überall!

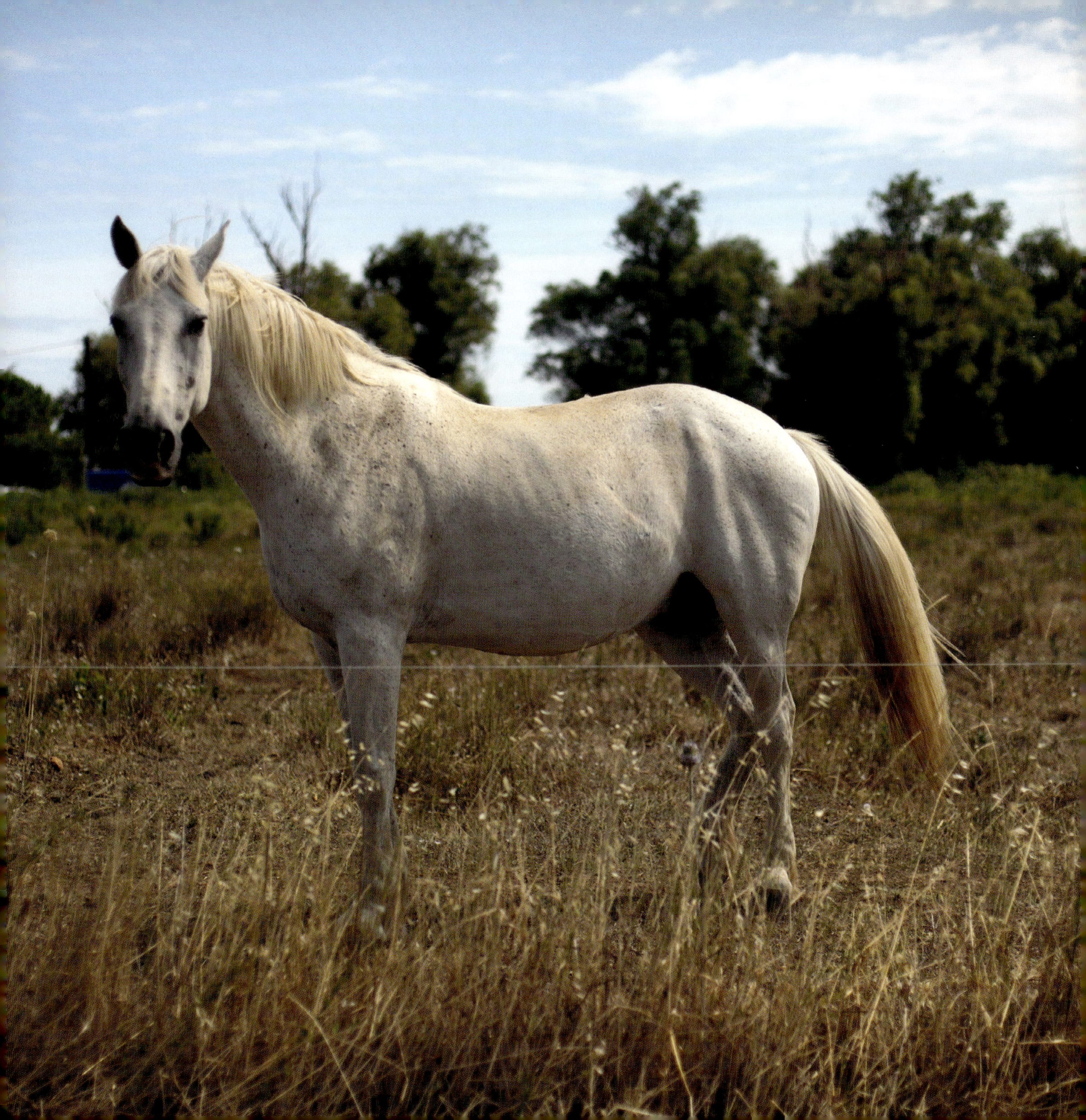

Tipp Versucht doch mal, einen Tag lang alle Tiere zu fotografieren, die euch so begegnen. Ihr werdet überrascht sein, wie viele das sind.

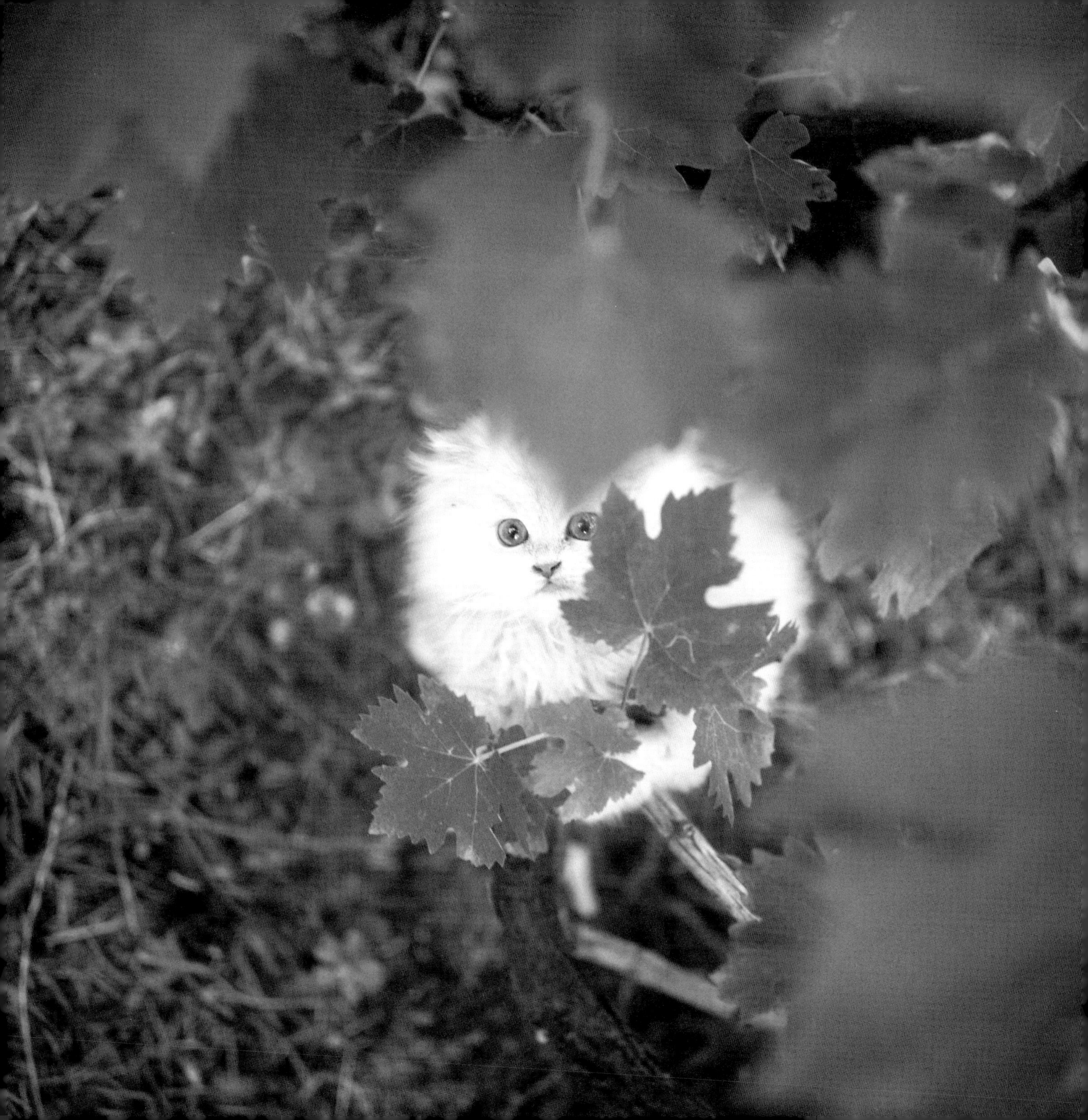

Einmal um die Welt an einem Nachmittag

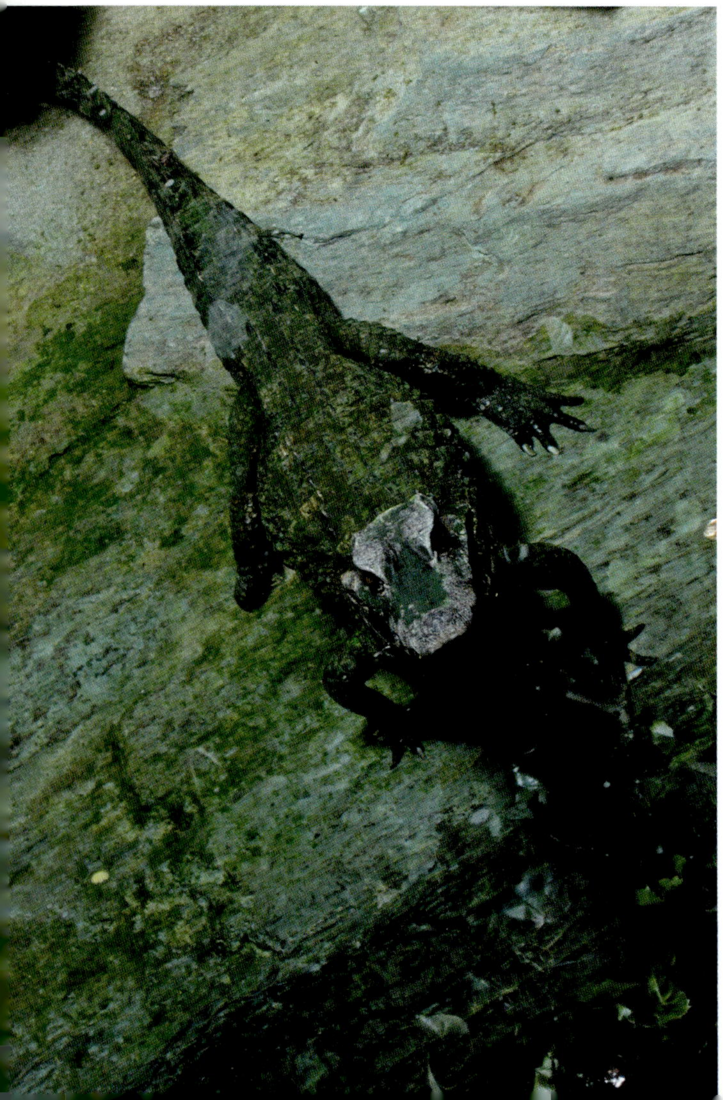

Beim Besuch im Zoo darf die Kamera auf gar keinen Fall fehlen. An kaum einem anderen Ort findet ihr so viele ansprechende Motive so nah beieinander. Es ist fast wie eine kleine Weltreise. Eben hat man noch die afrikanischen Löwen beobachtet, wie sie faul in der Sonne liegen, um im nächsten Augenblick den Eisbären der Arktis beim Baden zuzuschauen. Die witzigen Erdmännchen wärmen sich unter einer Lampe und sehen aus wie eine Fußballmannschaft, während die rosa Flamingos regungslos auf einem Bein stehen und die Besucher an sich vorbeiziehen lassen. All diese Motive warten nur darauf, im Bild festgehalten zu werden.

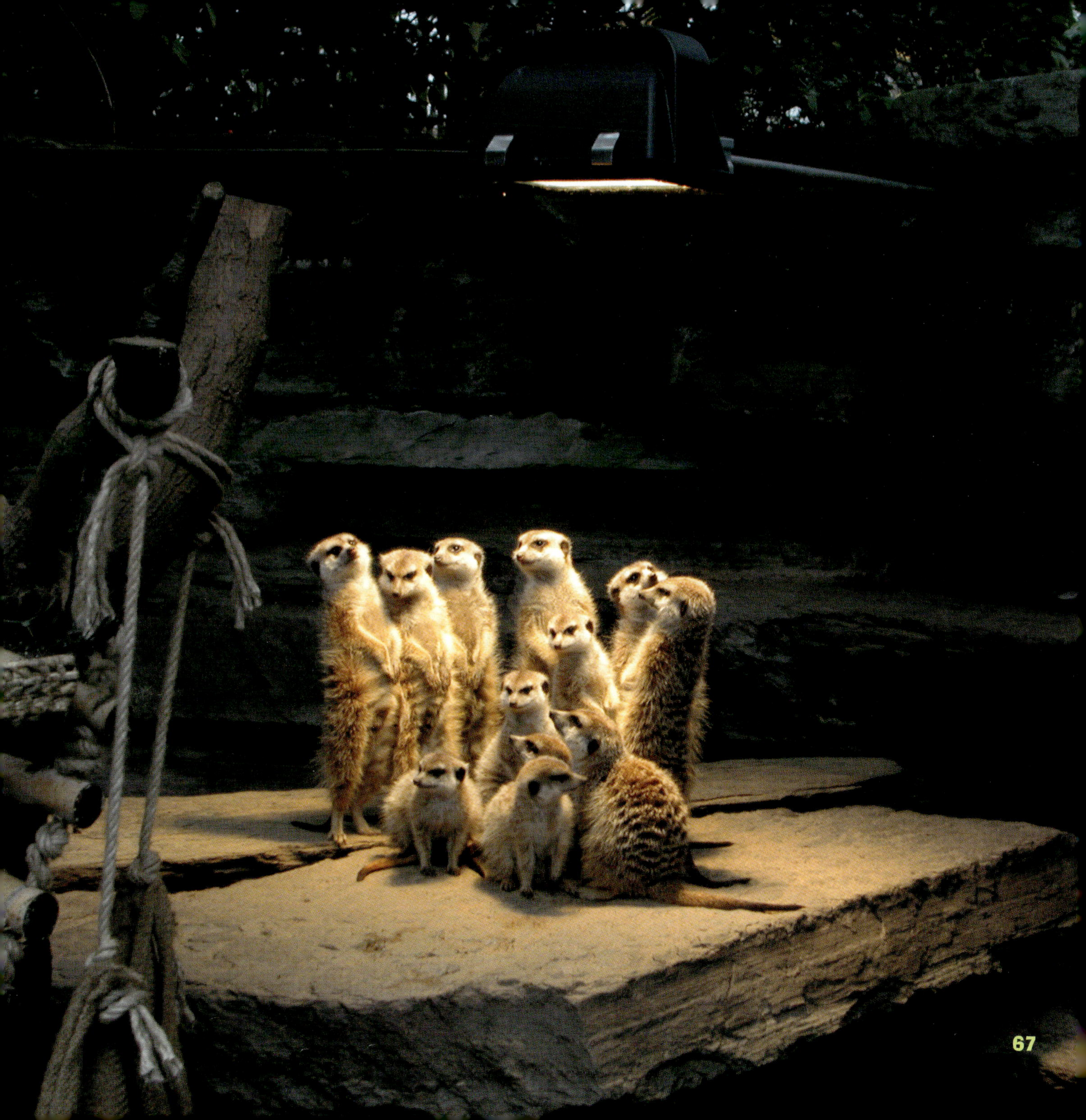

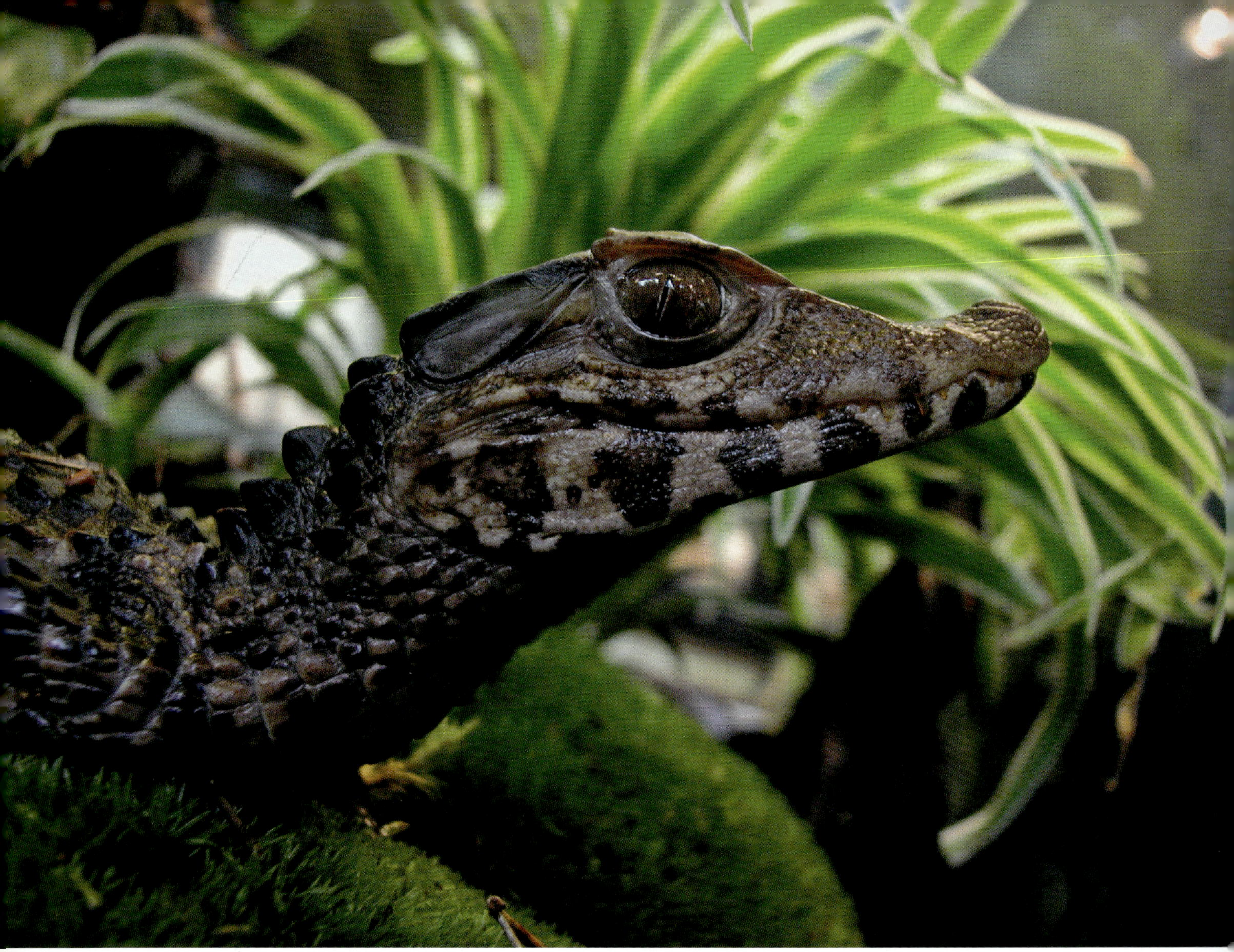

Da in den modernen Zoos Gitter zum Glück immer weniger werden, kann man mit einem bisschen Geschick Fotos wie in freier Wildbahn machen. Oft ist es ganz einfach, das Objektiv durch die Maschen des Zaunes zu stecken. Dann sieht es so aus, als wenn ihr den Ameisenbären in seiner Heimat besucht hättet. Auch hier hilft euch die Teleeinstellung des Zooms , störende Elemente aus dem Bild zu bekommen. Mit der Teleeinstellung gelingen auch Großaufnahmen von einem Krokodilauge oder einem Tigerzahn.

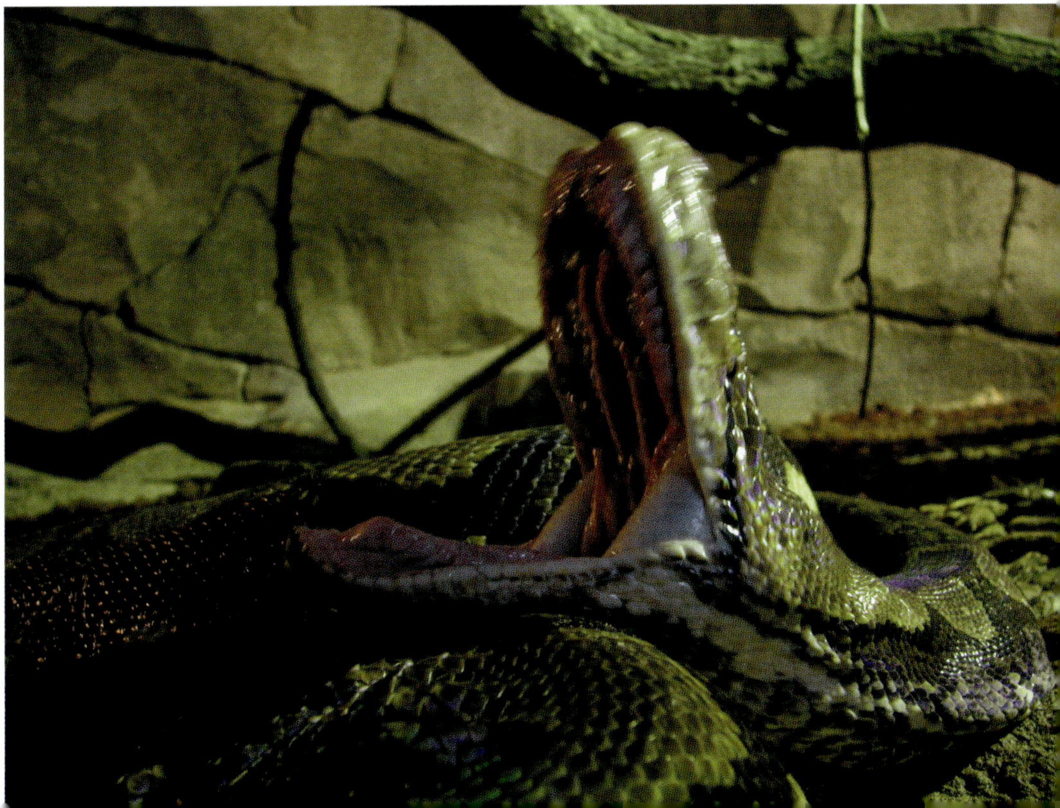

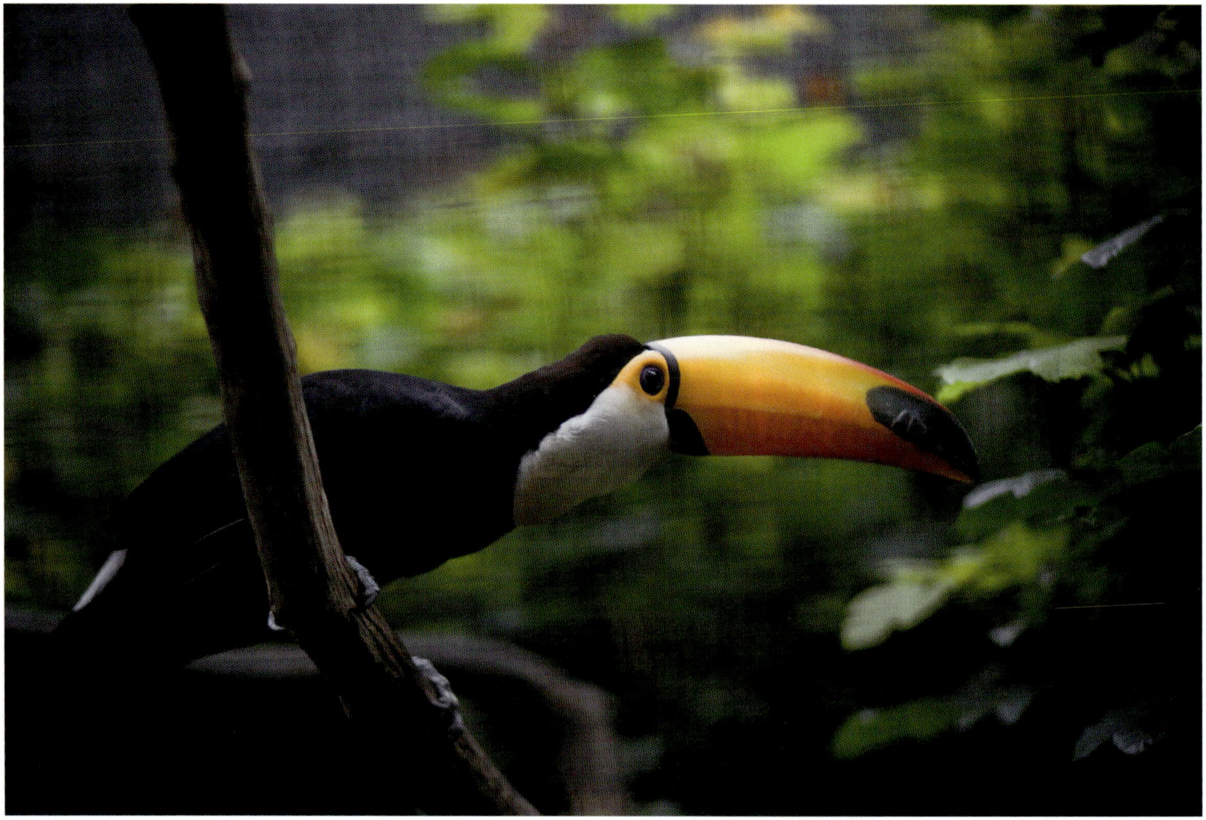

Wenn ihr ganz nah an das Gehege herangeht und genau auf euer Motiv scharfstellt, dann erscheint der Zaun nur noch unscharf im Bild. Bei ungefährlichen Tieren ist es auch oft möglich, das Objektiv durch die Maschen oder das Gitter zu schieben. So könnt ihr Fotos machen, die aussehen, als wären sie in der Natur aufgenommen worden.

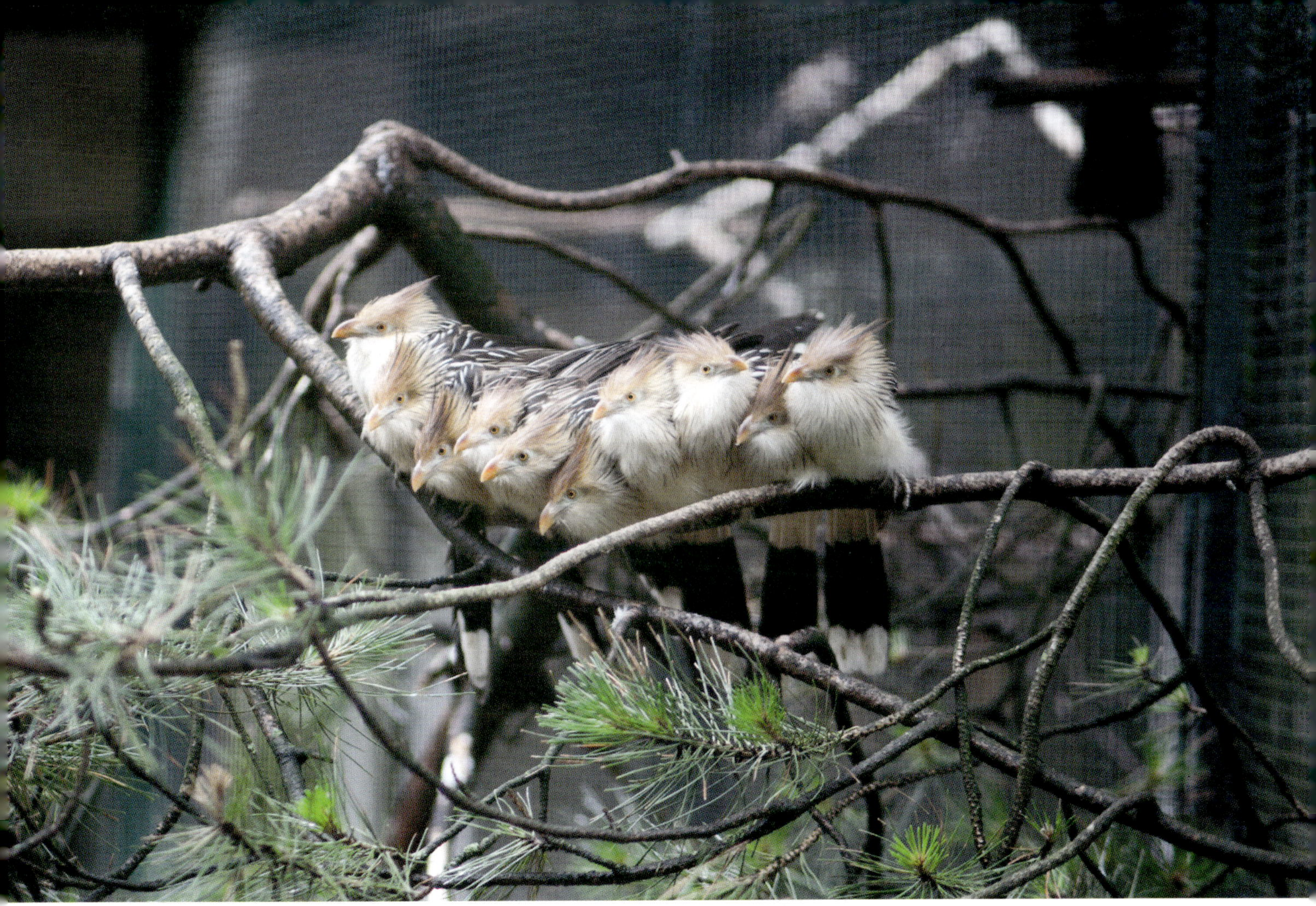

Einmal um die Welt an einem Nachmittag

Mit Hai und Tintenfisch auf Augenhöhe

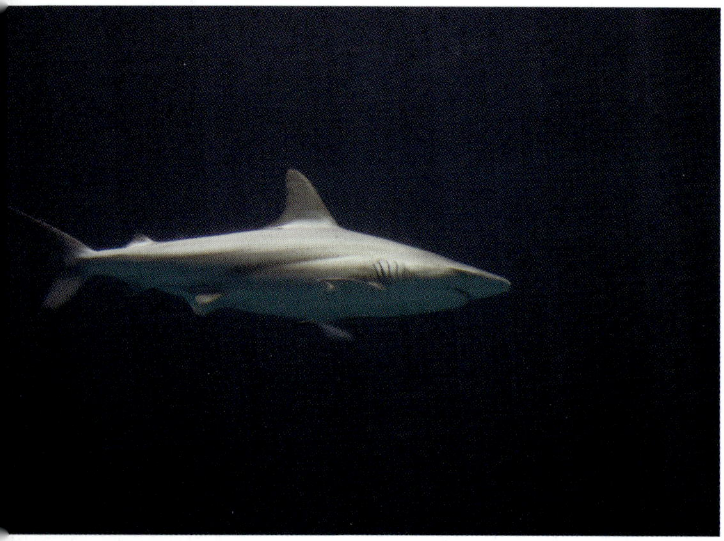

Das Fotografieren im Aquarium oder Aquazoo ist eine echte Herausforderung, da ihr euch oft in den Scheiben der großen Becken spiegelt. Dabei ist doch gerade die Unterwasserwelt besonders reizvoll. Schließlich kann man nirgendwo sonst Fische, Quallen, Seeschlangen oder Haie fotografieren. Ein guter Trick ist es, mit der Kamera ganz nah an die Scheibe heranzugehen, so nah, dass euer Objektiv das Glas fast berührt. Dabei müsst ihr aber den Blitz ausschalten, da er in den Scheiben reflektiert wird und im Halbdunkel auch die anderen Besucher stört. Wenn ihr das beachtet, könnt ihr wunderbare Fotos von der bunten und fremdartigen Unterwasserwelt machen.

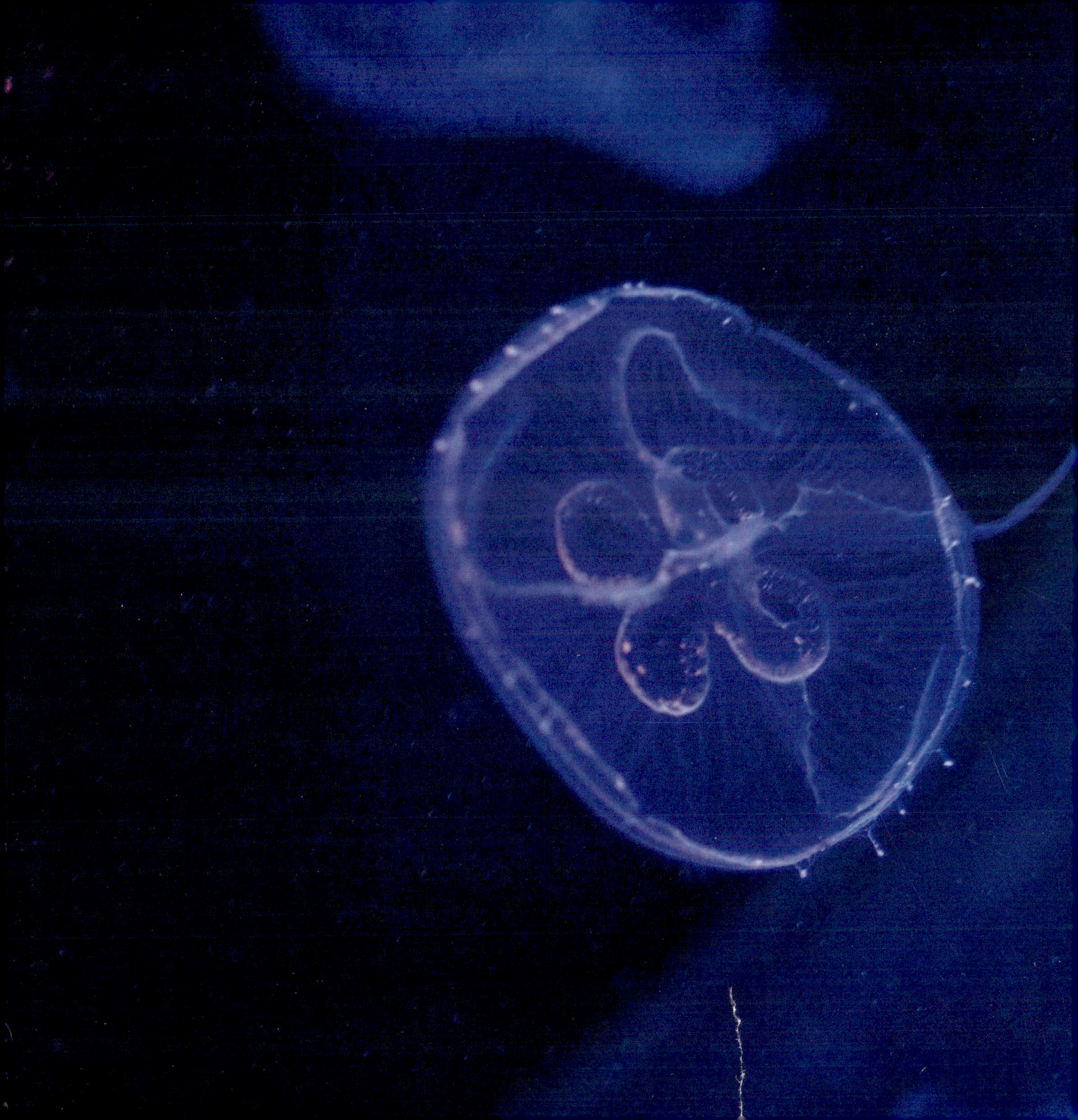

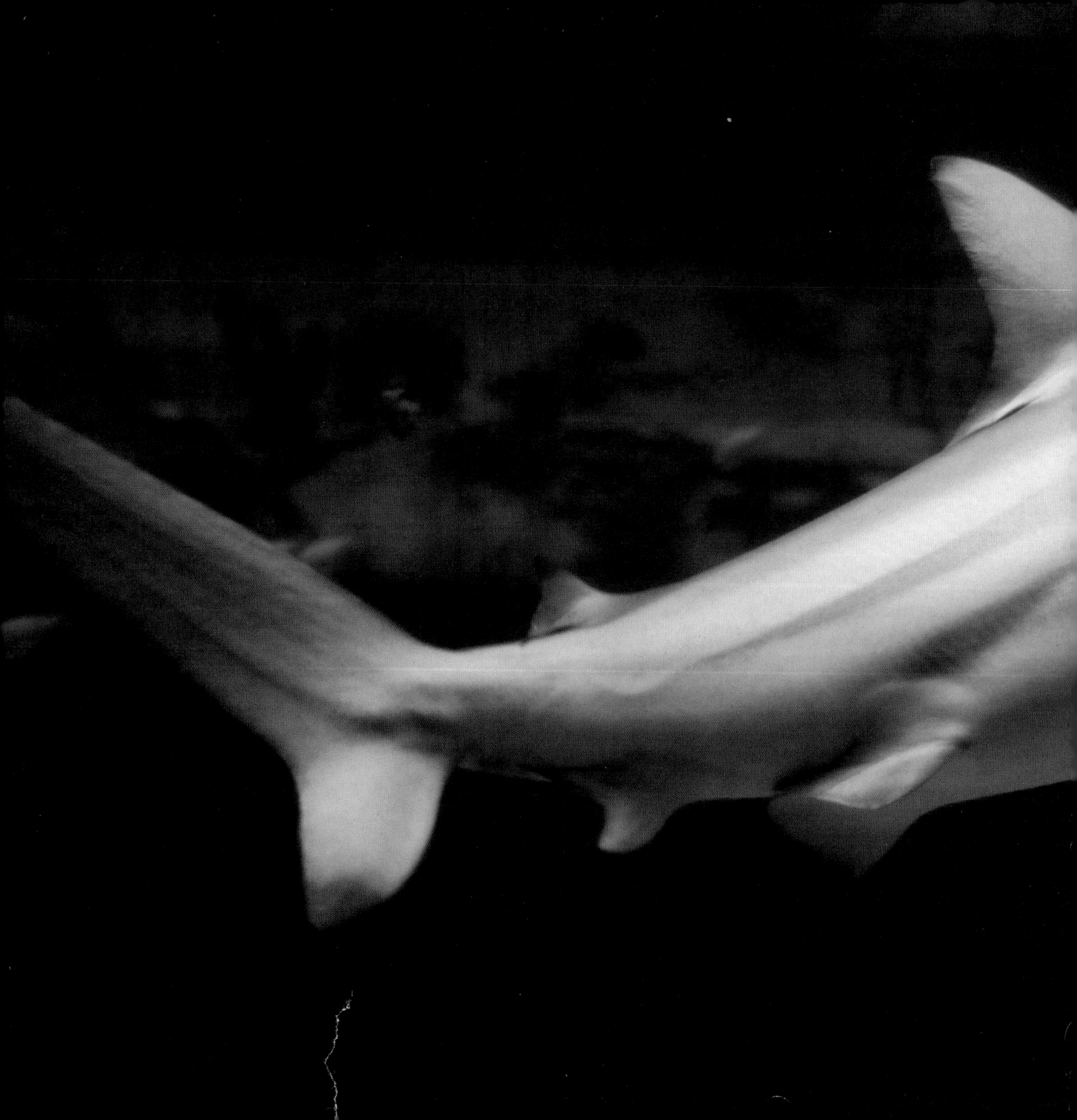

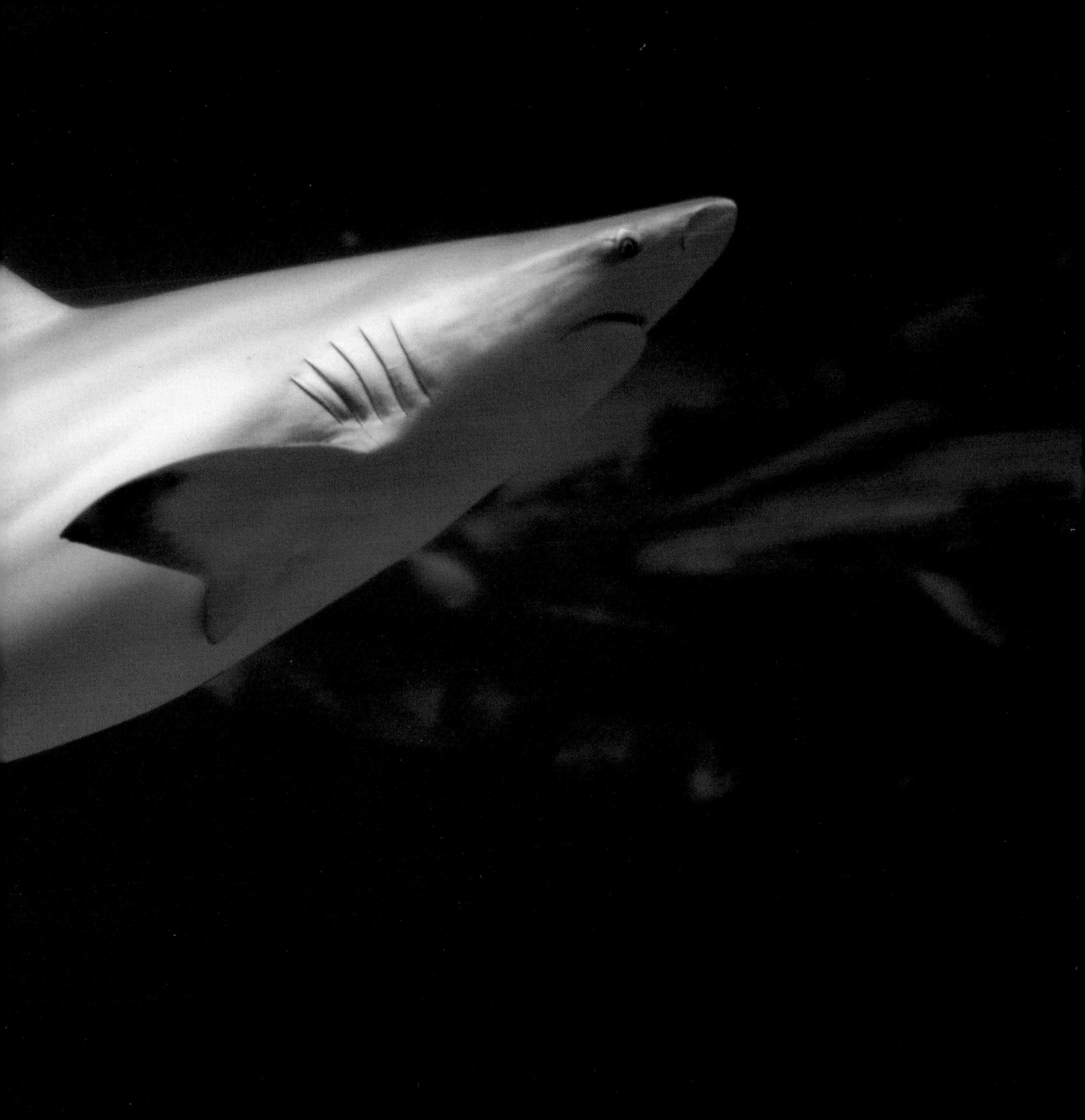

Einmal um die Welt an einem Nachmittag

Menschen und Tiere

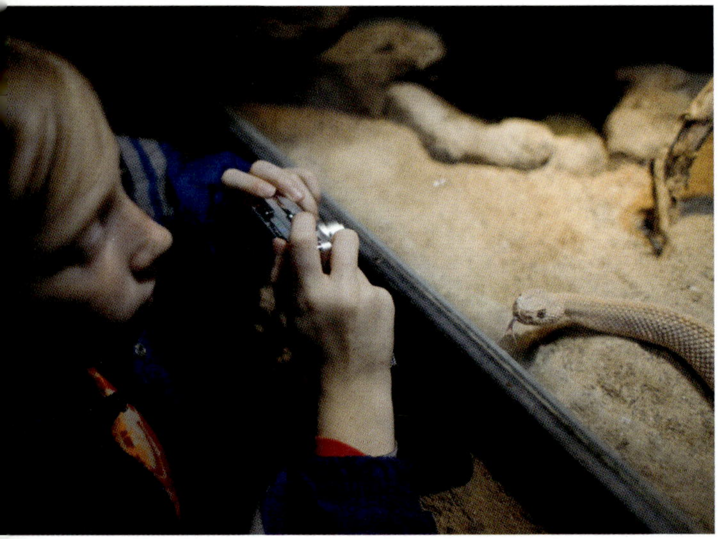

Aber auch die Menschen, die den Zoo besuchen, sind oft genauso interessant wie die Tiere. Beobachtet mit der Kamera, wie fasziniert kleine Kinder sich die Nase an den Scheiben platt drücken. Spaßig ist es auch, wie manche Tiere auf die Besucher reagieren. Affen zum Beispiel sitzen oft lange Zeit einfach da und beobachten interessiert die Leute vor der Scheibe. Wenn man Mensch und Tier zusammen auf ein Foto bekommt, können dabei sehr witzige Bilder entstehen, in denen die Menschen tierisch und die Tiere menschlich wirken.

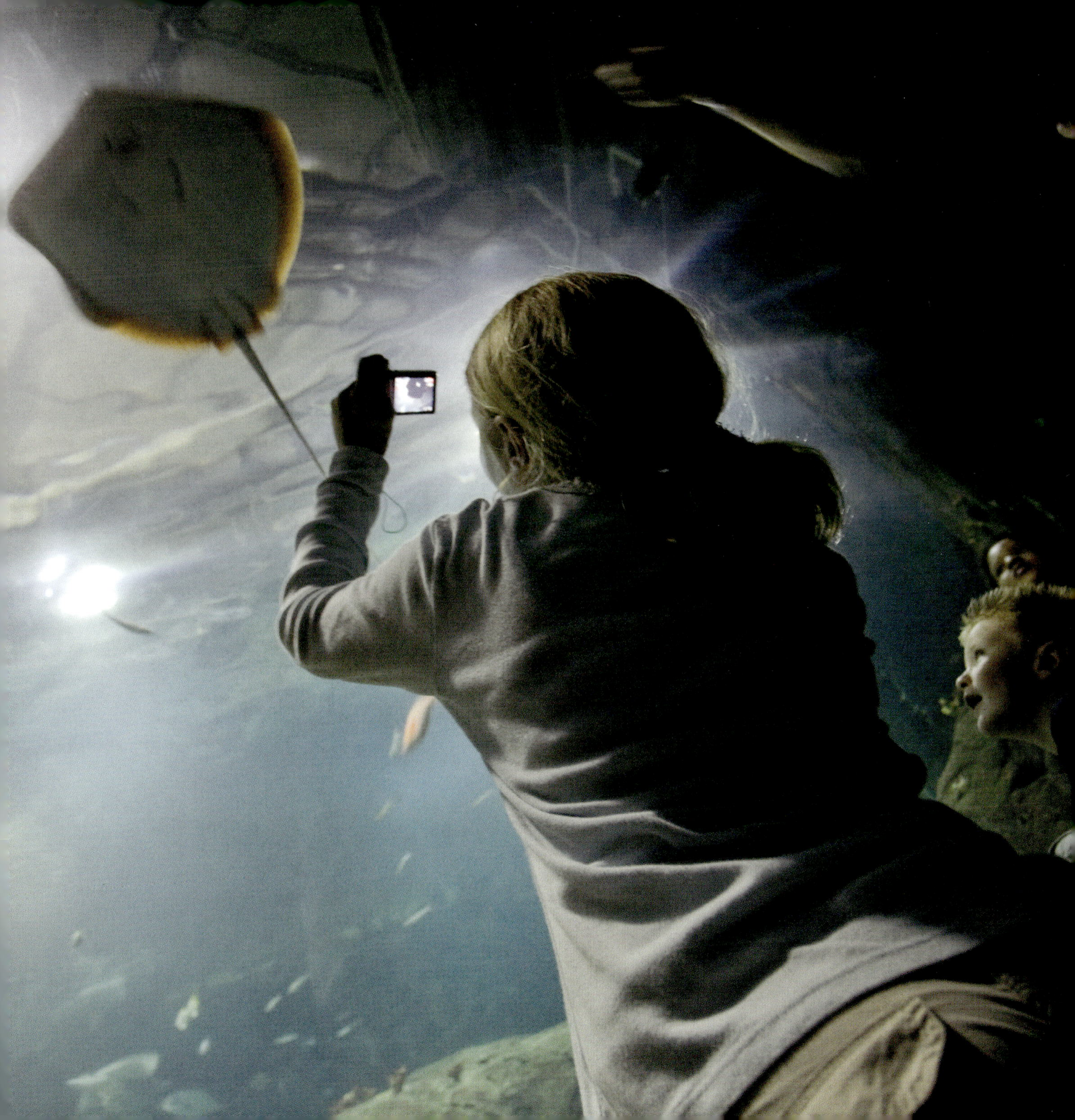

Tipp Einige Tiere werden während der Öffnungszeiten gefüttert oder ihr dürft ihnen sogar selbst einen Leckerbissen in den Mund schieben. Die Fütterung der Tiere solltet ihr euch nicht entgehen lassen, auch wenn es sicher nicht jedermanns Sache ist, der Klapperschlange beim Verspeisen einer Maus zuzusehen. Bei den meisten Tieren geht es zum Glück friedlicher zu und es ist faszinierend, wie geschickt der Elefant mit dem Rüssel die Möhren greift.

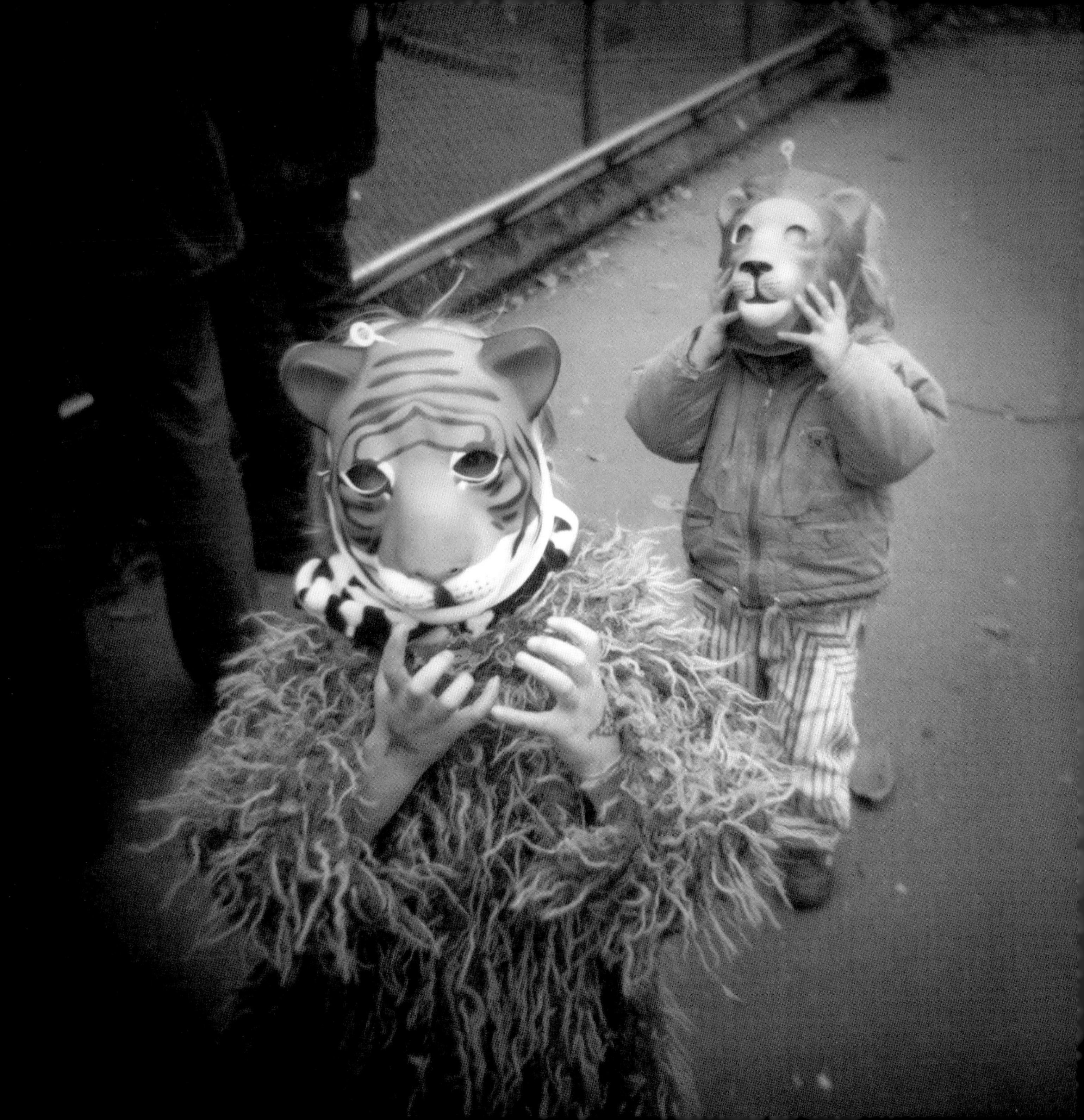

Fotos ohne Farbe?

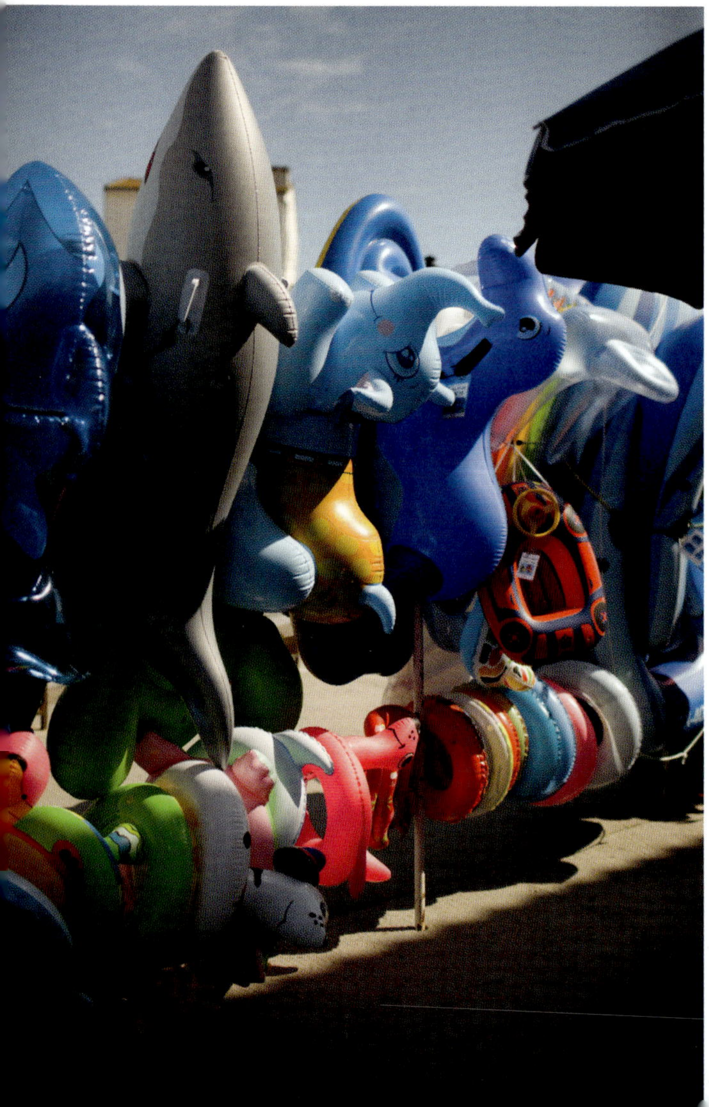

Die Welt ist farbig. Briefkästen sind gelb, Förster sind grün und Feuerwehrwagen sind rot. Aber bestimmt kennt ihr Fotos in Schwarzweiß, so wie sie auch in diesem Buch zu finden sind. Warum gibt es Bilder in Schwarzweiß? Ganz einfach: Als die Fotografie erfunden wurde, konnte man noch nicht farbig fotografieren. Nachdem man die Farbfotografie endlich erfunden hatte, war sie aber zunächst sehr aufwendig und teuer. Darum hat man noch lange Zeit hauptsächlich in Schwarzweiß gefilmt und fotografiert. Das ist sicher auch der Grund, warum wir Bilder in Schwarzweiß oft so schön oder spannend finden. Und deswegen kann man viele moderne Kameras immer noch auf Schwarzweiß einstellen.

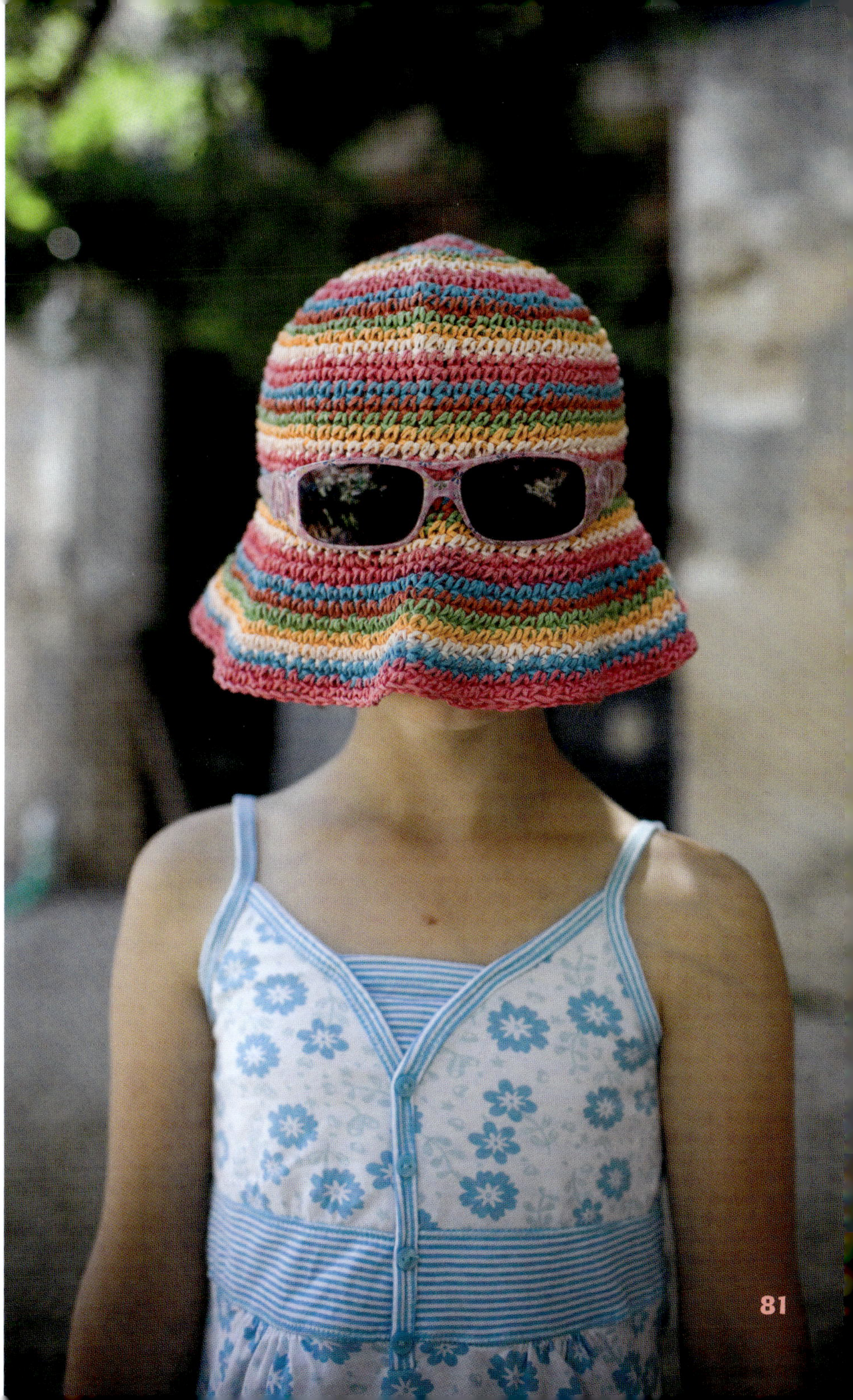

Diese beiden Motive würden als Schwarzweißfotos eher langweilig wirken. Bei ihnen ist die Farbe ein wichtiges Element.

Fotos ohne Farbe?

Schwarzweiß ist reizvoll

In Schwarzweiß wird nicht nur fotografiert, weil viele Menschen es mögen. Manchmal können Farben auch von dem ablenken, was wir wirklich in einem Foto zeigen wollen. Wenn ein Motiv besonders interessante Muster oder Formen hat, könnt ihr diese mit einem Schwarzweißbild vielleicht besonders deutlich hervorheben. Sehr geeignet sind Motive, die faszinierende Schatten werfen. Motive, die mehr durch ihre Farben auffallen, solltet ihr auch in Farbe fotografieren.

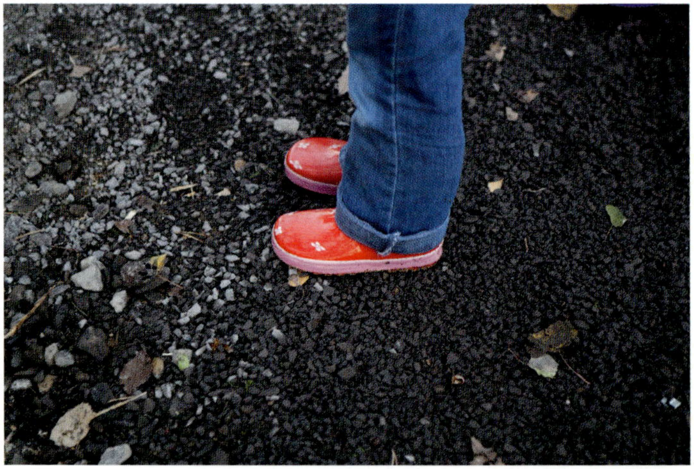

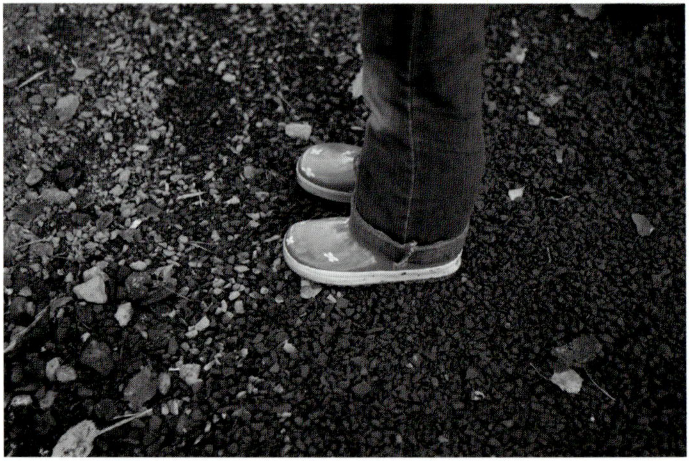

Das Bild mit den Gummistiefeln lebt durch die leuchtenden Farben. Bei dem Porträt auf der gegenüberliegenden Seite lenken die Farben jedoch von dem Motiv ab.

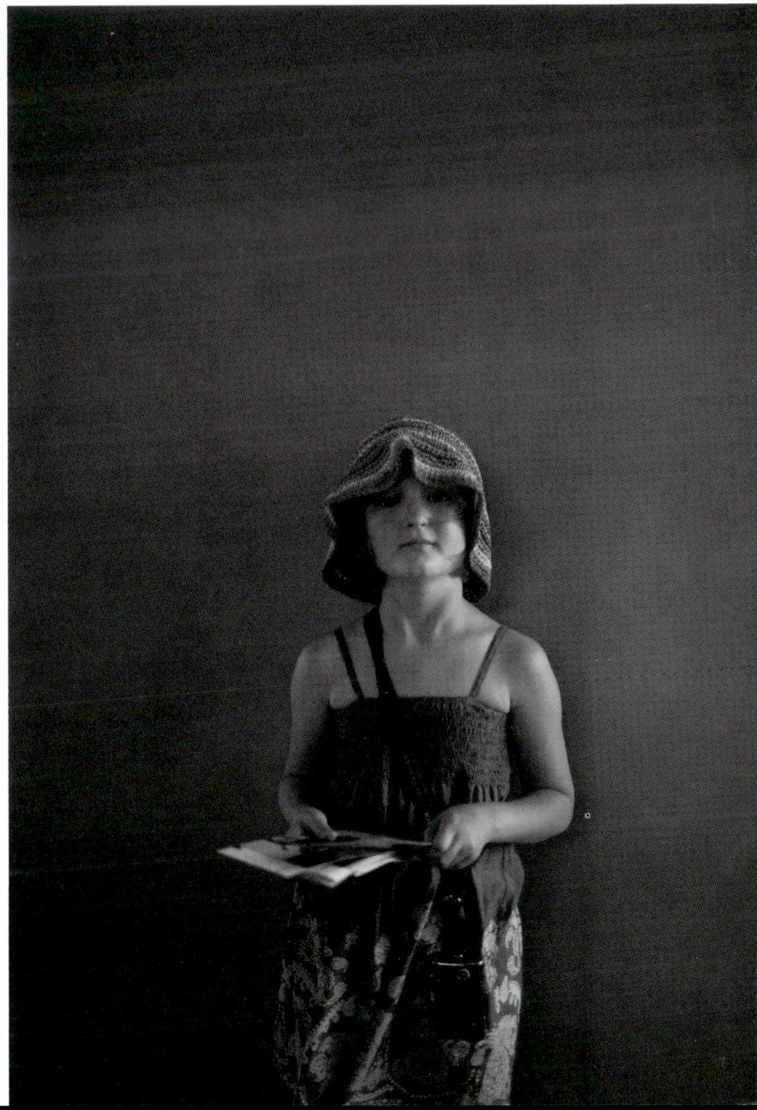

Tipp Probiert doch mal aus, einige Bilder sowohl in Schwarzweiß als auch in Farbe zu fotografieren. Vergleicht dann die Bilder und entscheidet selbst, wie es besser aussieht. Ihr könnt auch gezielt Motive suchen, die entweder nur als Farb- oder nur als Schwarzweißbild Sinn machen. Ein knallroter Ball auf dem blauen Meer wird in Schwarzweiß nicht gerade spannend aussehen.

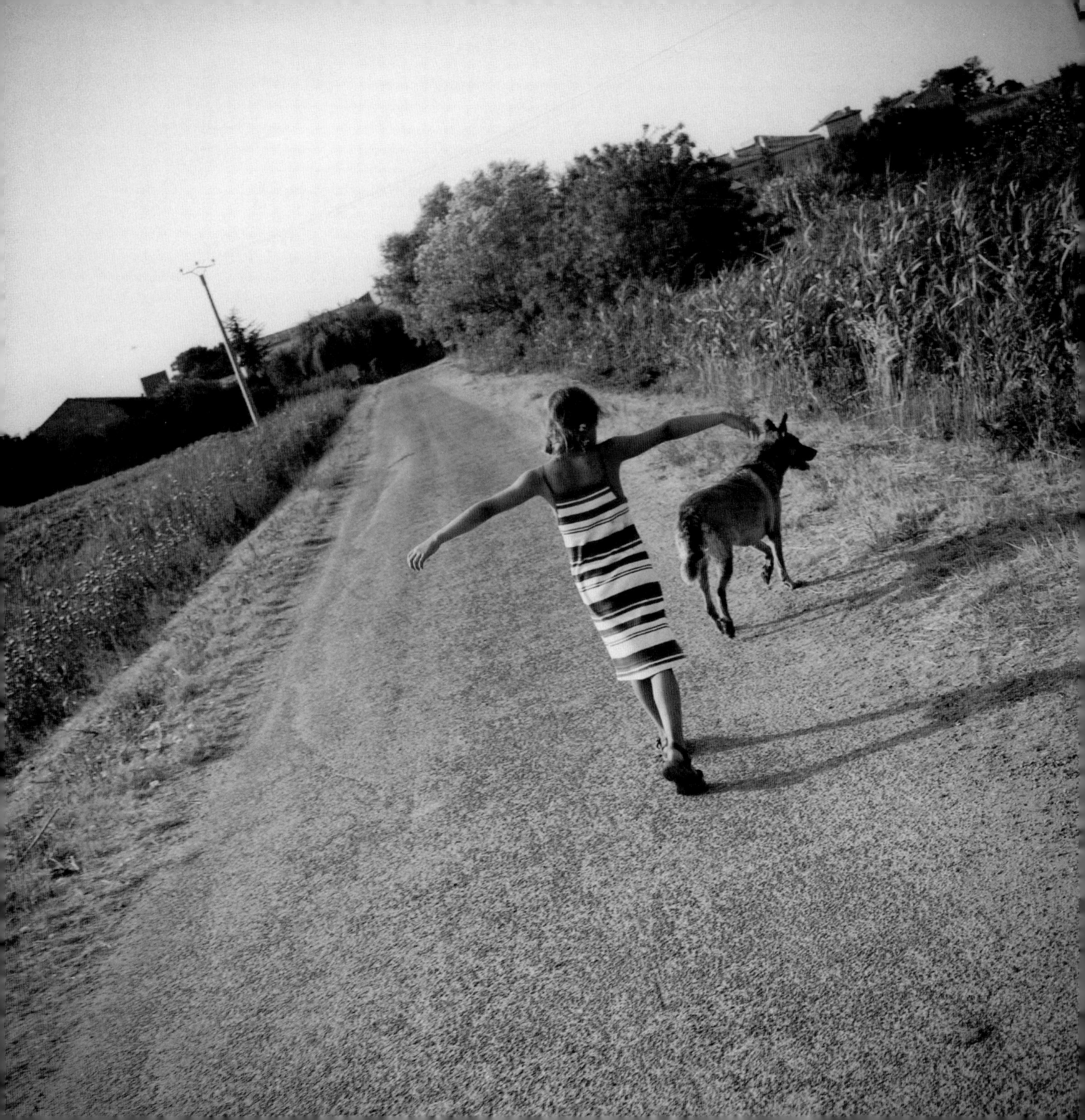

Kleine Sachen ganz groß

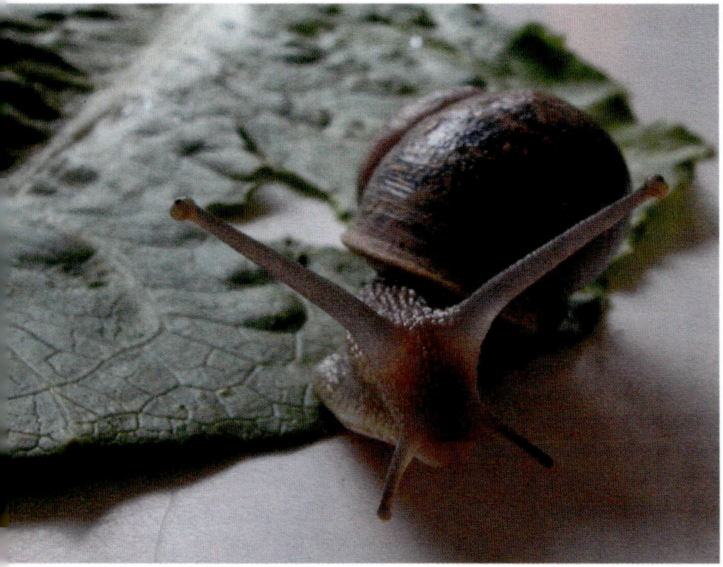

Wie sieht die Stoffstruktur eurer Jeans eigentlich genau aus? Haben Blumenblätter Härchen? Was spiegelt sich in einem Tautropfen? Und wie sieht ein Libellenflügel aus? Das alles könnt ihr mit der Makroeinstellung 🌷 fotografieren, um herauszufinden, wie diese kleinen Dinge ganz groß aussehen. *Makro* bedeutet, dass man Dinge, die klein sind, vergrößert fotografiert. Die Makroeinstellung an eurer Kamera kennt ihr ja bereits. Wenn ihr nun die Welt der kleinen Dinge entdecken und im Foto festhalten wollt, stellt ihr zunächst euren Apparat auf das Blümchenzeichen ein 🌷. Nah heranholen könnt ihr eigentlich alles, auch kleine Tiere wie Insekten, jedenfalls solange sie stillhalten. Allerdings gibt es eine gewisse Grenze, bis zu der ihr mit der Kamera herangehen könnt.

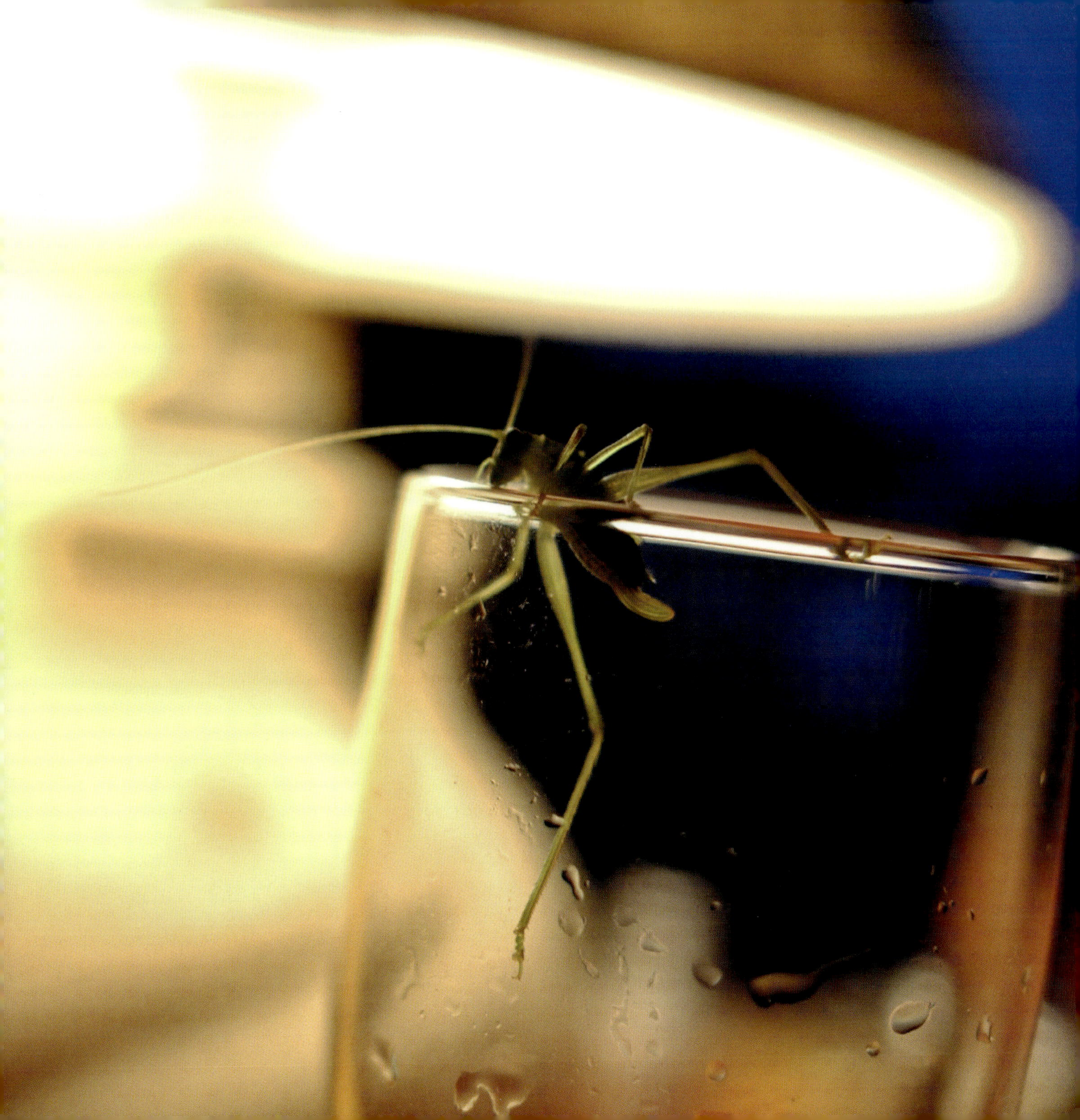

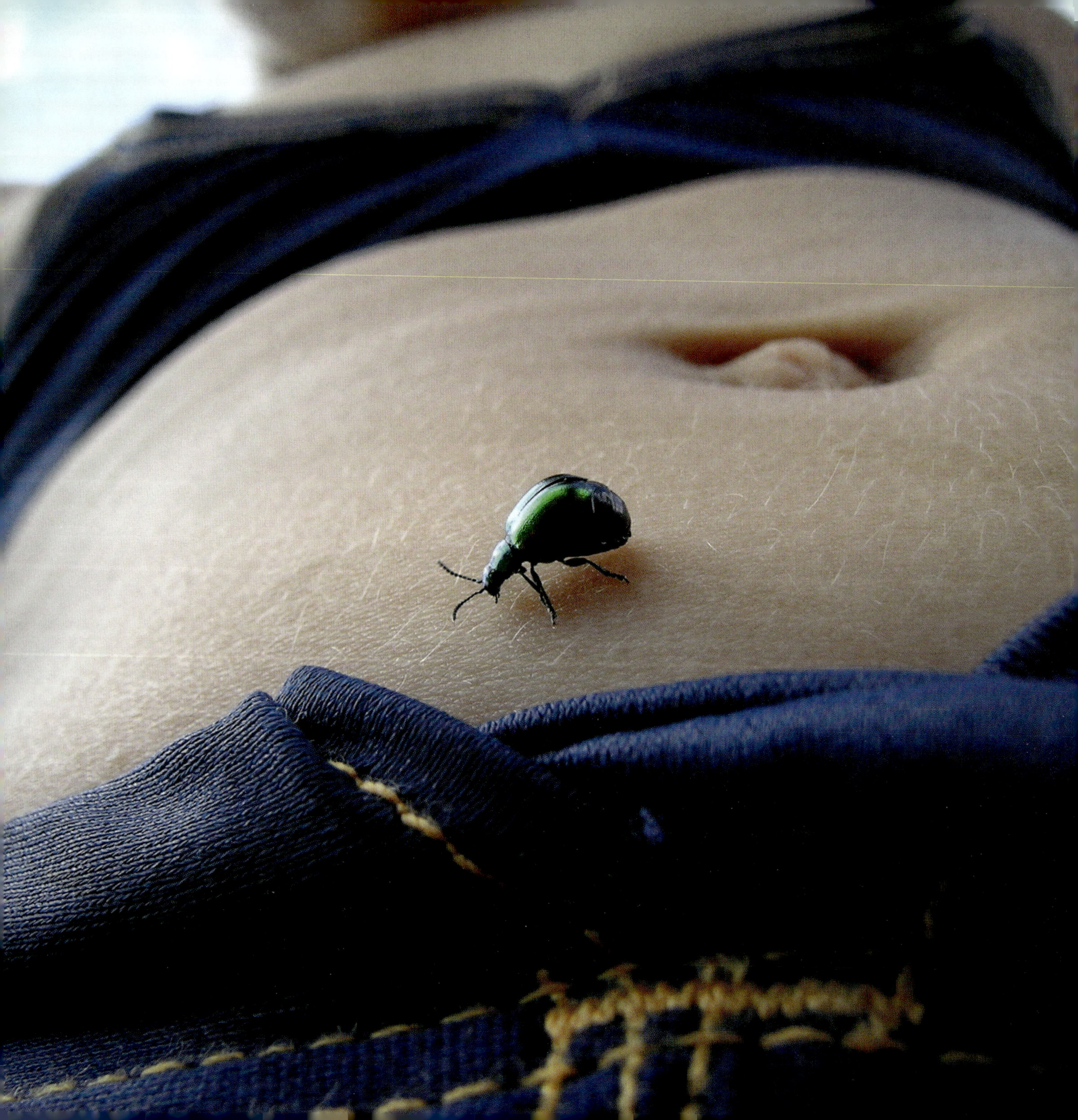

Diese *Mindestentfernung* ist von Kamera zu Kamera unterschiedlich. Sie ist unterschritten, wenn der Autofokus euer Motiv nicht mehr richtig scharf einstellt. In diesem Fall solltet ihr einfach mit der Kamera ein klein wenig zurückgehen: so weit, bis der Schärfeindikator wieder angezeigt wird. Das müsst ihr einfach ausprobieren. Ein spannendes Bild kann auch entstehen, wenn ihr nur einen kleinen Ausschnitt von eurem Spielzeug fotografiert. Ihr wisst natürlich, dass ihr die Motorhaube eines Modellautos, Teile eurer Legosteine oder das Blumenmuster auf dem T-Shirt eurer Puppe aufgenommen habt. Für die anderen kann das aber ein richtiges Ratespiel werden. Und je nachdem, wie ihr diese Einzelteile ins Bild gesetzt habt, können die Formen und Farben ein schönes und verwirrendes Muster ergeben.

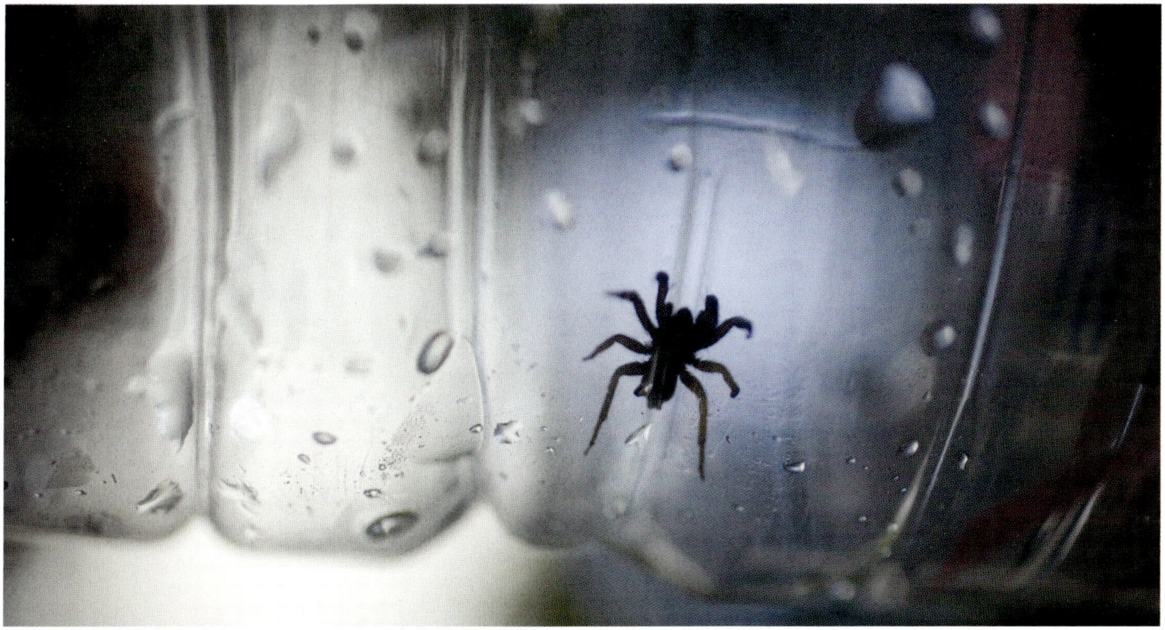

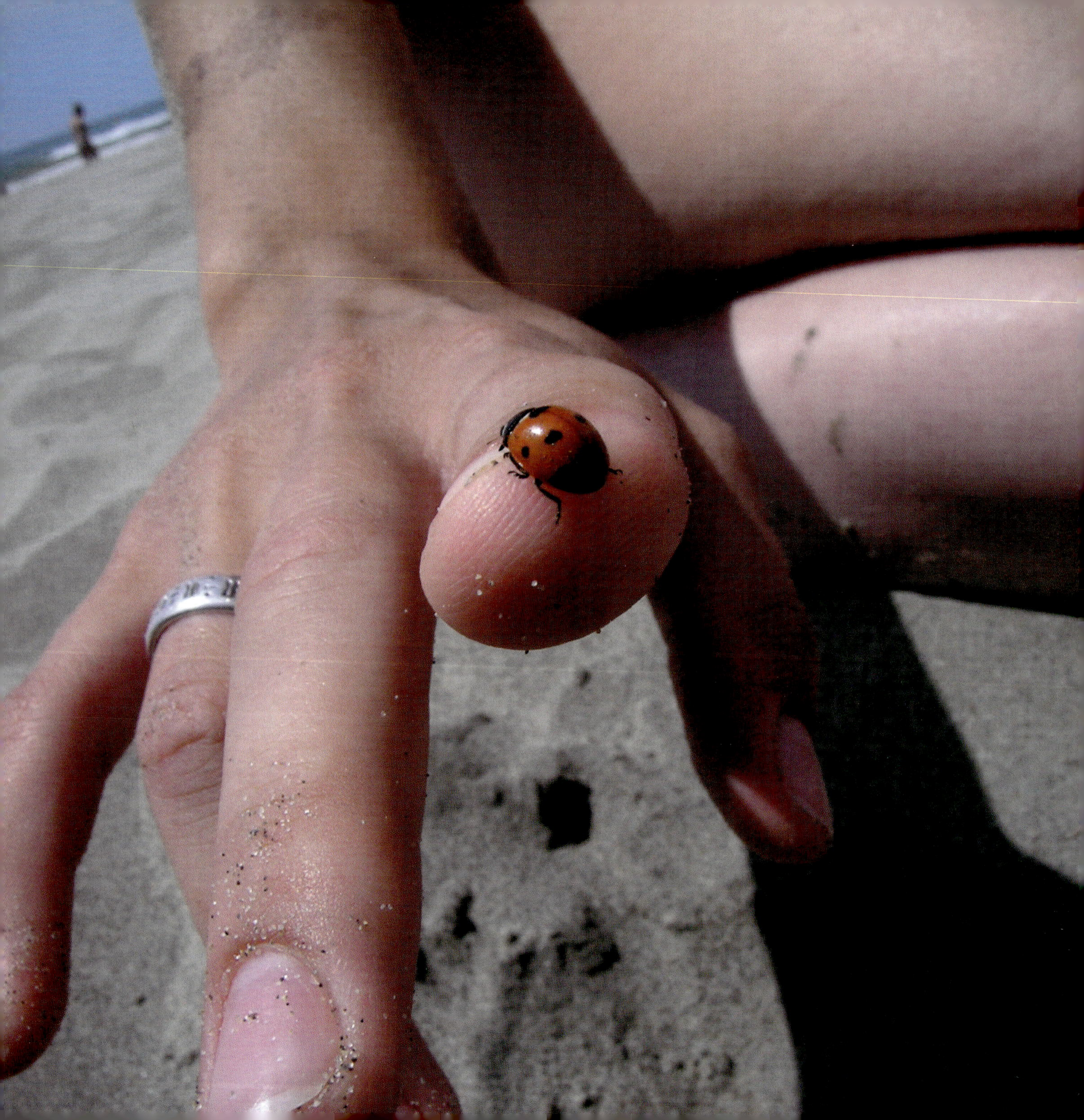

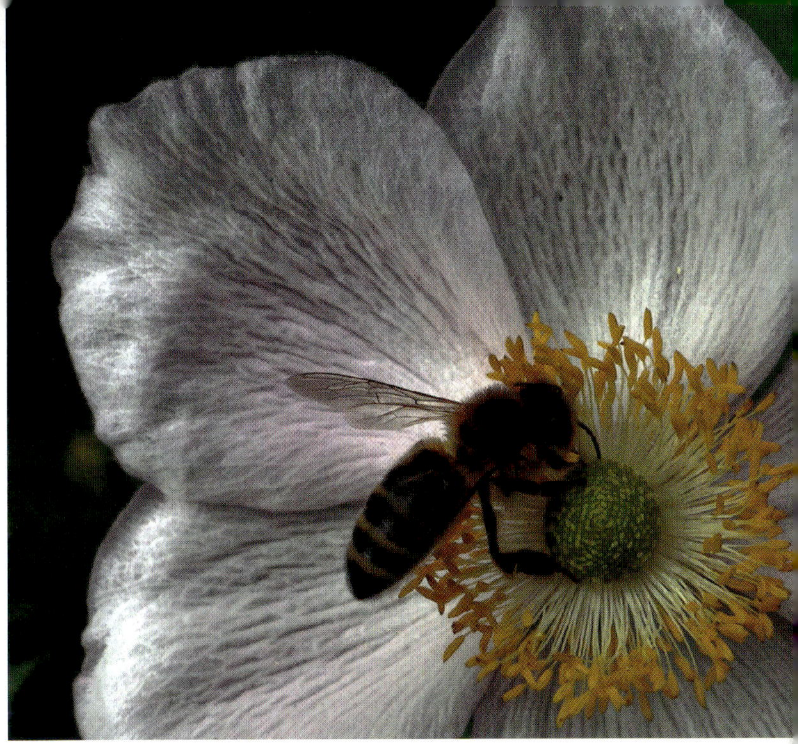

Insekten sind ganz besonders großartige Motive für die Makroeinstellung: Schmetterlinge mit ihren wunderschönen Zeichnungen oder fleißige Bienen, die über bunte Blüten krabbeln. Bei allem, was fliegt, solltet ihr allerdings schnell sein. Zum Glück stören sich viele Flattertiere nicht besonders an Fotografen und bleiben ruhig sitzen, sodass man ganze Serien von ihnen aufnehmen kann. Bei stechenden Insekten wie Wespen und Bienen ist allerdings ein bisschen Vorsicht angebracht.

Tipp Blitzen klappt bei Makro meist nicht, denn für Dinge, die ganz dicht vor dem Objektiv sind, ist das Blitzlicht einfach zu hell. Außerdem trifft der Blitz nicht mehr richtig auf das Motiv. Wichtig ist auch, dass ihr beim Makrofotografieren die Kamera besonders ruhig haltet, denn je näher man heran geht, desto größer ist die Gefahr, dass die Bilder verwackeln.

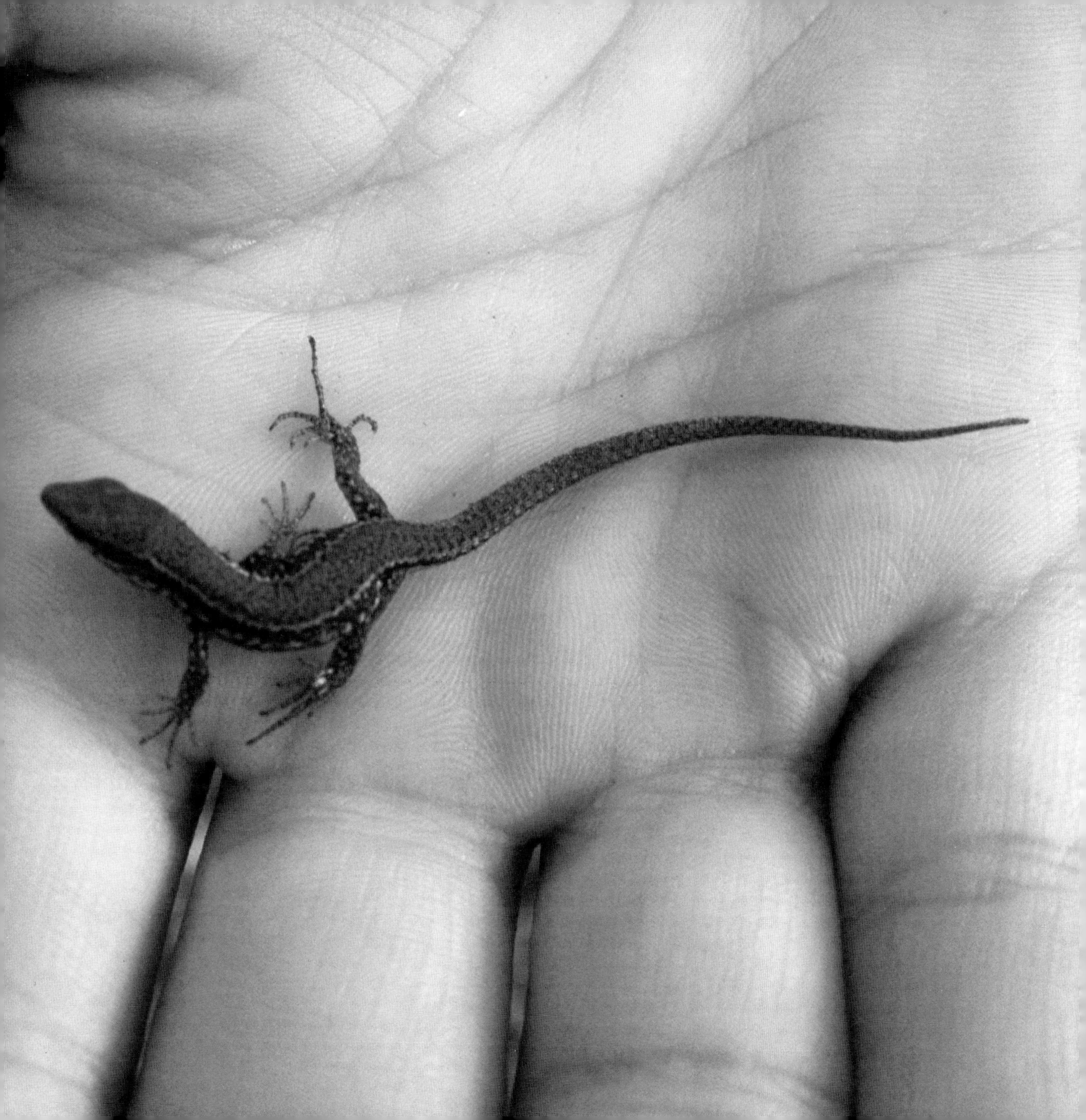

Endlich Ferien und jede Menge Zeit für tolle Bilder

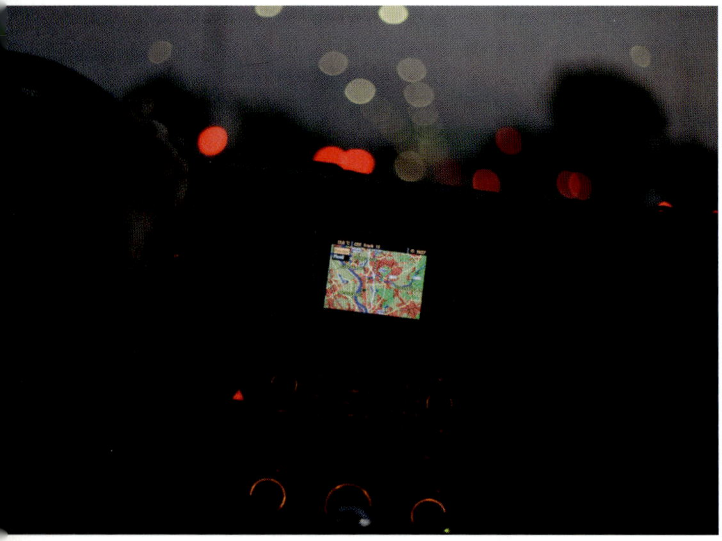

Die Schule ist endlich aus und die Koffer sind schon gepackt! Ferien! Für die nächsten Wochen bleiben Bücher und Hefte in der Schultasche. Wenn ihr an eurem Urlaubsort angekommen seid, dann sieht meistens alles anders aus: tolle Strände und Palmen oder schneebedeckte Berge und grüne Wiesen, so weit das Auge reicht. In anderen Ländern gibt es jede Menge mit der Kamera zu entdecken. Exotische Märkte mit Dingen, die ihr noch nie zuvor gesehen habt. Tiere und Pflanzen, die es bei uns nicht gibt, und interessante Menschen, die vielleicht ganz anders gekleidet sind als bei uns. All das sind spannende Motive, die nur darauf warten, festgehalten zu werden. Stürzt euch also nach Herzenslust auf die neue Welt.

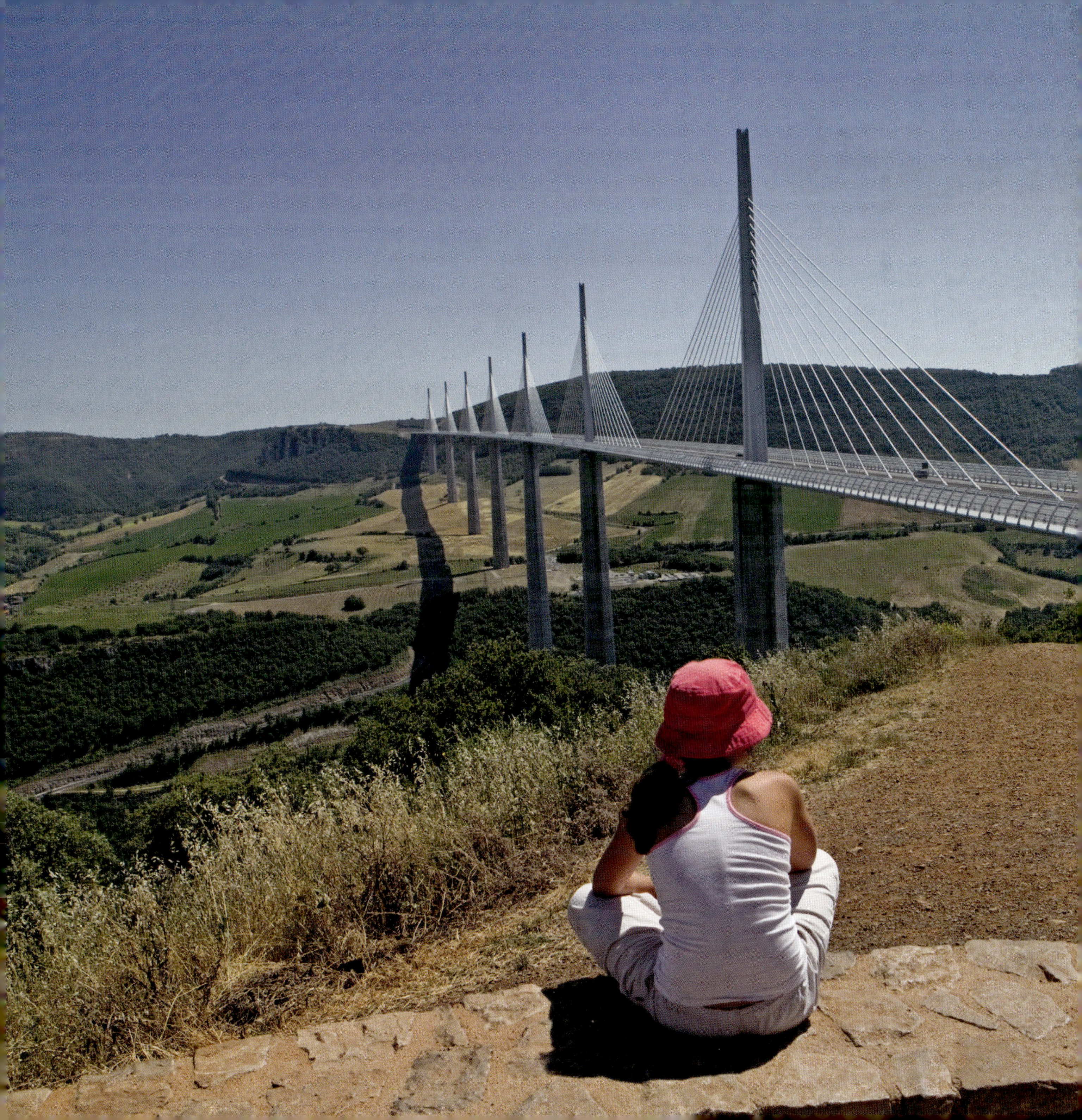

Endlich Ferien und jede Menge Zeit für tolle Bilder

Nicht jeder möchte fotografiert werden

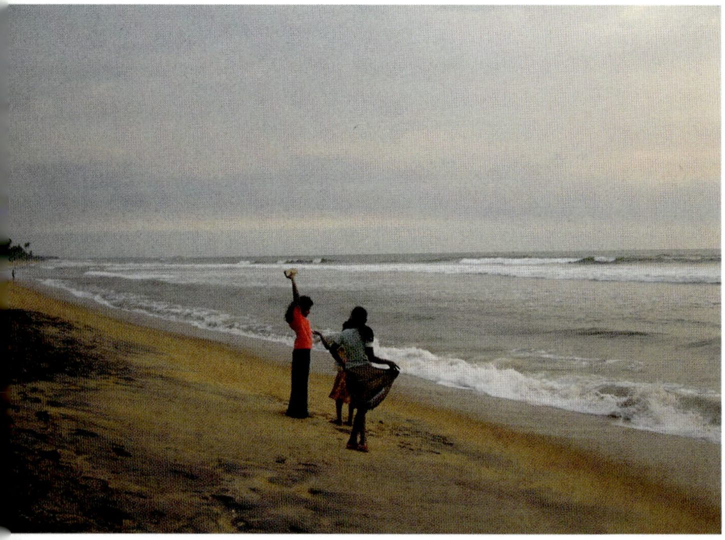

Ein wenig Umsicht ist allerdings bei Menschen geboten. In einigen Ländern ist es nämlich nicht üblich, einfach fremde Menschen zu fotografieren. Am besten sprecht ihr mit euren Eltern darüber, ob es da, wo ihr gerade seid, nicht gegen die Regeln und Sitten verstößt. Wenn ihr nicht sicher seid, ist es immer besser, höflich zu fragen, bevor ihr einfach jemanden fotografiert, den ihr nicht kennt. Wenn ihr die Sprache nicht versteht, könnt ihr versuchen, euch mit Gesten verständlich zu machen. Ihr werdet sehen, die meisten Menschen haben gar nichts dagegen und werden sich sogar geschmeichelt fühlen, wenn ihr sie als Modell wählt.

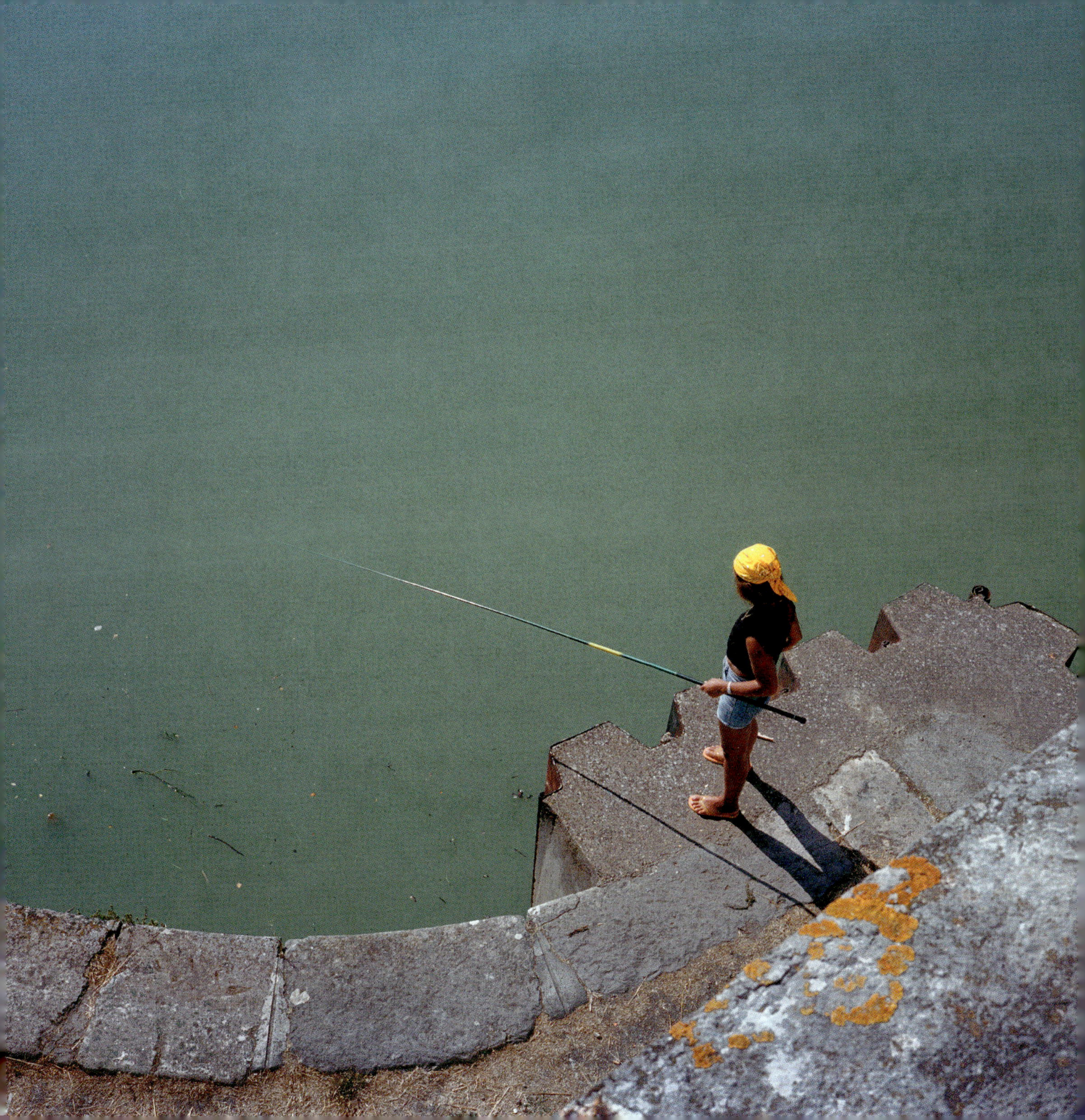

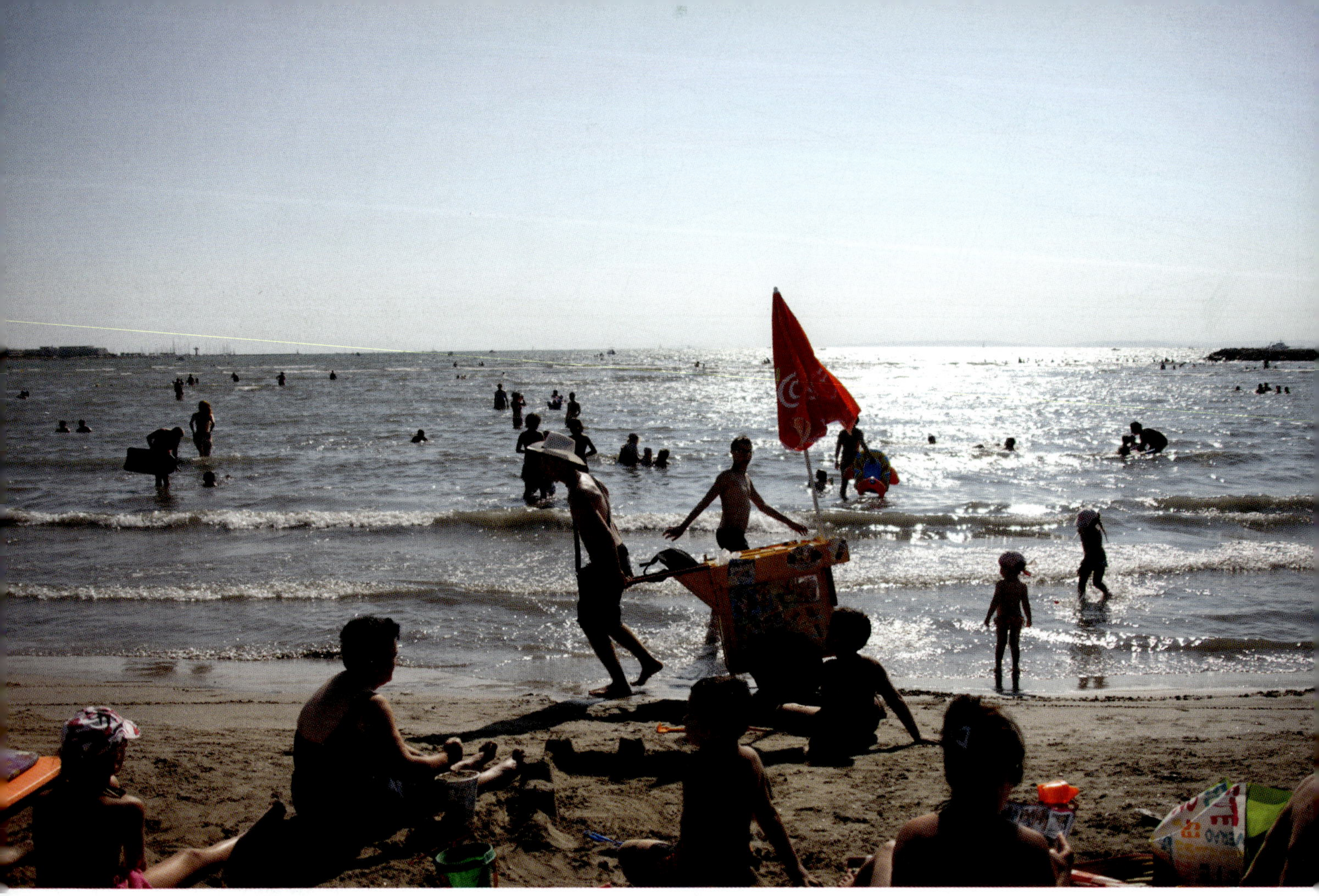

Am Strand gibt es viele wunderschöne Motive und es lohnt sich wirklich, den ganzen Tag über Fotos am Meer zu machen. Schon am frühen Morgen werden Liegestühle aufgestellt. Später bauen Strandbesucher Sandburgen. Ihr seht eingebuddelte Kinder, wilde Wasserschlachten, bunte Boote, Strandverkäufer, die lautstark Eis und kühle Getränke anbieten, und vielleicht könnt ihr das Zusammenpacken der Sonnenschirme und Handtücher bei einem kitschigen Sonnenuntergang aufnehmen.

Aber Achtung! Am Strand lauern auch einige echte Gefahren für Fotografen. Salzwasser und feiner Sand sind böse Feinde für Kameras, besonders wenn Kameras Objektive haben, die ausfahrbar sind. Ihr müsst unbedingt darauf achten, dass keine Sandkörner zwischen Objektiv und Gehäuse gelangen, sonst kann sich das Objektiv nicht bewegen und die Kamera ist kaputt.

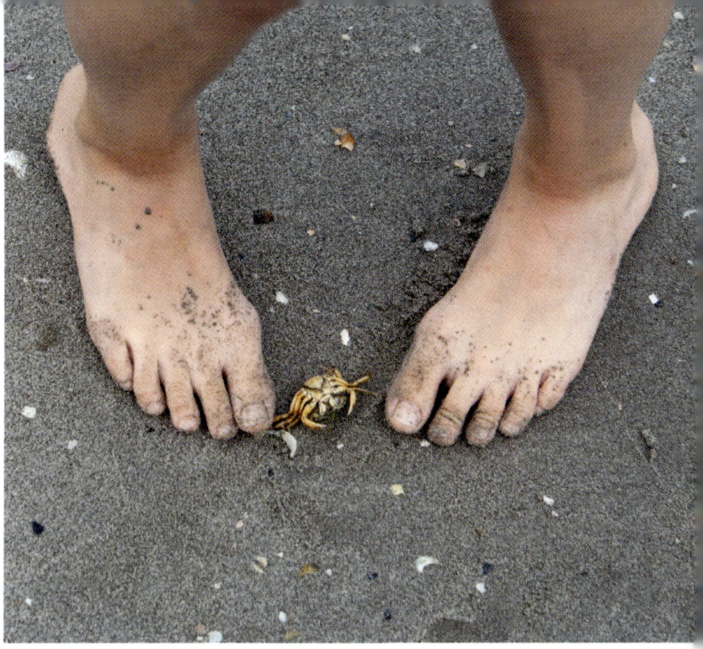

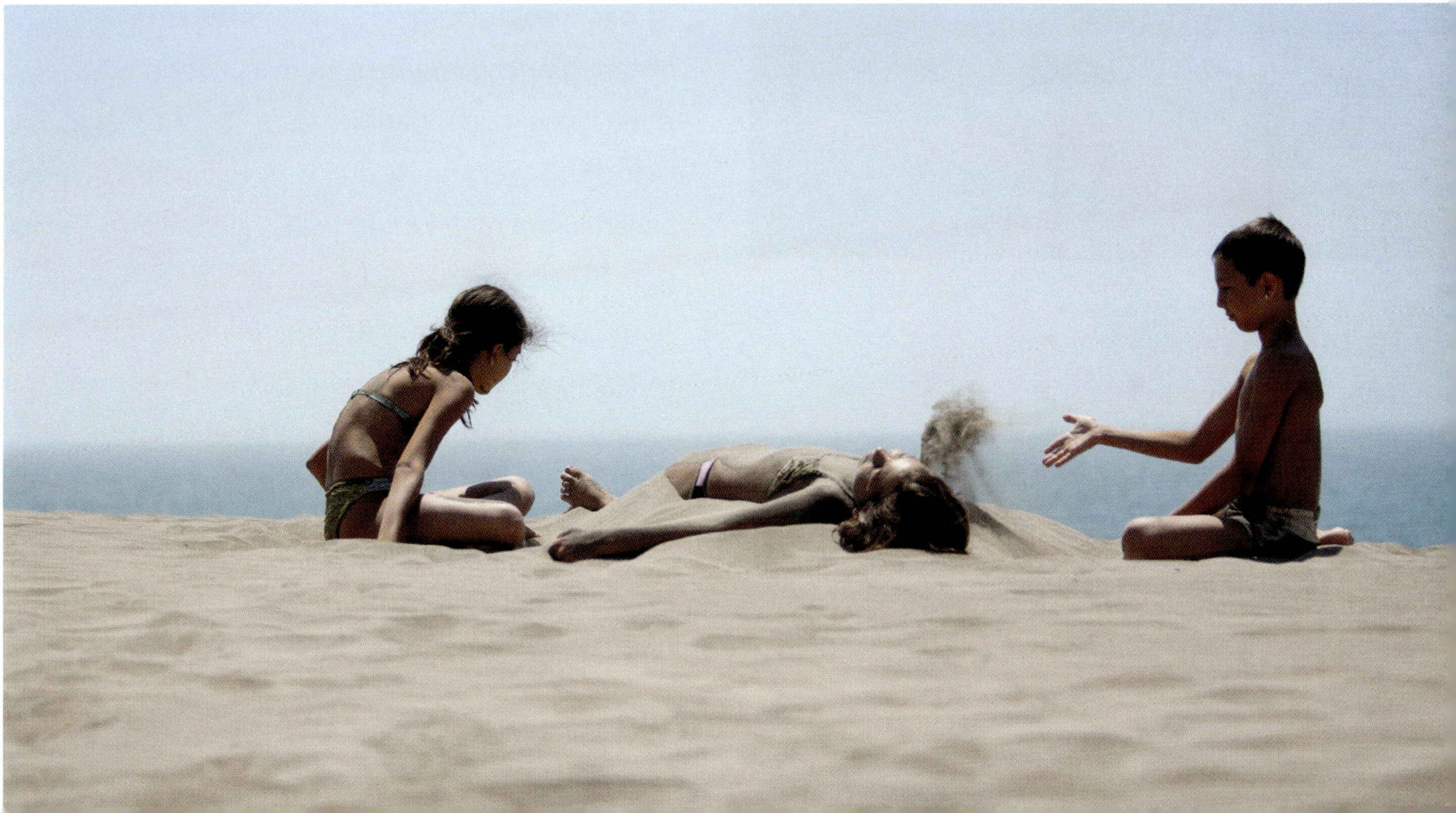

Endlich Ferien und jede Menge Zeit für tolle Bilder

Ferien zu Hause

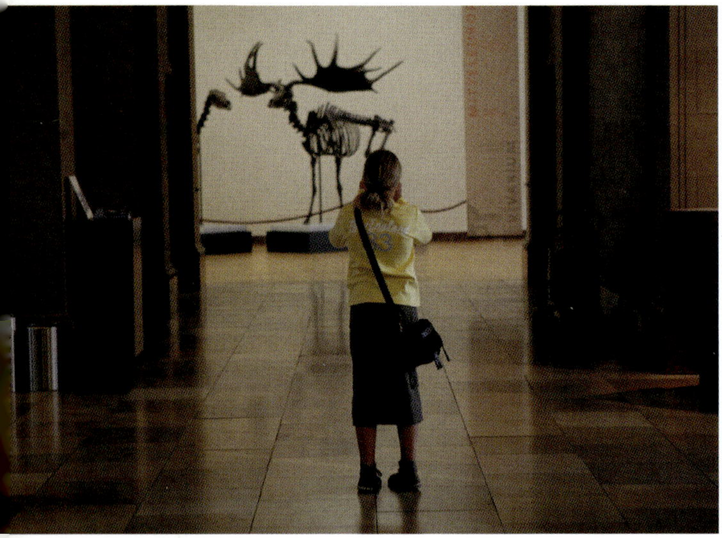

Aber auch wer seine Ferien zu Hause verbringt, hat jetzt richtig viel Zeit, um ausgiebig zu fotografieren. Man kann die eigene Umgebung erkunden und im Schwimmbad oder auch im Museum fotografieren. Leider ist das Fotografieren in einigen Museen verboten. Manche erlauben es zwar, aber man muss das Blitzgerät ausschalten, weil manche Gegenstände durch zu viel Licht Schaden nehmen könnten. Das gilt besonders für alte Gemälde. Problemlos fotografieren darf man in der Regel in Naturkundemuseen, wo Dinosaurierskelette und viele ausgestopfte Tiere großartige Motive sind.

Nicht nur die Ausstellung selbst kann interessant sein, sondern auch das Verhalten der Besucher ist oft bemerkenswert. In großen Museen werden Führungen und

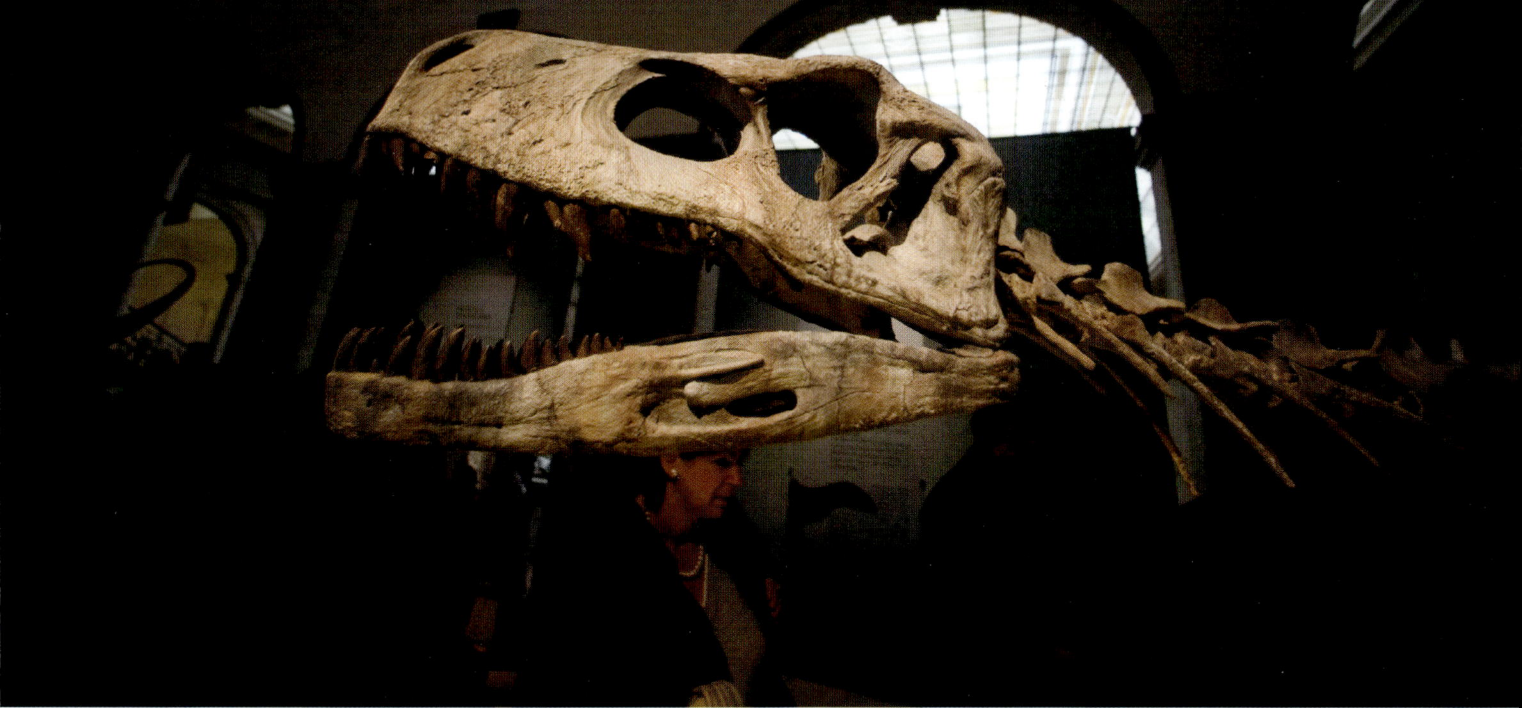

Audioguides angeboten und so stehen ganze Gruppen vor bestimmten Objekten oder Gemälden. Andächtig und mit versonnenem Blick lauschen sie dabei den Informationen. Viele machen währenddessen auch ein Foto von dem besprochenen Kunstwerk und verrenken sich dazu absonderlich. Das kann ein klasse Motiv für Euch sein, denn fotografierende Fotografen zu fotografieren ist witzig. Vielleicht erwischt ihr ja sogar einen Fotografen, der einen fotografierenden Fotografen fotografiert?

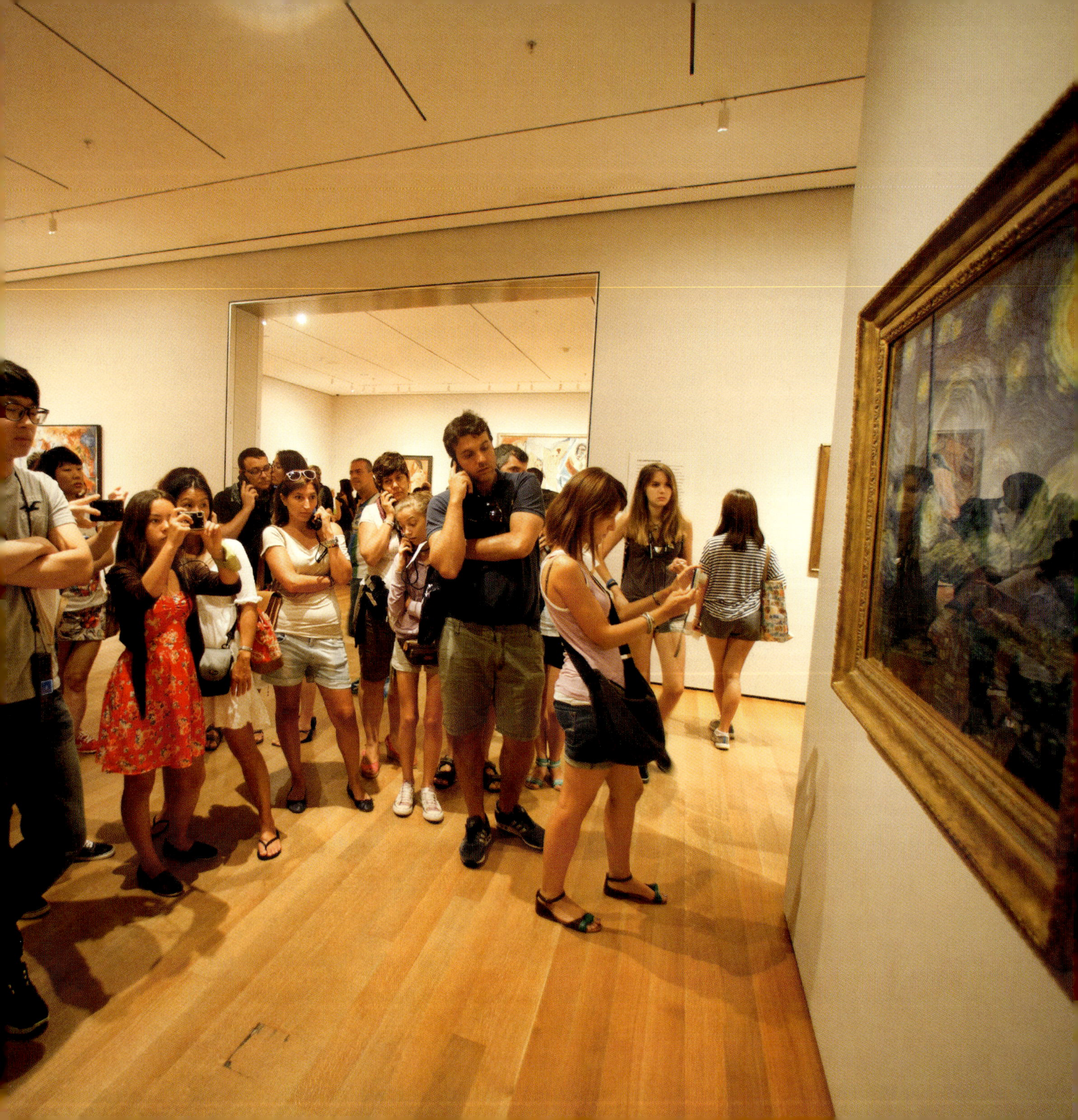

Oft begegnet ihr anderen Kindern, die auf Entdeckungstour mit der Kamera gehen und selbst Fotos von Fotos machen. Nicht nur das Foto kann beeindrucken, sondern auch die Art, wie es präsentiert wird: im Rahmen, an die Wand gehängt oder gepinnt, ganz klein oder groß gedruckt, auf Schnüre gespannt oder in den Raum projiziert. Achtet mal darauf, ob die Darstellungsart zu den Motiven passt.

Vielleicht besucht ihr ja auch eine Ferienfreizeit, die ihr im Bild festhalten könnt. Viele Einrichtungen bieten übrigens in den Ferien auch Foto-Workshops an, in denen ihr noch weitere Anregungen für das Fotografieren bekommen könnt.

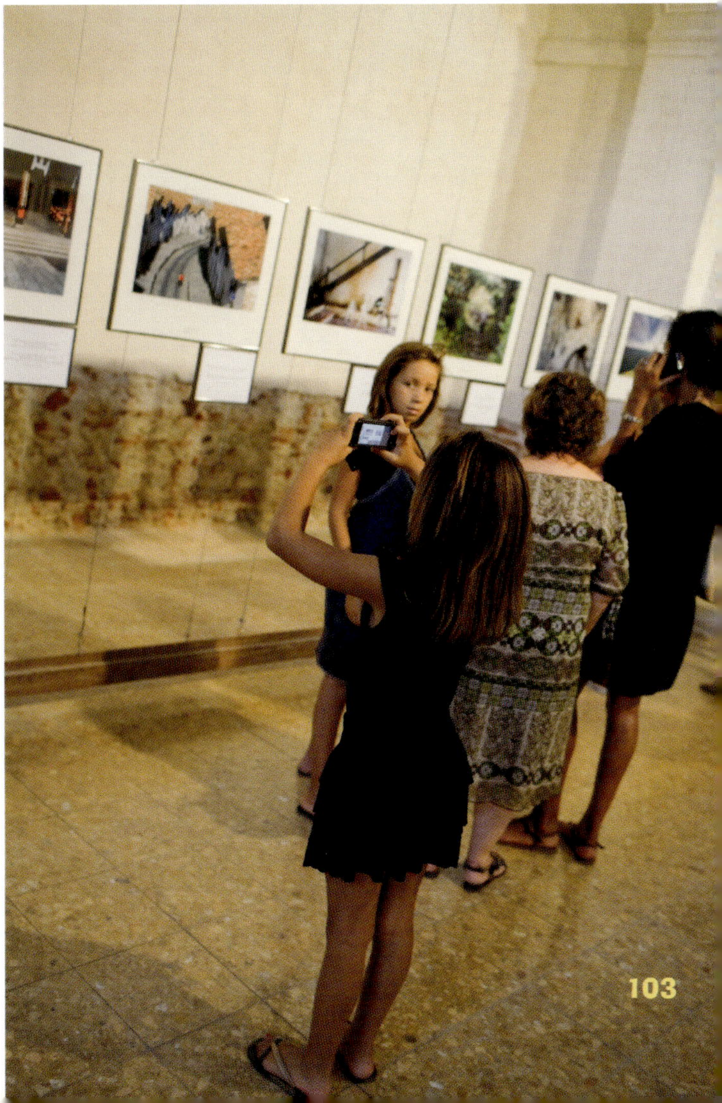

Tipp Stellt doch einmal eine richtige Fotostory eurer Ferienreise zusammen! Angefangen vom Packen der Koffer über das Beladen des Autos und die Reiseroute auf dem Bildschirm des Navis kann man jede Etappe der Reise aufnehmen. Macht euch vorher am besten eine kleine Liste, auf der ihr die wichtigsten Motive notiert: Papa schleppt die Koffer, Mama schläft im Auto, Wegweiser mit dem Namen eures Zielorts, Hotelzimmer usw. Seid aber offen für neue Eindrücke und Dinge, die ihr nicht auf der Liste habt, wie für den Rastplatz mit der tollen Aussicht oder den Platzregen auf der Autobahn.

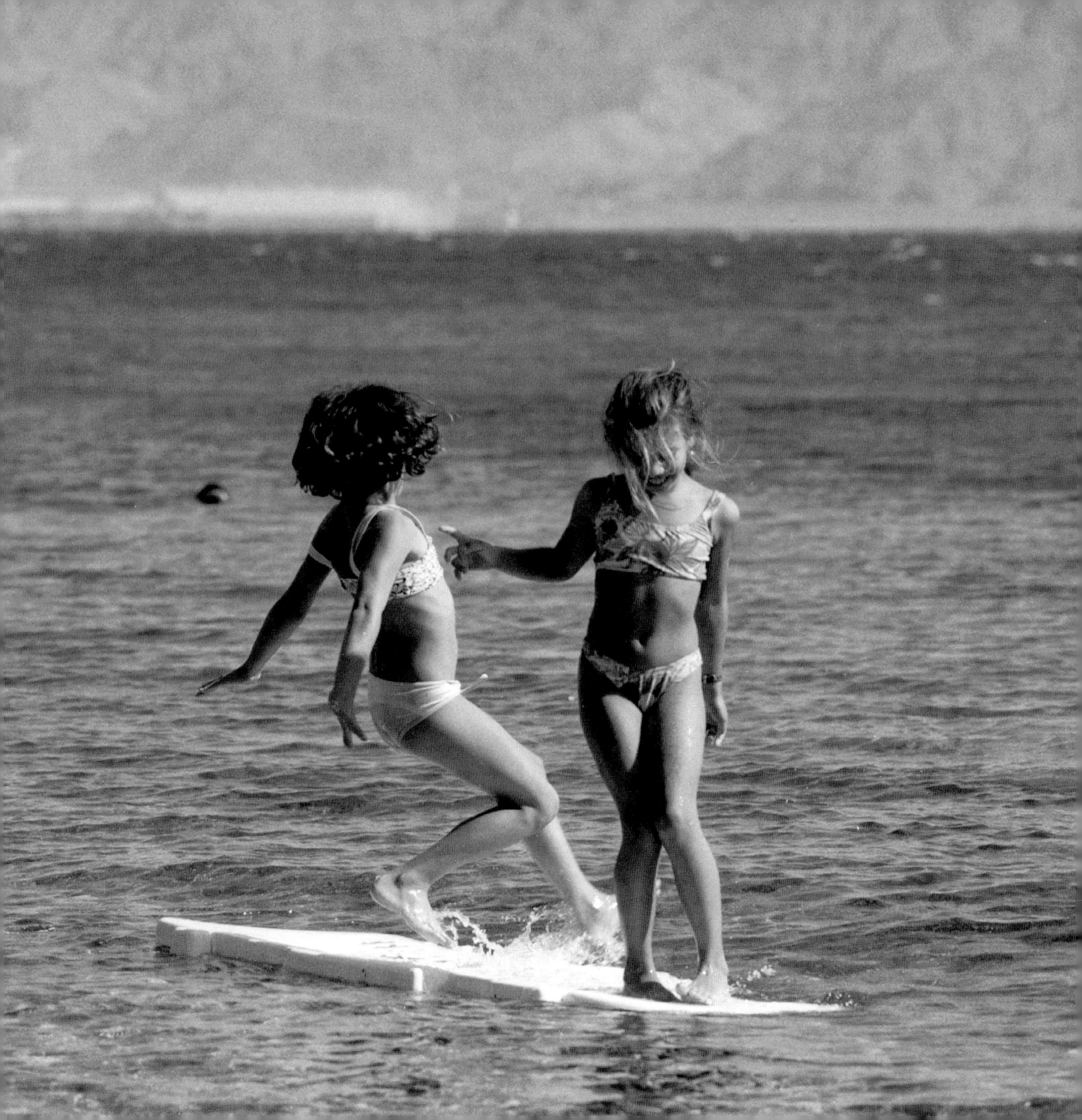

Landschaften – Die Welt ist voller Farben und Formen

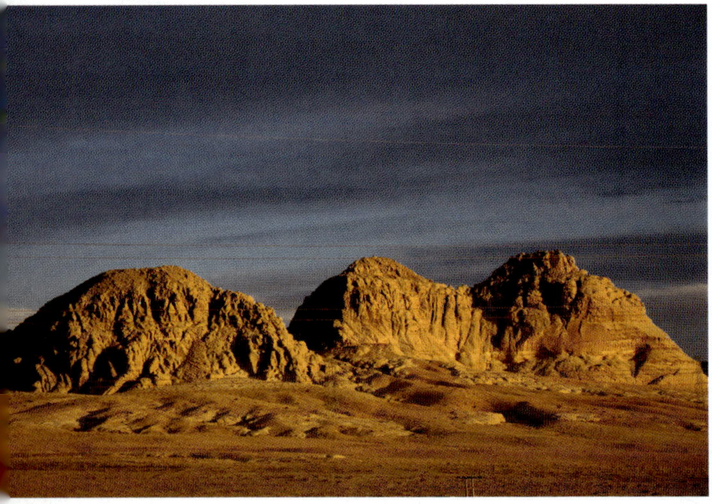

Einfach mal so aus dem Zug oder Auto herausfotografiert, so entstehen oft beeindruckende Landschaftsaufnahmen. Und es ist ja wirklich faszinierend, was für Formen und Farben die Natur bietet. Besonders das Abendlicht im Sommer lässt die Landschaft in warmen Farben erstrahlen. So können sogar Berge rotbraun leuchten, besonders in sehr trockenen Wüstenlandschaften. Aber auch der Mensch hinterlässt seine Spuren in der Natur, und diese Spuren können ebenso reizvolle Motive sein. Beispielsweise werden über Kilometer hinweg gespannte Stromkabel zu Linien in eurem Bild. Unglaublich, was der Mensch sonst noch für Linien auf den Feldern und sogar auf Bergen zieht.

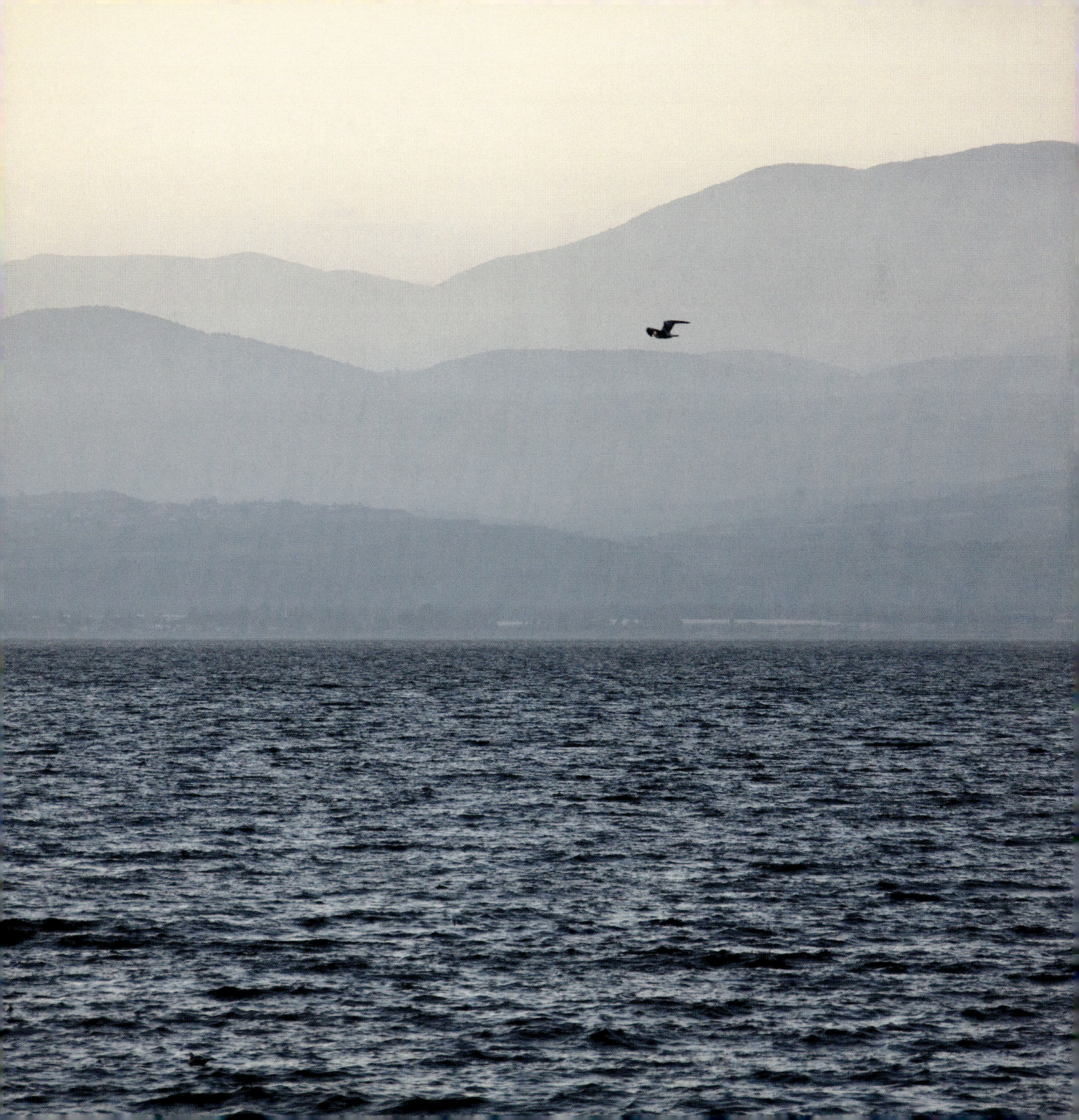

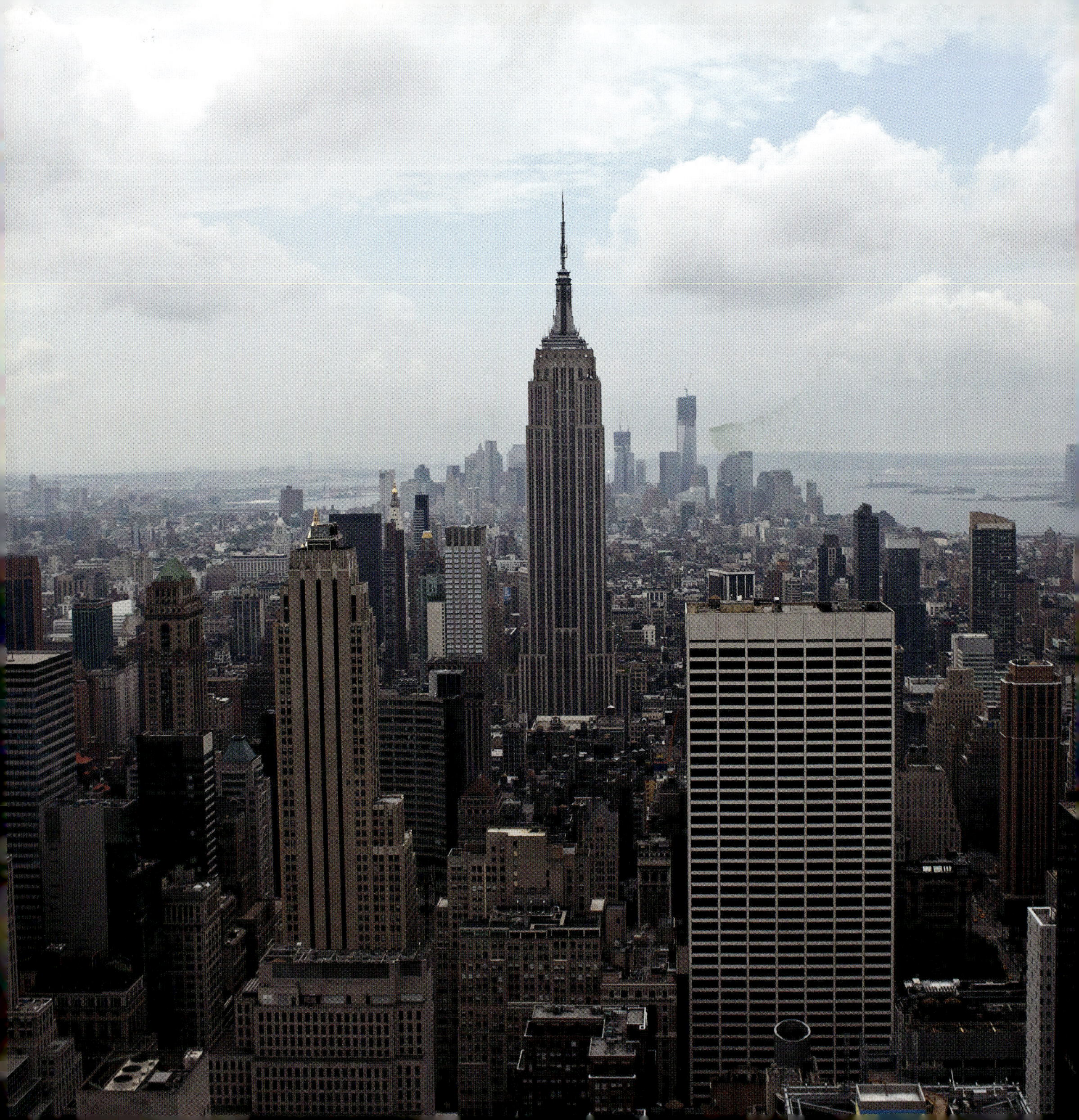

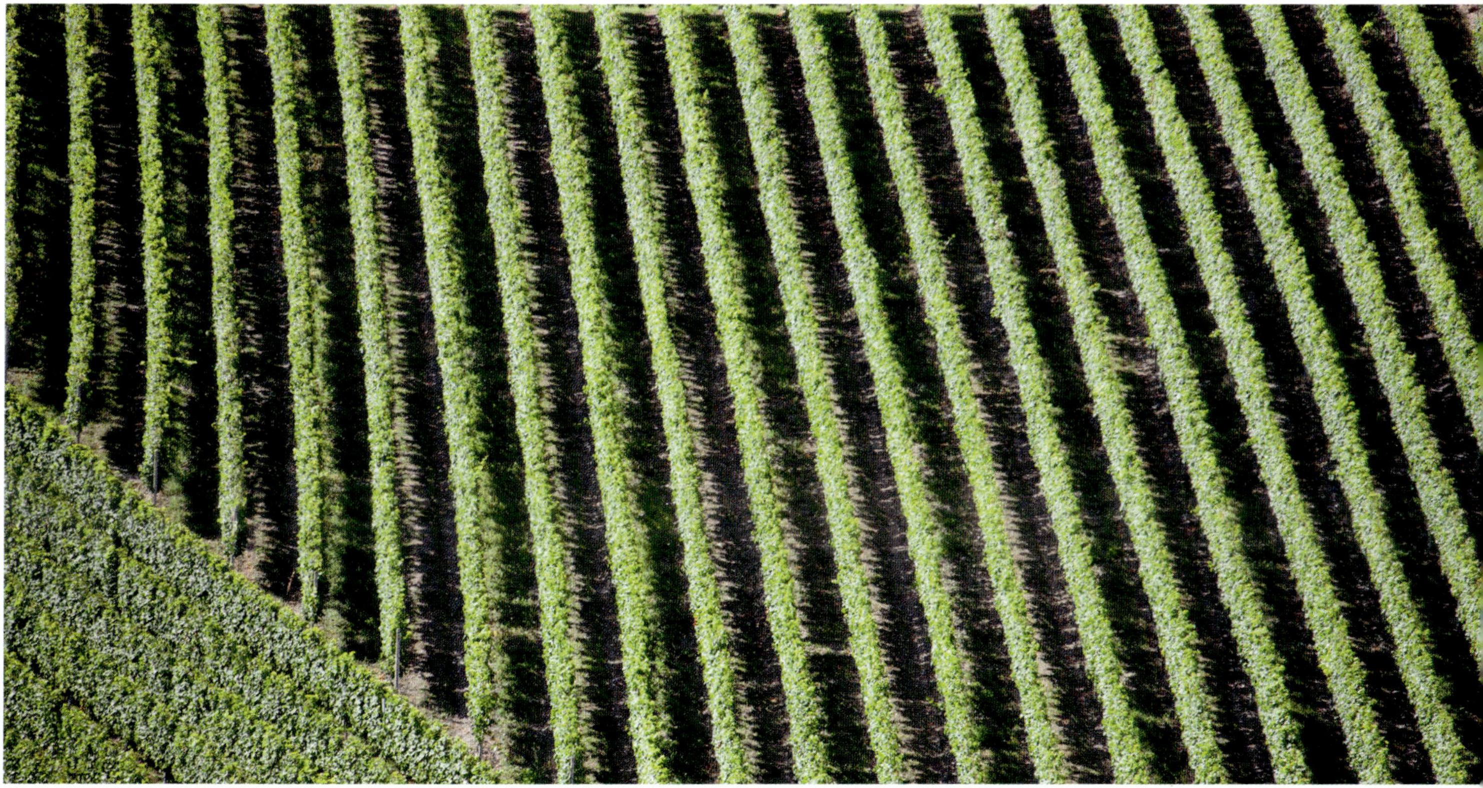

Weinreben werden so angebaut, dass der Traktor während der Ernte einen geraden Weg entlangfahren kann. Im richtigen Bildausschnitt wird euer Motiv des Weinbergs zu einem Muster und wirkt abstrakt (nicht gegenständlich). Das heißt, man erkennt nicht direkt, was ihr fotografiert habt.

Die künstliche Umgebung einer Stadt nennt man auch „Stadtlandschaft“. Einen atemberaubenden Blick habt ihr meist von oben, von einem Fernsehturm oder von einem Hochhaus aus. Falls ihr etwas Angst vor der Höhe habt, könnt ihr auch Miniaturhäuser in den Schaufenstern von Souvenirläden fotografieren.

Im Wasser schwimmt die Kamera mit!

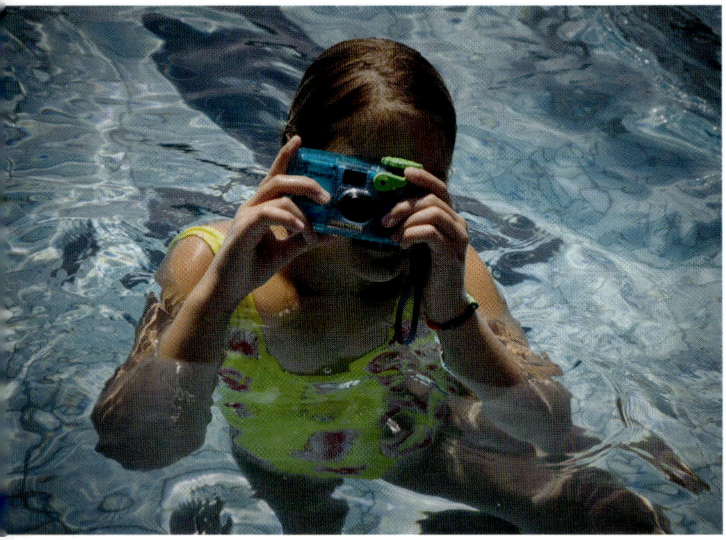

Normalerweise können Kameras nicht schwimmen und gehen im Wasser kaputt. Zum Glück gibt es aber Kameras, die wasserdicht sind und die man problemlos ins Schwimmbad oder ans Meer mitnehmen kann. Diese Kameras sind auch gegen Dreck, Regen und Schlamm geschützt, sodass man sie wunderbar für alle Abenteuer in der Natur benutzen kann. Wenn man nicht so viel Geld ausgeben möchte, dann bekommt man im Drogerie-Markt oder Fotoladen sogenannte Einwegkameras, mit denen man baden gehen kann.

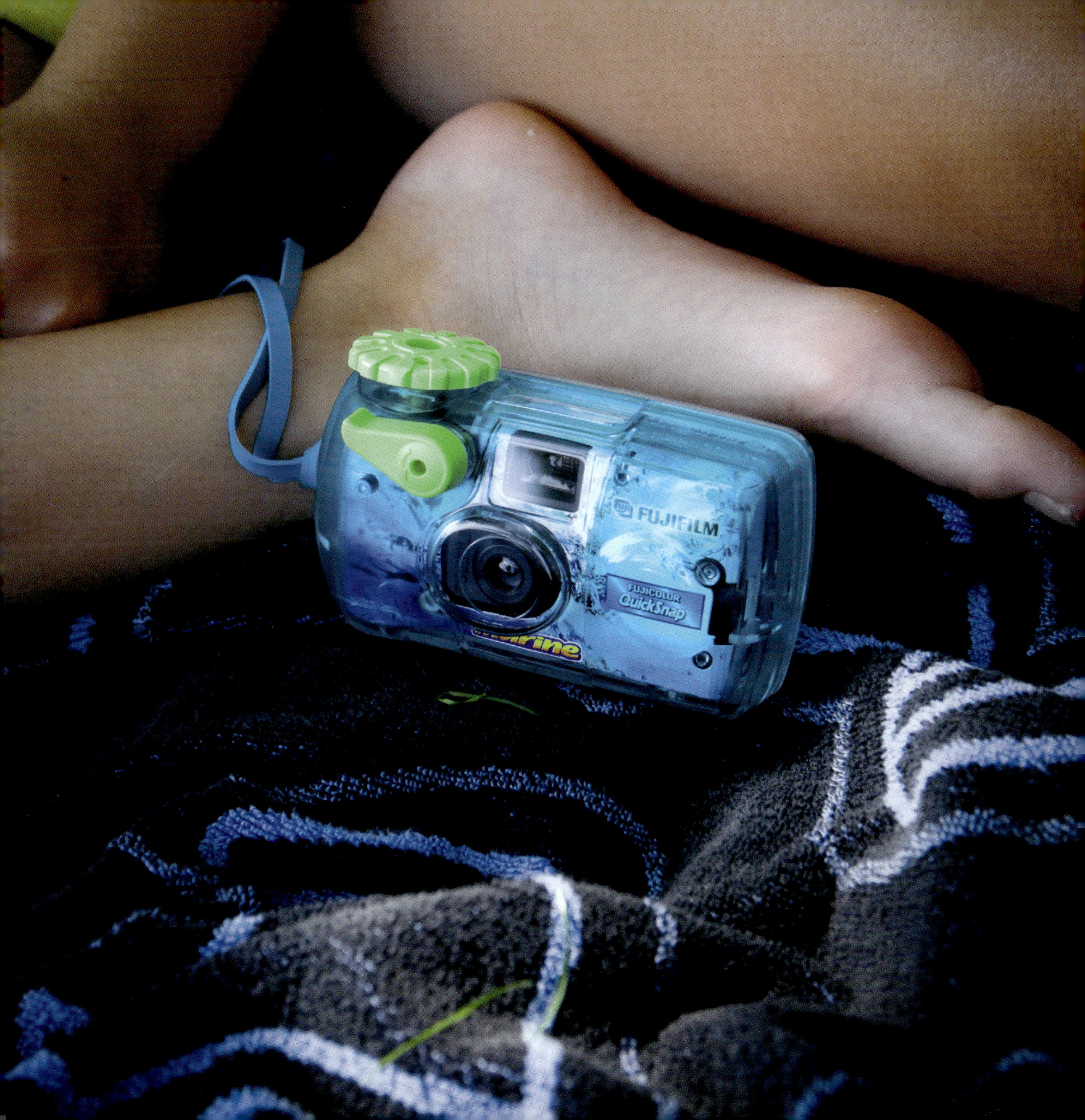
FUJIFILM
FUJICOLOR
QuickSnap

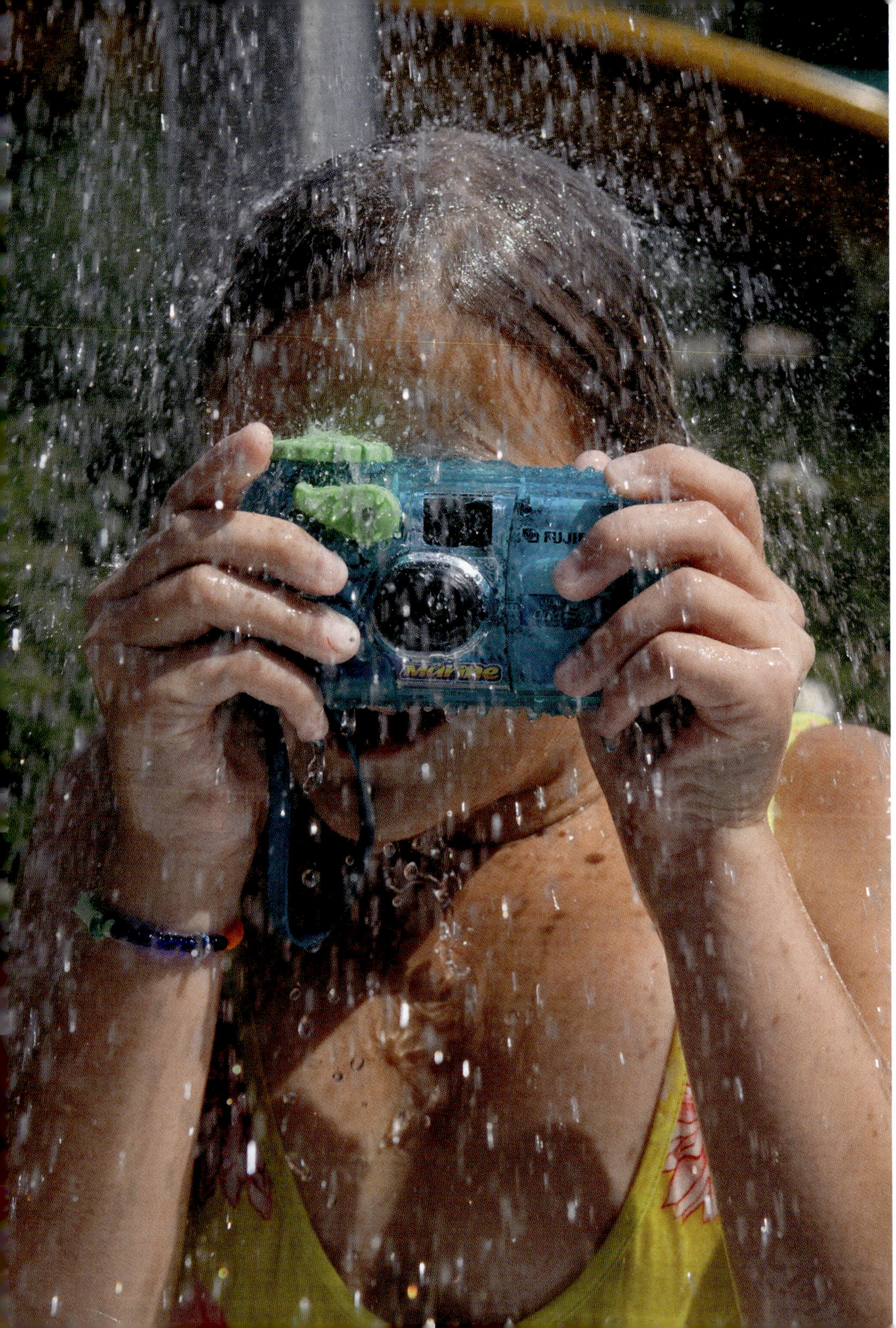

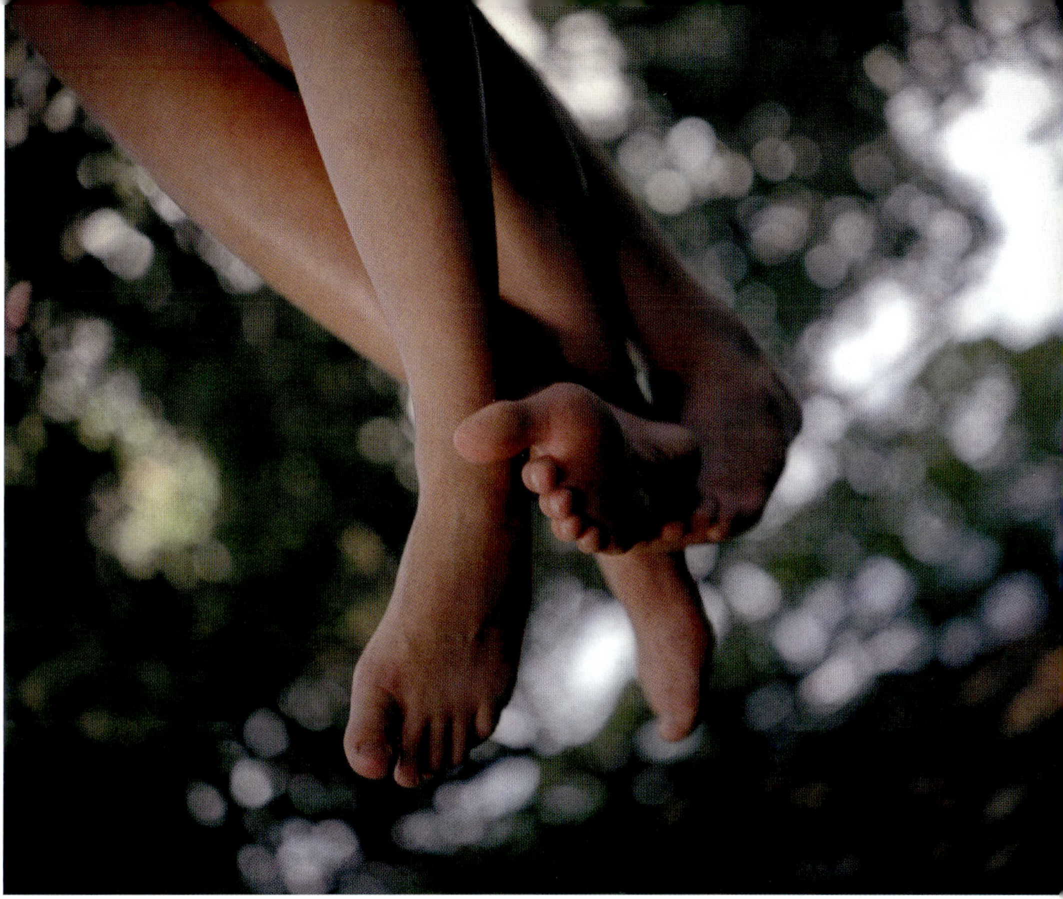

Einwegkameras verwenden zwar noch Film und man muss sie zum Entwickeln wegbringen, dafür sind sie viel preiswerter als wasserdichte Digitalkameras. Wie der Name „Einwegkamera“ schon sagt, kann man sie nur so lange benutzen, bis der Film darin vollgeknipst ist.

Im Wasser schwimmt die Kamera mit!

Am Beckenrand gibt es viel zu entdecken

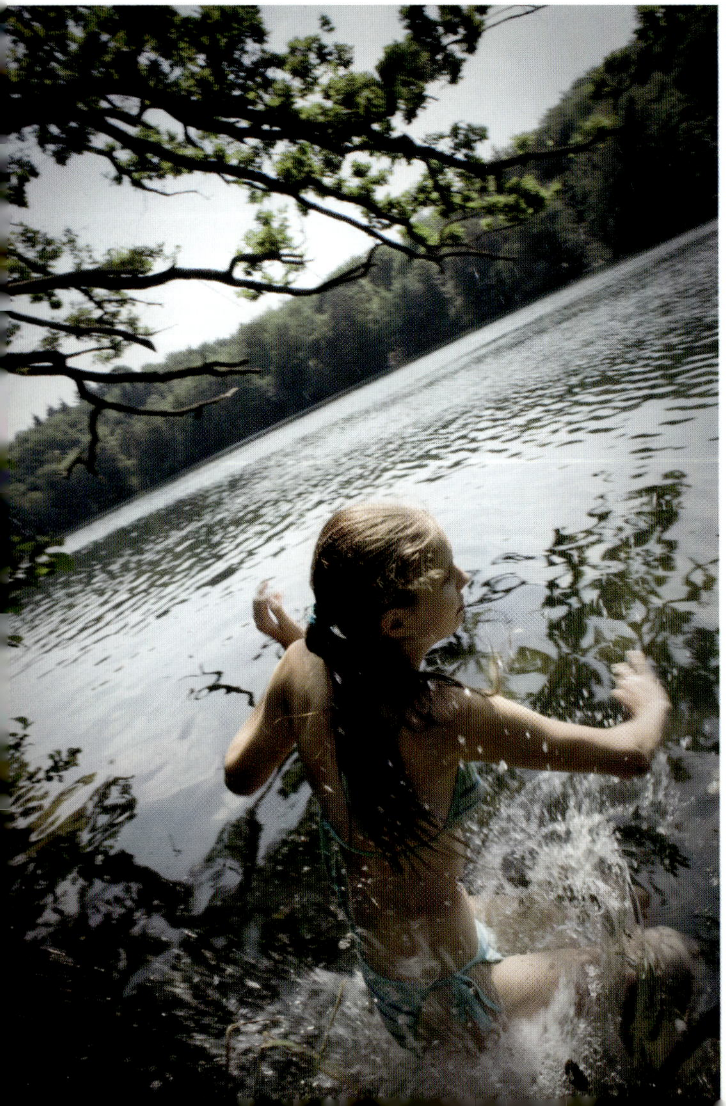

Aber auch ohne wasserdichte Kamera kann man im Schwimmbad unterhaltsame Bilder machen, beispielsweise den wagemutigen Sprung vom 5er oder die knallbunte Luftmatratze im blauen Becken. Und ein Porträt unter der Dusche kann sehr lustig sein. Auch am Baggersee und am Strand gibt es außerhalb des Wassers viel zu entdecken. Kleine Krebse oder andere spannende Dinge, die von der Brandung an Land gespült werden, sind gute Motive für ein Bild.

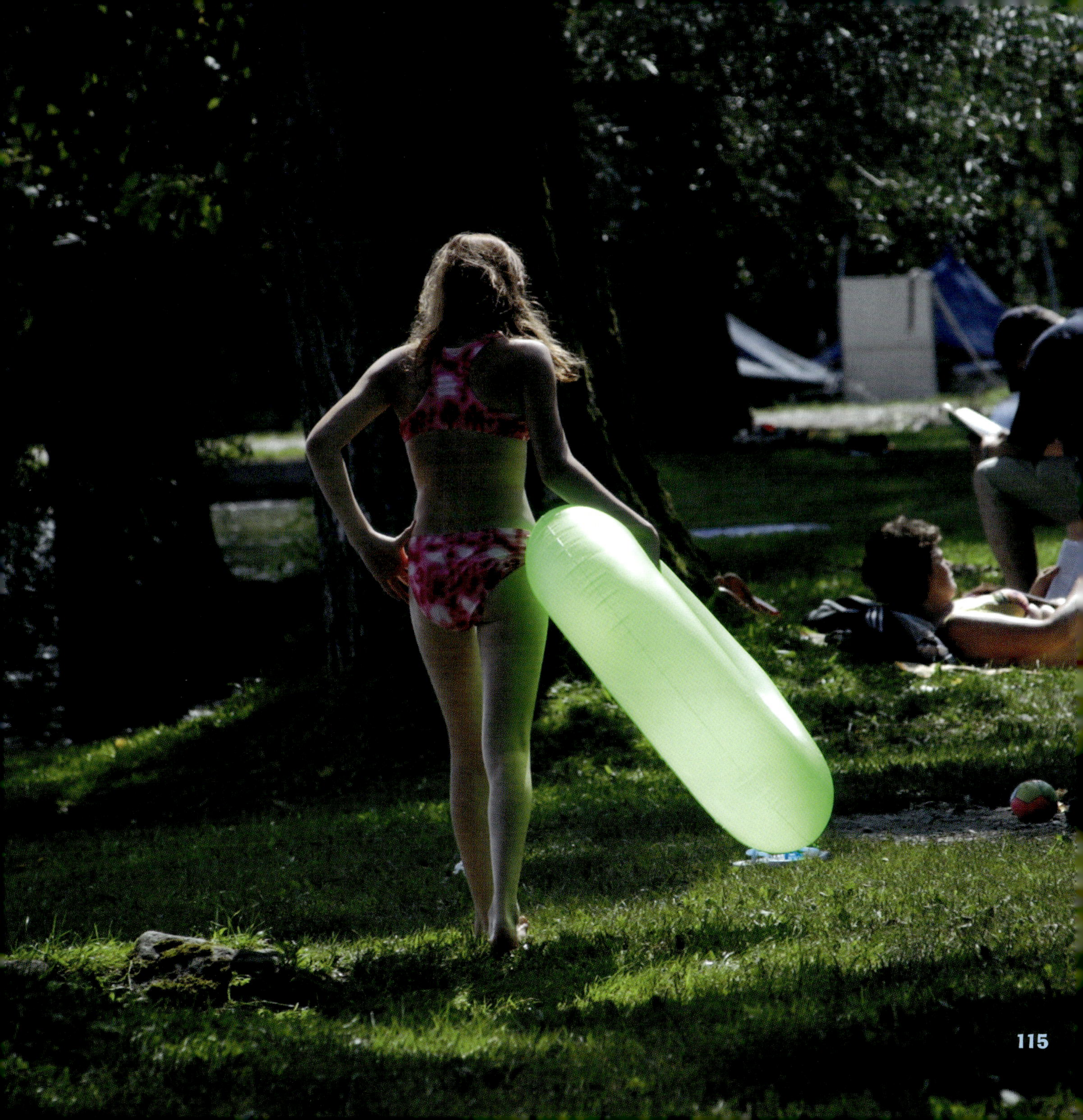

Tipp Besorgt euch im Drogeriemarkt eine Einweg-Unterwasserkamera und macht im Freibad von euren Freunden eine Serie von Unterwasserporträts. Ihr werdet euch wundern, wie stark das Wasser die Gesichtszüge verändert. Wenn die Bilder entwickelt sind, müssen die anderen raten, wer darauf zu erkennen ist.

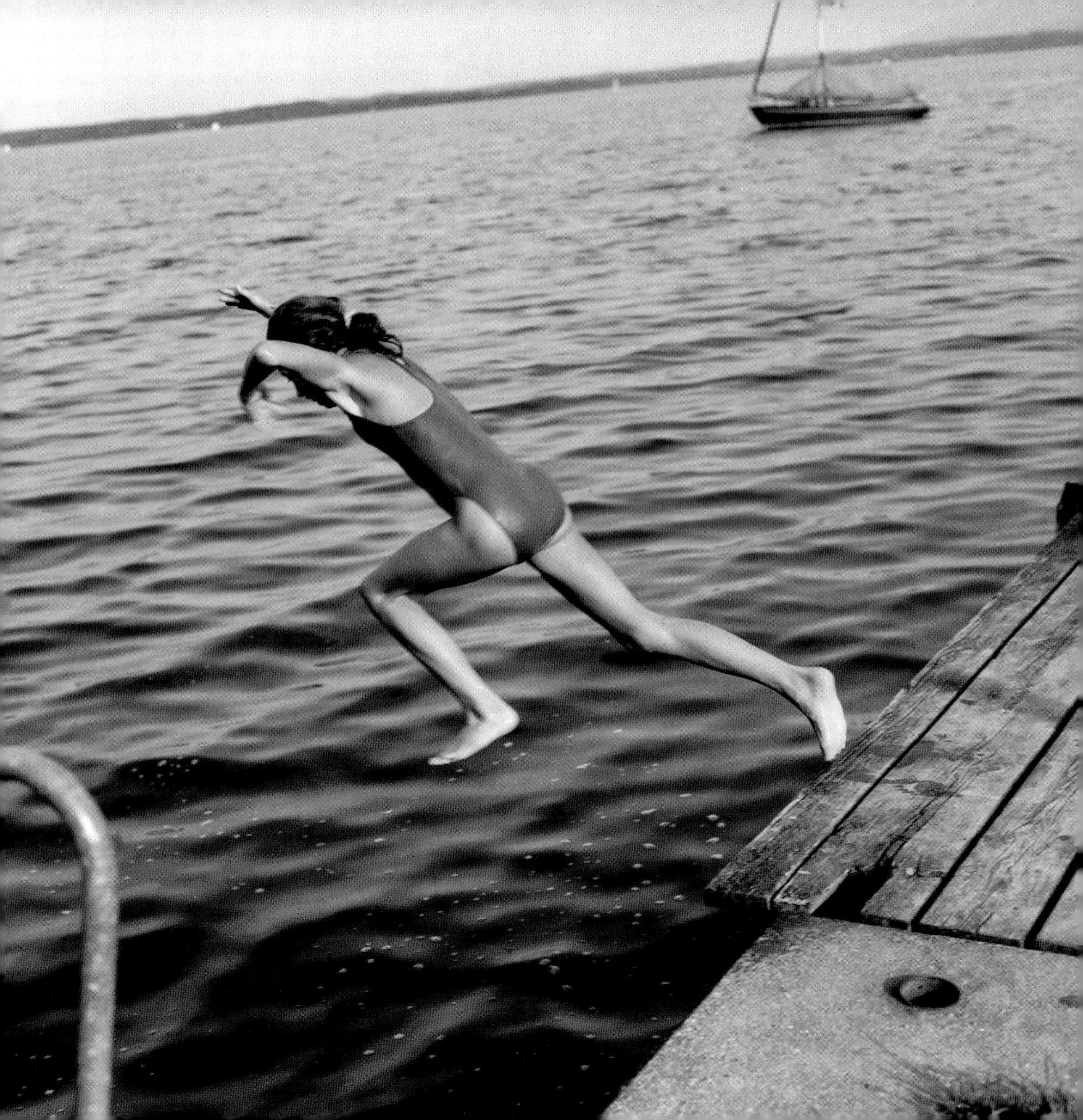

Zeitlose Momente

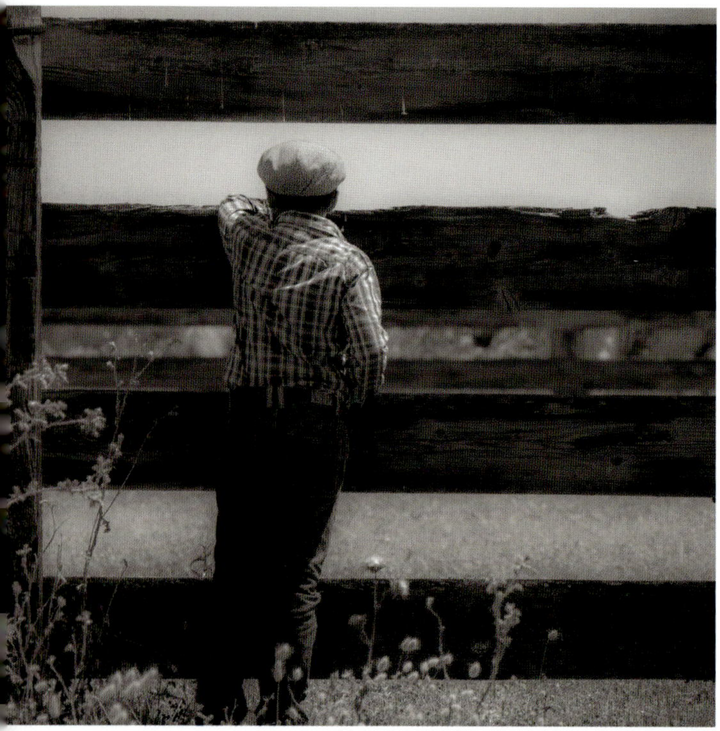

Unsere Welt verändert sich schnell. Wer von euch kennt noch Telefone mit Wählscheibe oder eine Kamera mit Film? Einige Techniken oder Moden bleiben uns erhalten oder kommen als „Retros" wieder. Es gibt aber Dinge in der Welt, die sehen heute noch genauso aus wie vor 10, 50 oder 100 Jahren, und man kann sie auch noch genauso fotografieren. Solche „zeitlosen Momente" können nicht oder nur schwer datiert werden. Hier seht ihr einen Jungen mit Schiebermütze, Karohemd und Jeans vor einem Holzzaun einer Pferdekoppel.

In welchem Land und wann wurde diese Aufnahme wohl gemacht? Vielleicht in Amerika oder Australien? In den 1960er-Jahren? Oder noch früher, vielleicht sogar im „Wilden Westen"?

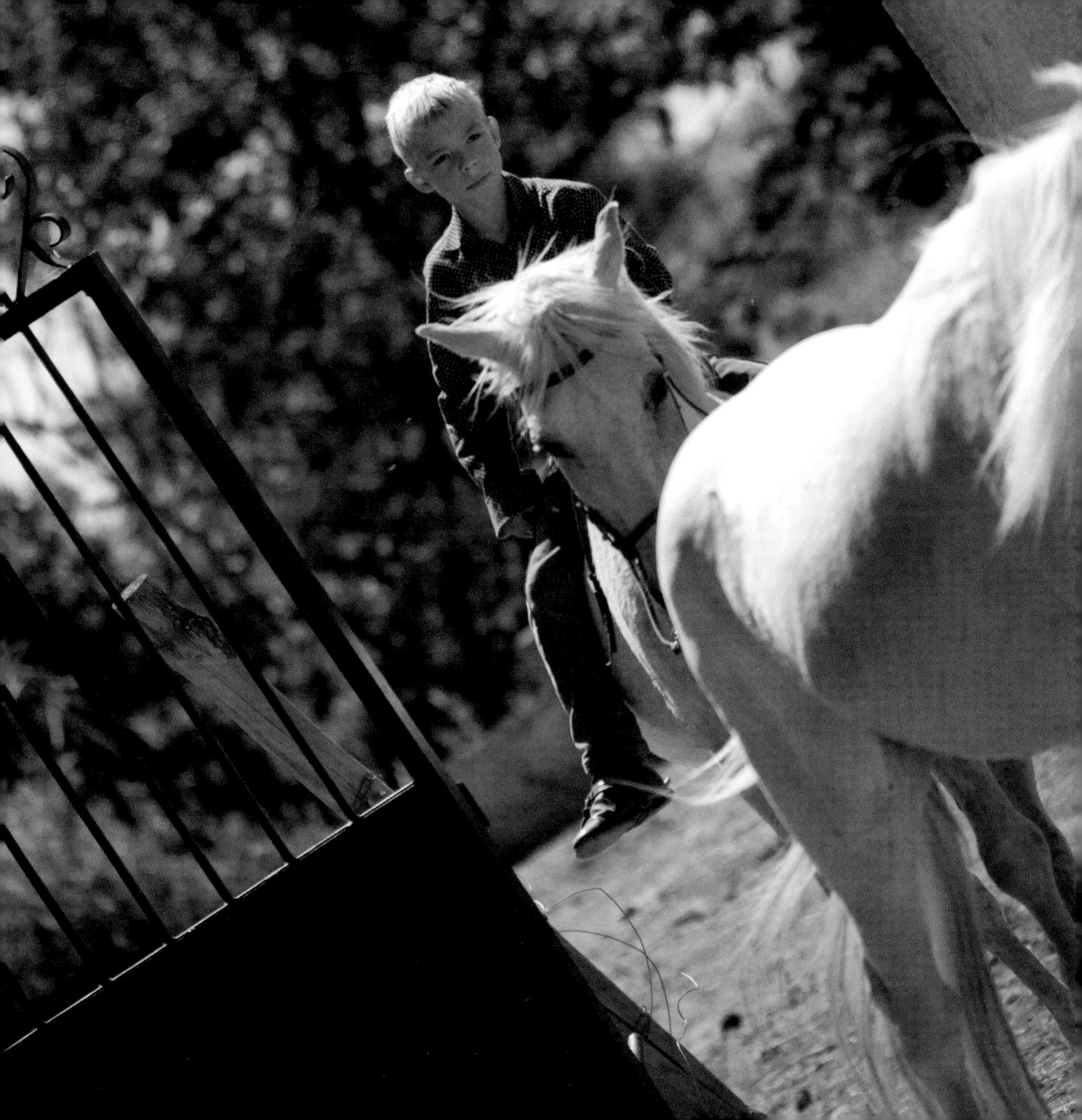

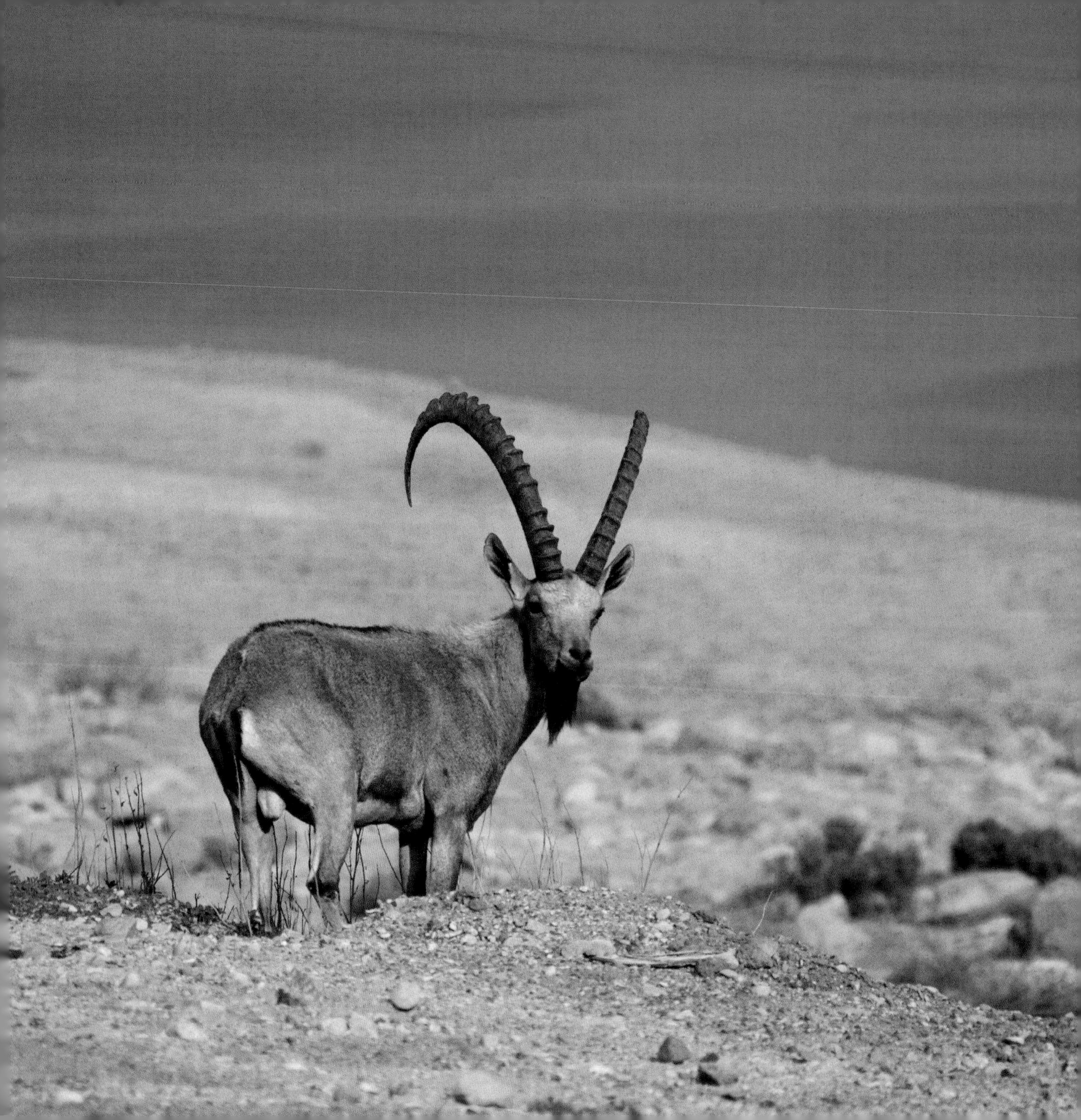

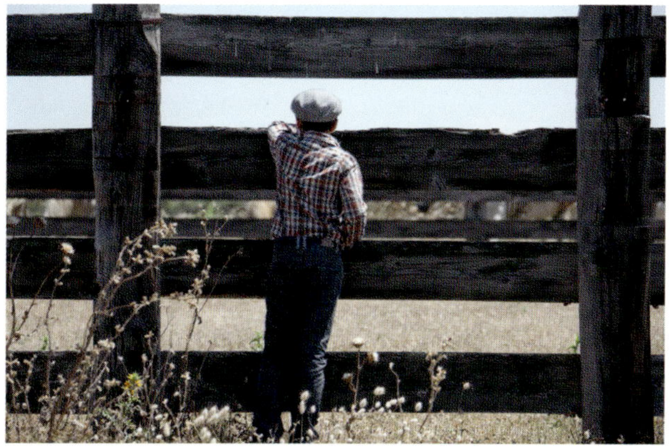

Nein, das Original ist farbig und entstand 2013 in Südfrankreich, genau so wie das Bild mit dem blonden Jungen auf dem weißen Pferd.

Schaut mal, ob ihr Motive findet, bei denen eure Freunde und Eltern nicht sagen können, wann sie entstanden sind. Wichtig ist, dass keine Schriften, Schmuck oder moderne Technik, wie eine Armbanduhr, zu sehen sind, und sucht für eure Models Kleidung aus, die es auch schon früher gab.

Als Hintergrund eignen sich wunderbar alte Läden oder Häuserfassaden, die im Laufe der Jahre unverändert geblieben sind. Vielleicht gibt es sogar ein Foto von euren Großeltern vor so einem Haus, das ihr nachstellen könnt.

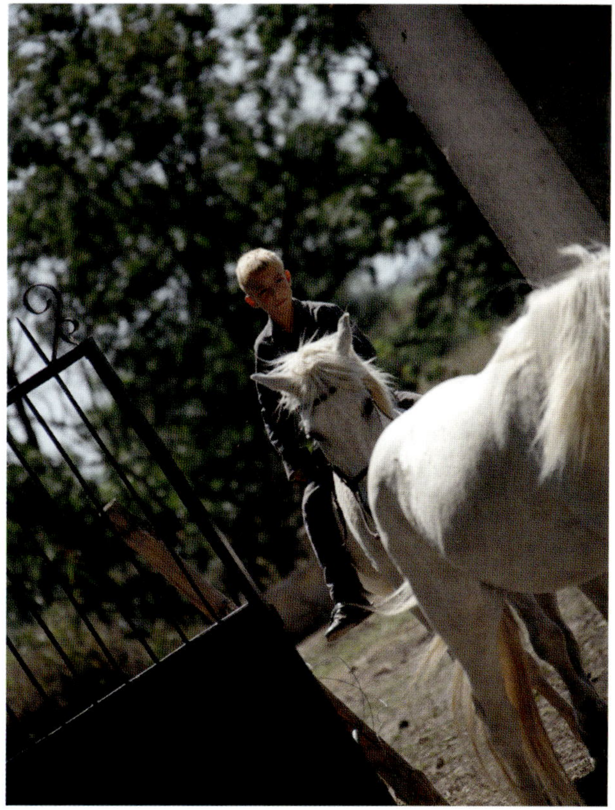

Ein Meer voll drehender Lichter

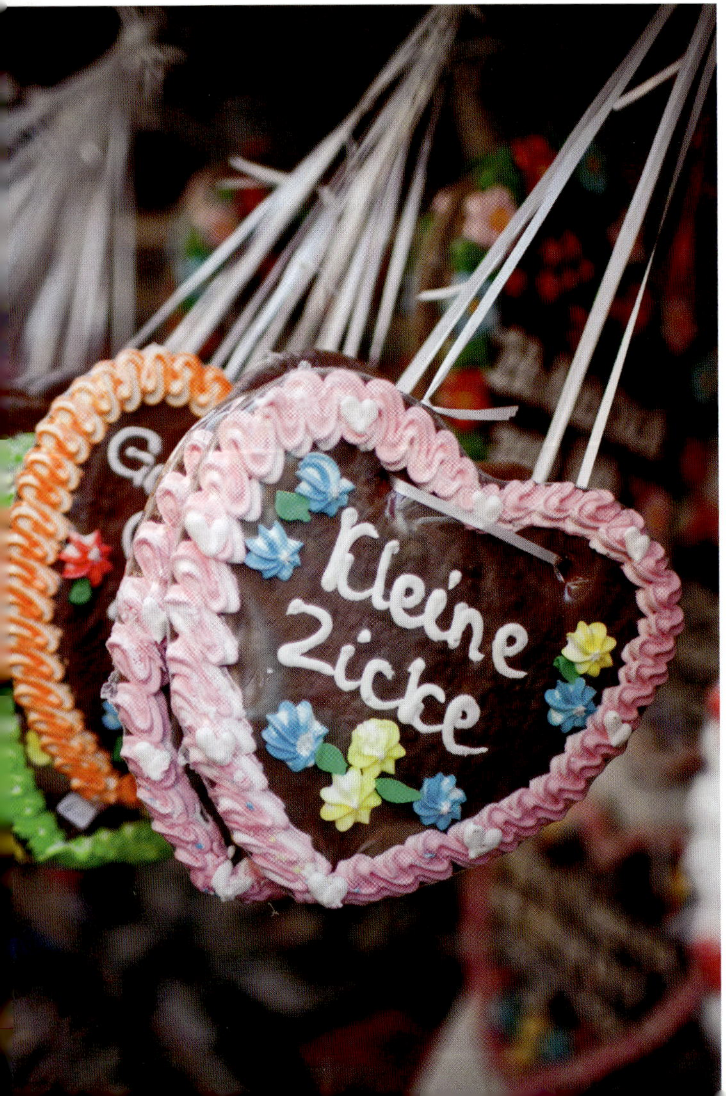

Ein Besuch auf der Kirmes ist etwas ganz Besonderes. Es riecht nach gebrannten Mandeln, Zuckerwatte und Würstchen. Aus allen Himmelsrichtungen hört man laute Musik, die sich mit den Ansagen der zahlreichen Fahrgeschäfte zu einem akustischen Durcheinander mischt.

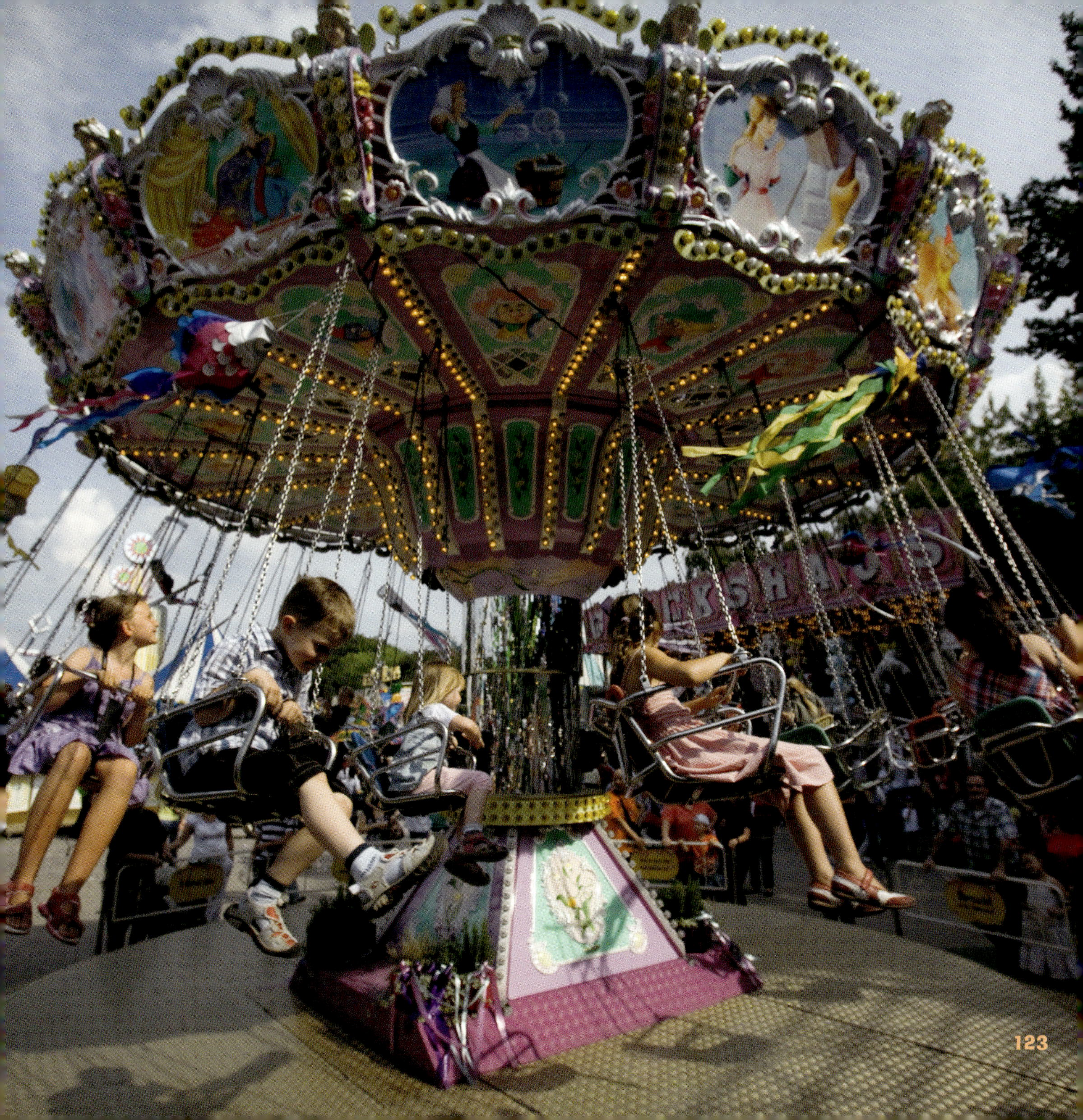

Ein Meer voll drehender Lichter

Aus luftiger Höhe

Wie immer habt ihr den besten Überblick von ganz oben. Also als Erstes rauf auf das Riesenrad! Dort könnt ihr atemberaubende Fotos aus den verschiedensten Perspektiven machen, denn je höher ihr steigt, desto mehr verändert sich der Blick aus der Gondel. Wichtig ist aber, dass ihr schwindelfrei seid. Außerdem müsst ihr den kleinen Riemen der Kamera fest um euer Handgelenk wickeln, damit ihr sie jederzeit im Griff habt und sie euch nicht herunterfällt. An der Spitze des Rades angekommen, habt ihr nicht nur eine tolle Aussicht über die gesamte Kirmes, sondern sicher auch über die ganze Stadt.

Bei einigen Riesenrädern kann man sogar die Gondel drehen, sodass ihr von dort oben in alle Richtungen schauen und fotografieren könnt. Wieder sicher am Boden angekommen, wisst ihr nun genau, in welcher Richtung das Kettenkarussell, der Autoskooter und die Geisterbahn zu finden sind.

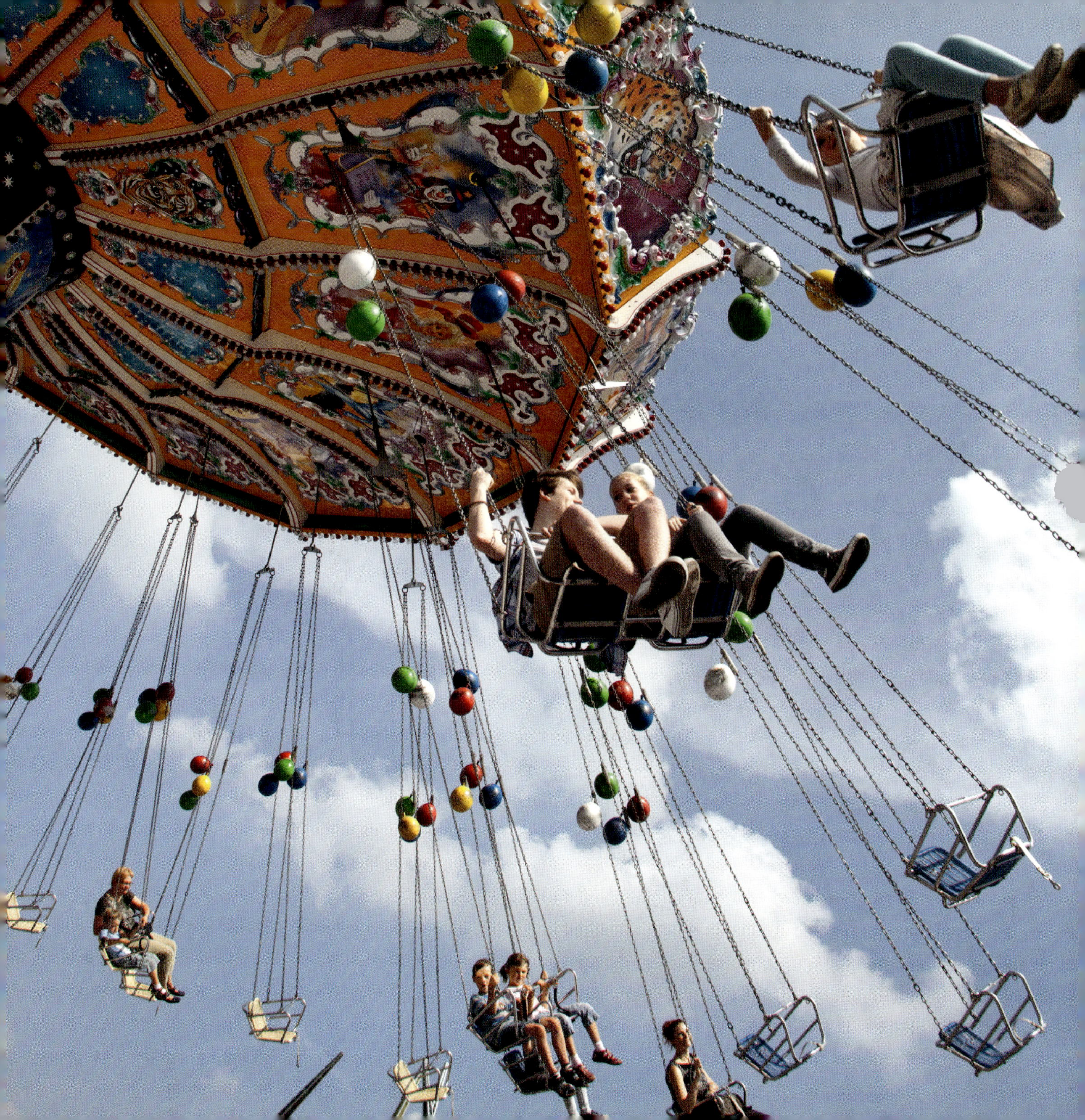

Ein Meer voll drehender Lichter

Kirmes bei Nacht

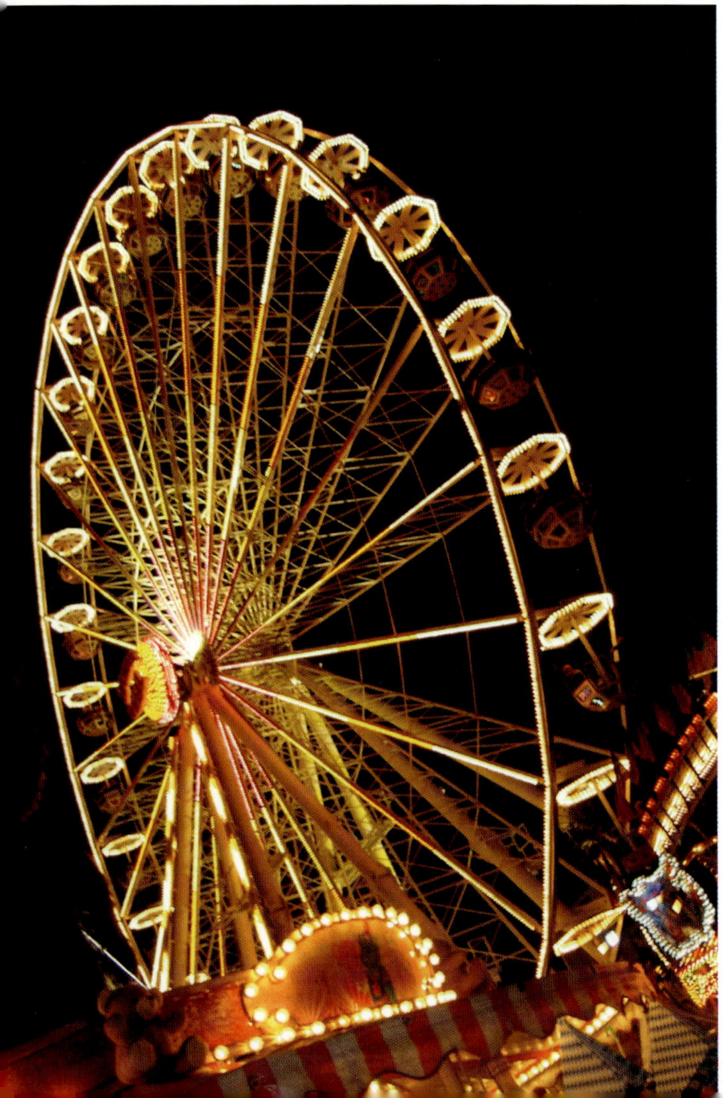

Sobald die Sonne untergeht, füllt sich der Platz allmählich mit Menschen und die Schausteller auf der Kirmes haben alle Hände voll zu tun. Erst im Dunkeln kommen die bunten und blinkenden Lichter einer Kirmes so richtig zur Wirkung. Der Jahrmarkt strahlt jetzt wie ein Meer voller bunter Farben in den Nachthimmel. Durch die rhythmischen Bewegungen der Karussells verändert sich das Farbenspiel ständig. Im Gegensatz zu den fahrenden und drehenden Geräten schieben sich die schaulustigen Menschenmassen nur langsam im Gänsemarsch durch die Straßen und Gassen. Vielleicht dürft ihr mit euren Eltern im Herbst, wenn es früher dunkel wird, etwas länger über die Kirmes ziehen. Am Abend ist die Kirmes noch mal so schön.

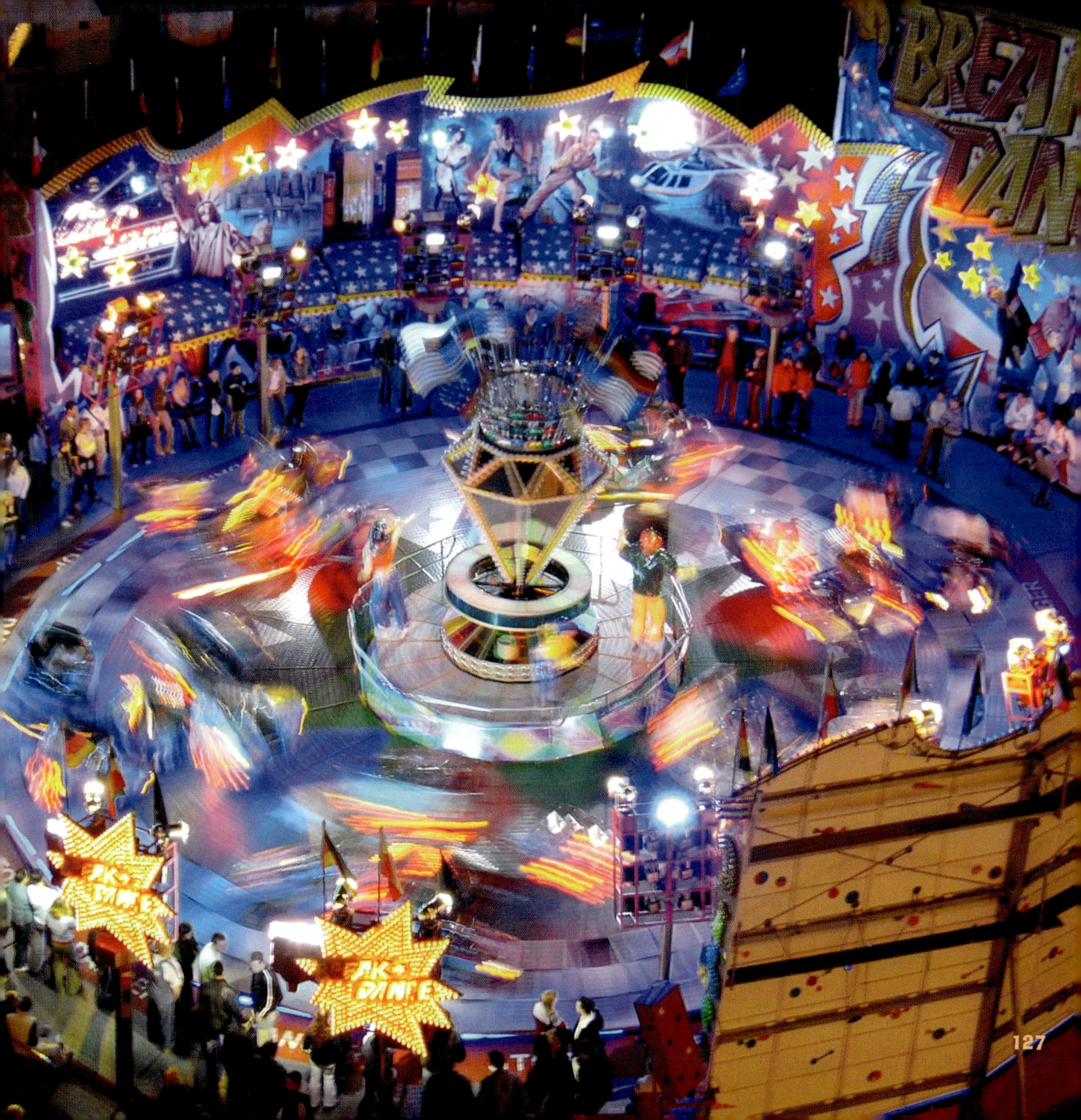

Tipp

Wollt ihr ein Karussell in der Dämmerung fotografieren, dann könnt ihr ganz besondere Ergebnisse erzielen, indem ihr die Kamera auf die Nachtblitzfunktion einstellt. Dieser Blitz leuchtet schwächer als der normale Blitz, und die Belichtungszeit wird verlängert. Beim Fotografieren hat das den Effekt, dass die Lichter der sich schnell bewegenden Gondeln langgezogen und verschwommen auf dem Foto erscheinen. Damit wird deutlich, wie schnell die Achterbahn an euch vorbeigerauscht ist. Bewegung könnt ihr so besonders effektvoll darstellen. Bewegt ihr dazu auch noch eure Kamera, werdet ihr nur noch bunte unscharfe Farben auf eurem Foto sehen. Probiert es einfach mal aus!

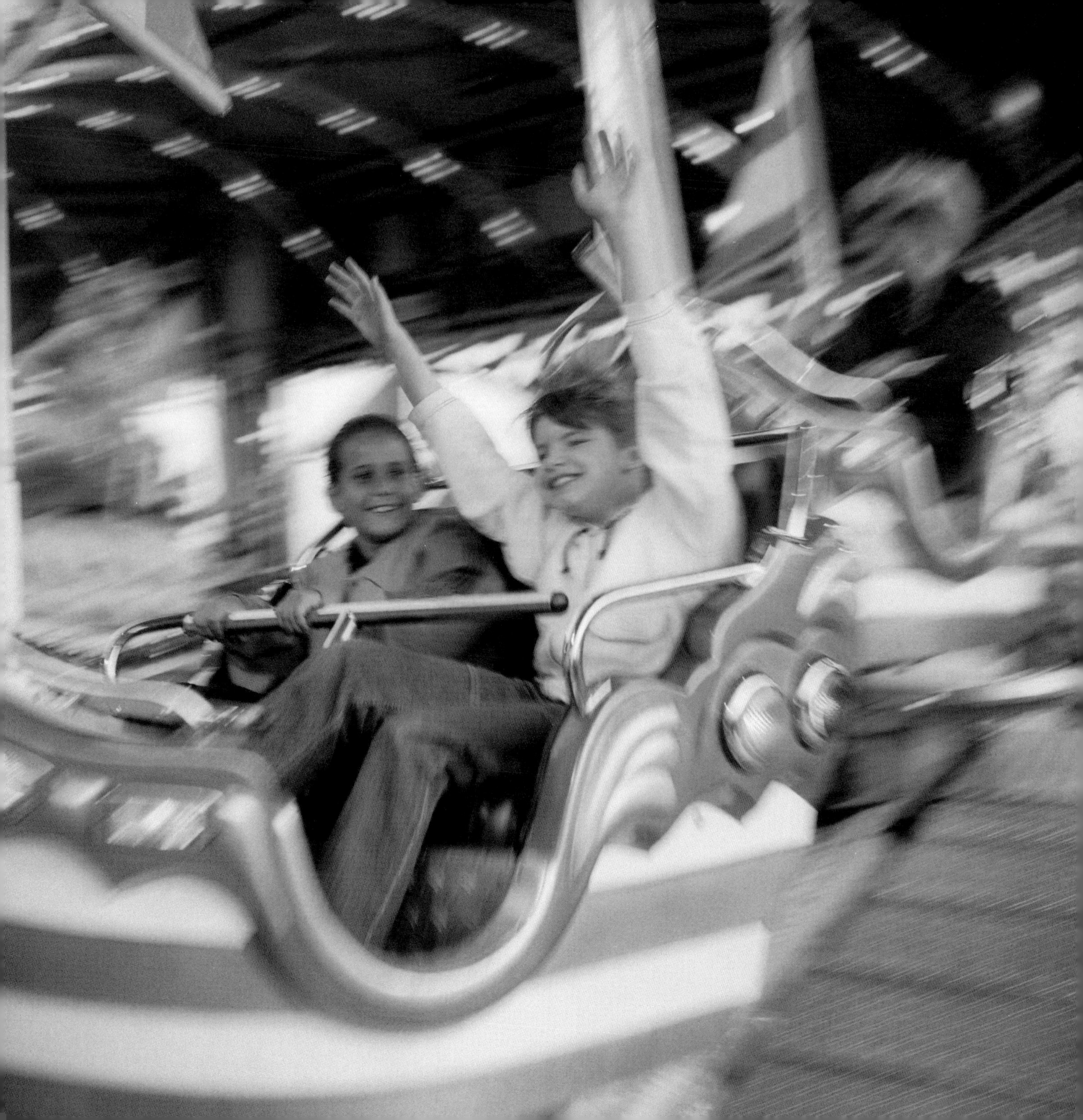

Happy Birthday

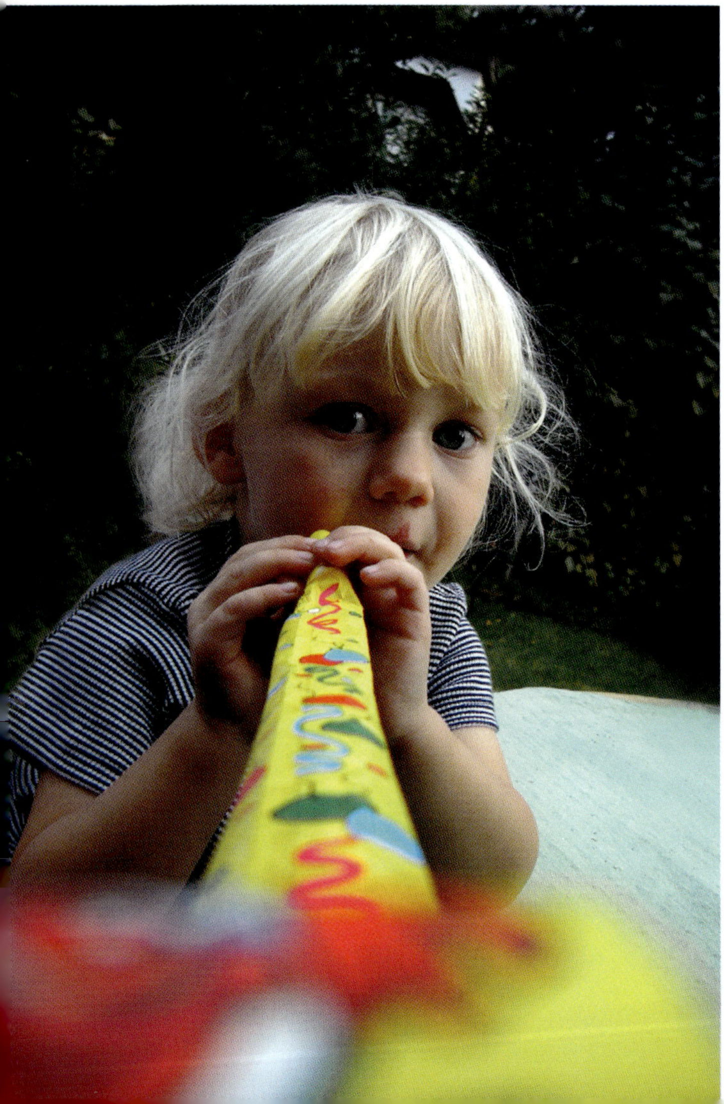

Geburtstag hat man nur einmal im Jahr, also viel zu selten. Das ist bestimmt auch der Grund, warum an Geburtstagen immer fotografiert wird. Viele Menschen kommen zusammen, Onkel, Tanten, Freunde und Nachbarn. Alle sind gut gelaunt und es gibt viele Geschenke, vielleicht sogar eine neue Kamera. Auf einer Geburtstagsparty finden sich also viele Motive, die ihr aufnehmen könnt, an erster Stelle natürlich das Geburtstagskind. Seid ihr selbst das Geburtstagskind, dann findet ihr im Kapitel

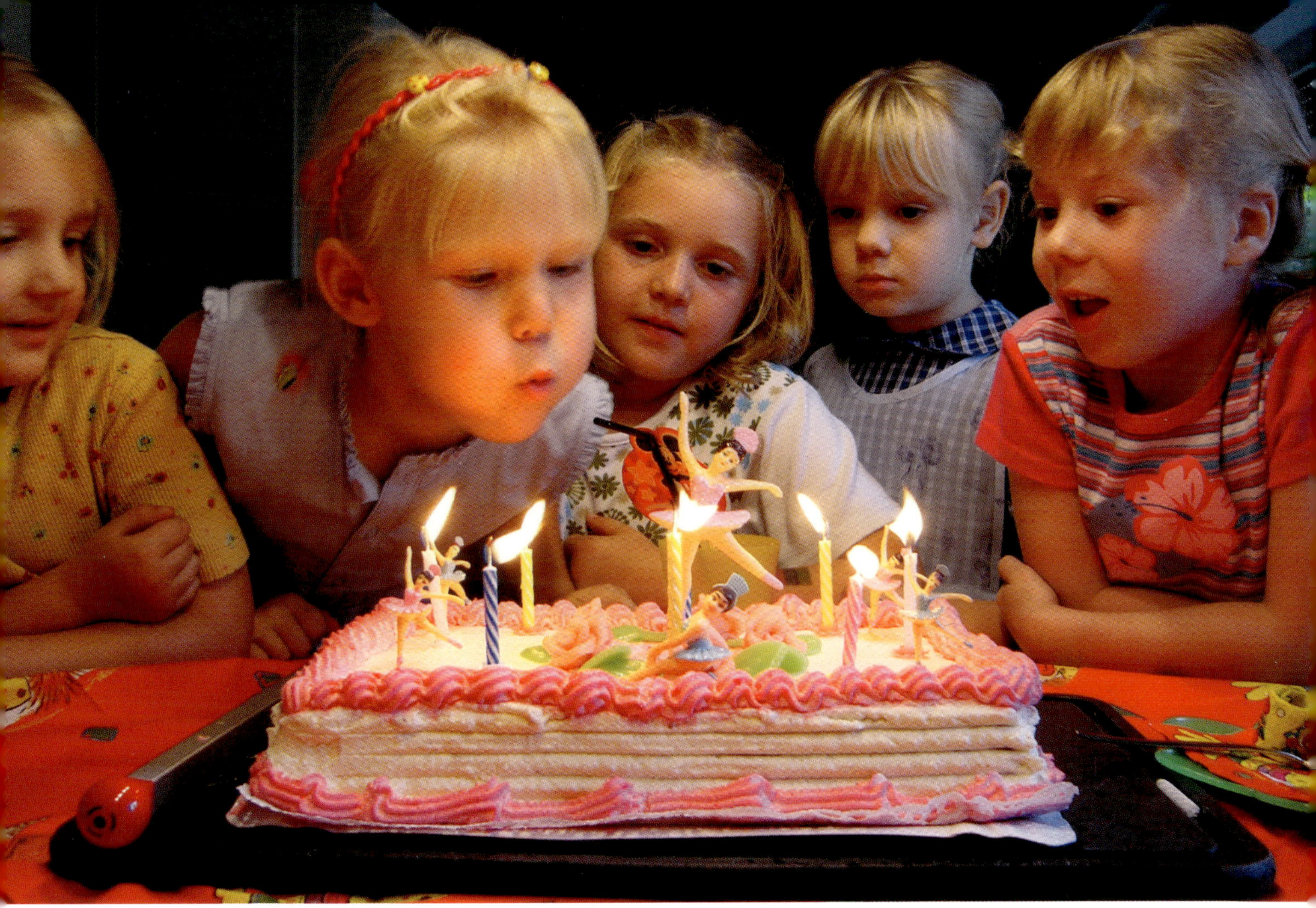

Selbstporträts (Seite 134) Tipps, wie ihr euch selbst fotografiert. Dann kommen die Gäste, vielleicht schafft ihr es ja bei der Begrüßung, jeden an der Tür mit seinem Geschenk zu fotografieren? Der Höhepunkt ist selbstverständlich der Moment, an dem die Kerzen auf der Geburtstagstorte ausgepustet werden. Aber auch der Tisch mit den Geschenken und die lustigen Spiele im Garten dürfen nicht vergessen werden.

Tipp Wenn ihr zu einem Geburtstag eingeladen seid, dann könnt ihr ja sogar die Bilder von der Feier „verschenken“. Gestaltet einfach einen Gutschein, auf dem dann stehen kann: „Ich schenke dir die Bilder des heutigen Tages, deines Geburtstages, als Album.“ Überhaupt sind Fotos ein klasse Geschenk! Macht doch mal ein tolles Selbstporträt und lasst davon einen Abzug anfertigen. Dann kauft ihr noch einen passenden Rahmen und fertig ist das Geschenk für Papas Geburtstag.

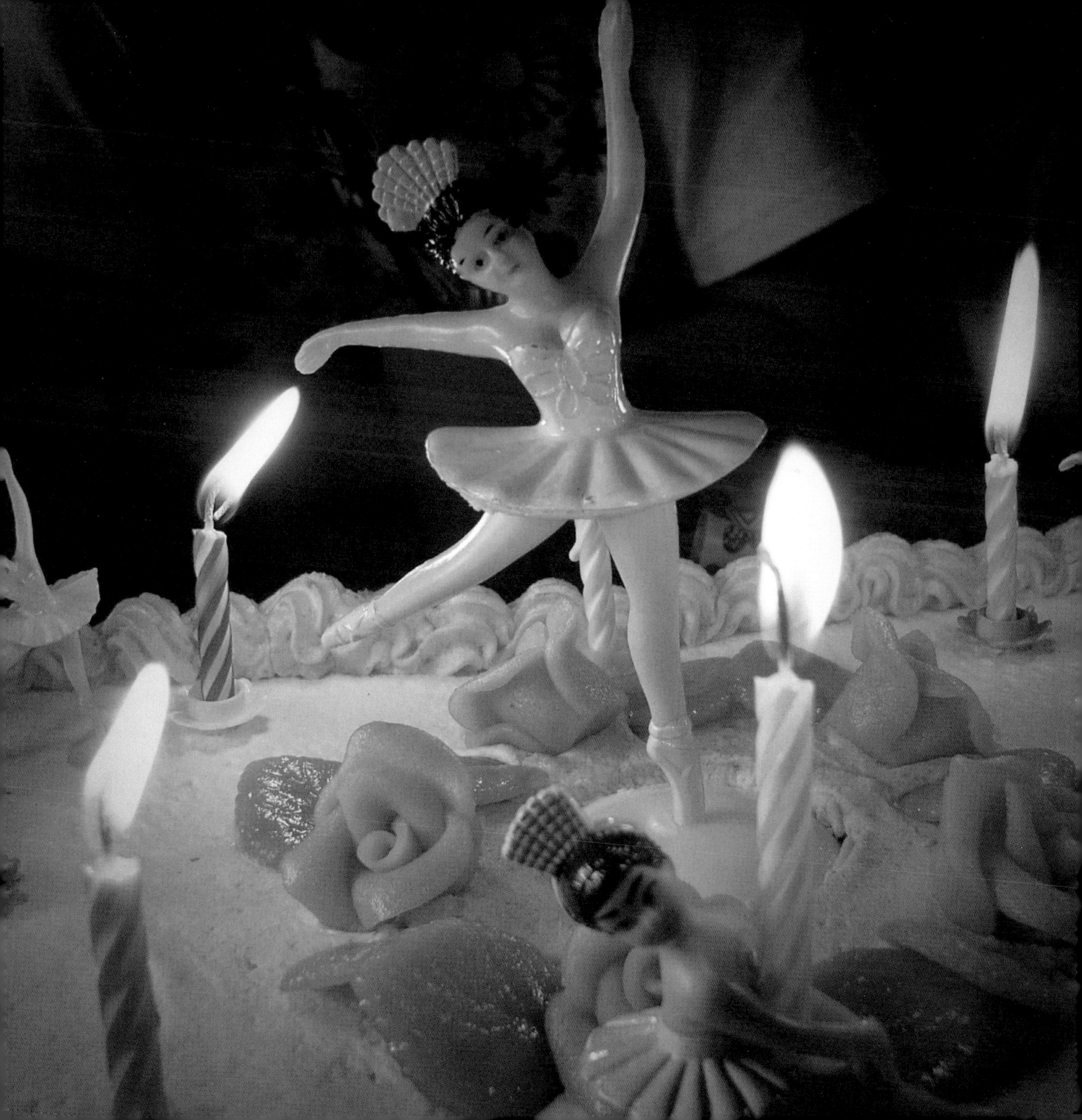

„Ich“, ein tolles Motiv

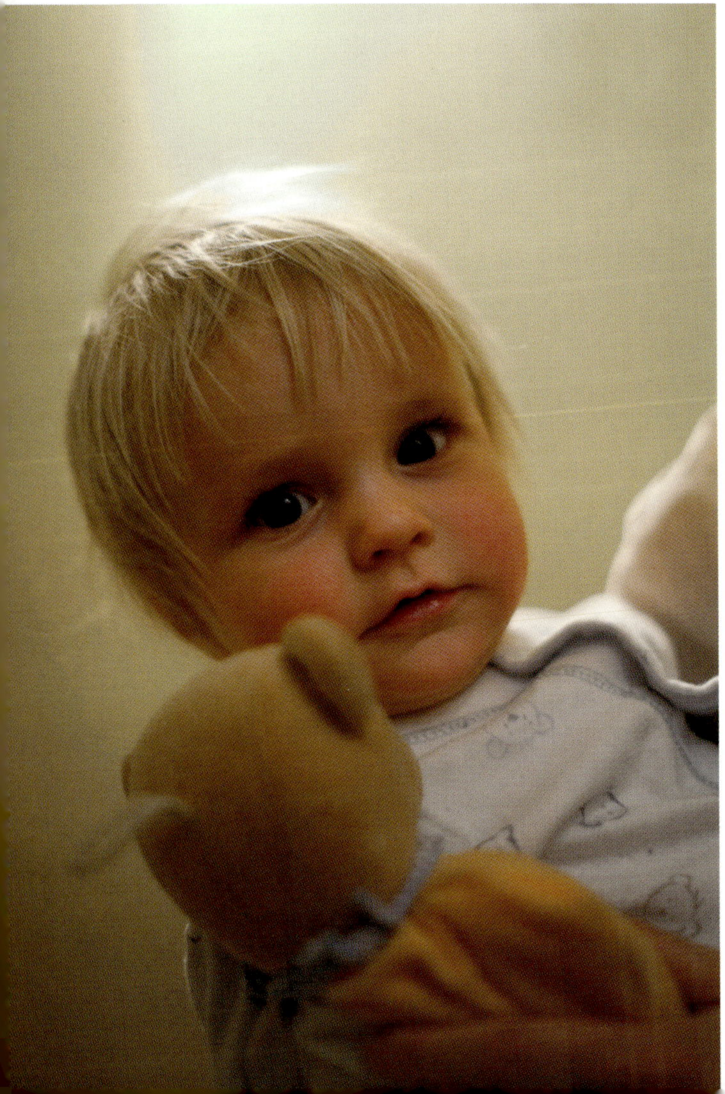

Ihr seid bestimmt schon oft fotografiert worden. Die frühesten Aufnahmen sind vielleicht Ultraschallbilder, die der Arzt von euch gemacht hat, als ihr noch im Bauch eurer Mutter wart. Babyfotos gibt es sicher in allen Lebenslagen von euch, denn die meisten Väter und Mütter lieben es, jeden Entwicklungsschritt ihres Kindes mit der Kamera festzuhalten.

Ihr werdet mit Sicherheit auch Bilder haben, auf denen ihr neben dem Weihnachtsbaum Geschenke auspackt, in der Runde mit Familie und Freunden die Geburtstagstorte auspustet oder euch am Strand einbuddelt.

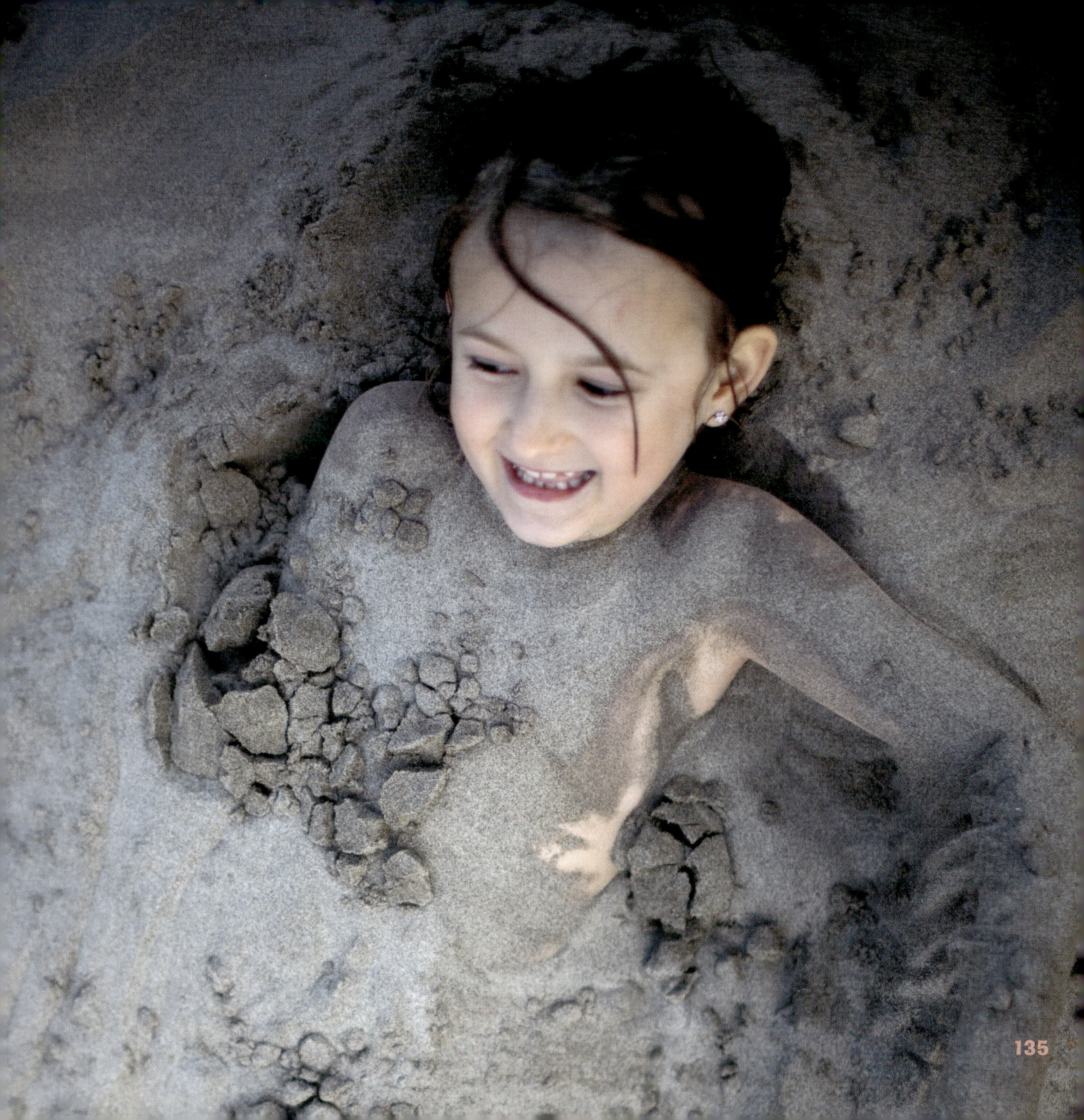

„Ich“, ein tolles Motiv

Selbstporträts

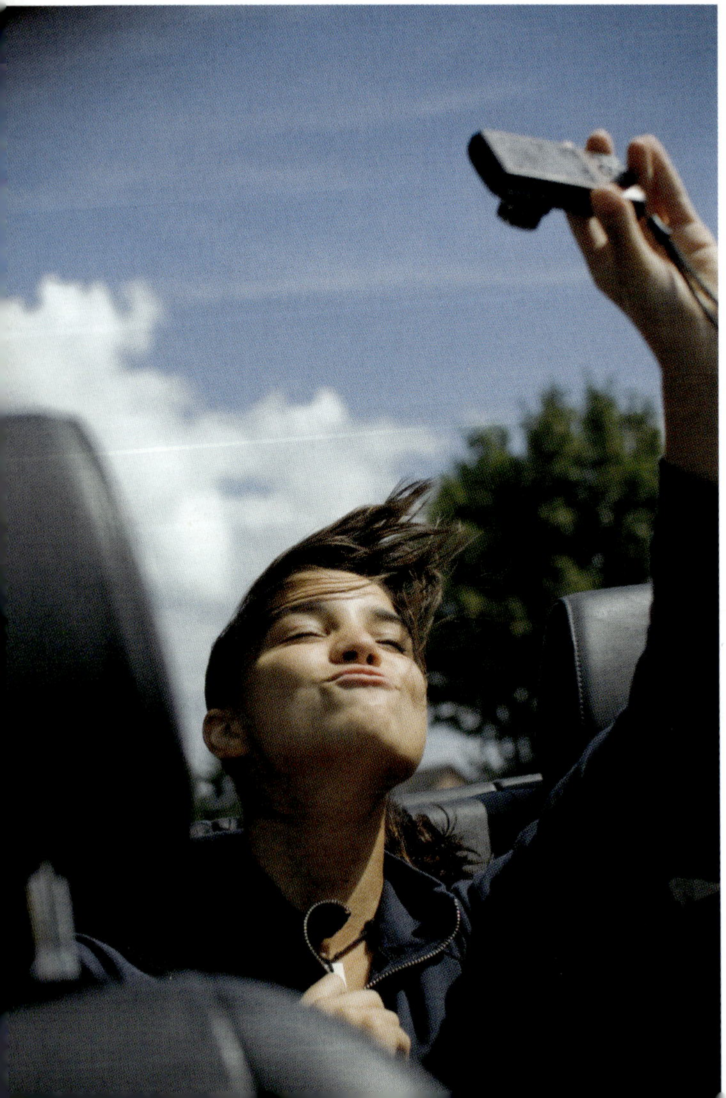

Habt ihr schon mal Bilder von euch selbst gemacht? Die einfachste Möglichkeit ist, dass ihr die Kamera in den Händen haltet und das Objektiv auf euch selbst richtet. Inzwischen ist das ein echter Renner, den man „Selfie“ nennt. Wichtig ist, dass ihr das Zoom in die Weitwinkeleinstellung [W] bringt, damit ihr bei dem relativ geringen Abstand zwischen euch und der Kamera ganz auf dem Bild seid. Also streckt eure Arme weit aus und drückt auf den Auslöser. Dabei könnt ihr die Kamera hoch oder tief halten, so wie ihr euch gerade aufnehmen wollt. Euren Gesichtsausdruck könnt ihr auf den Bildern immer wieder verändern, sodass eine kleine Stimmungsserie von euch entsteht. Mal lachend, schmollend, skeptisch, wie es euch gefällt.

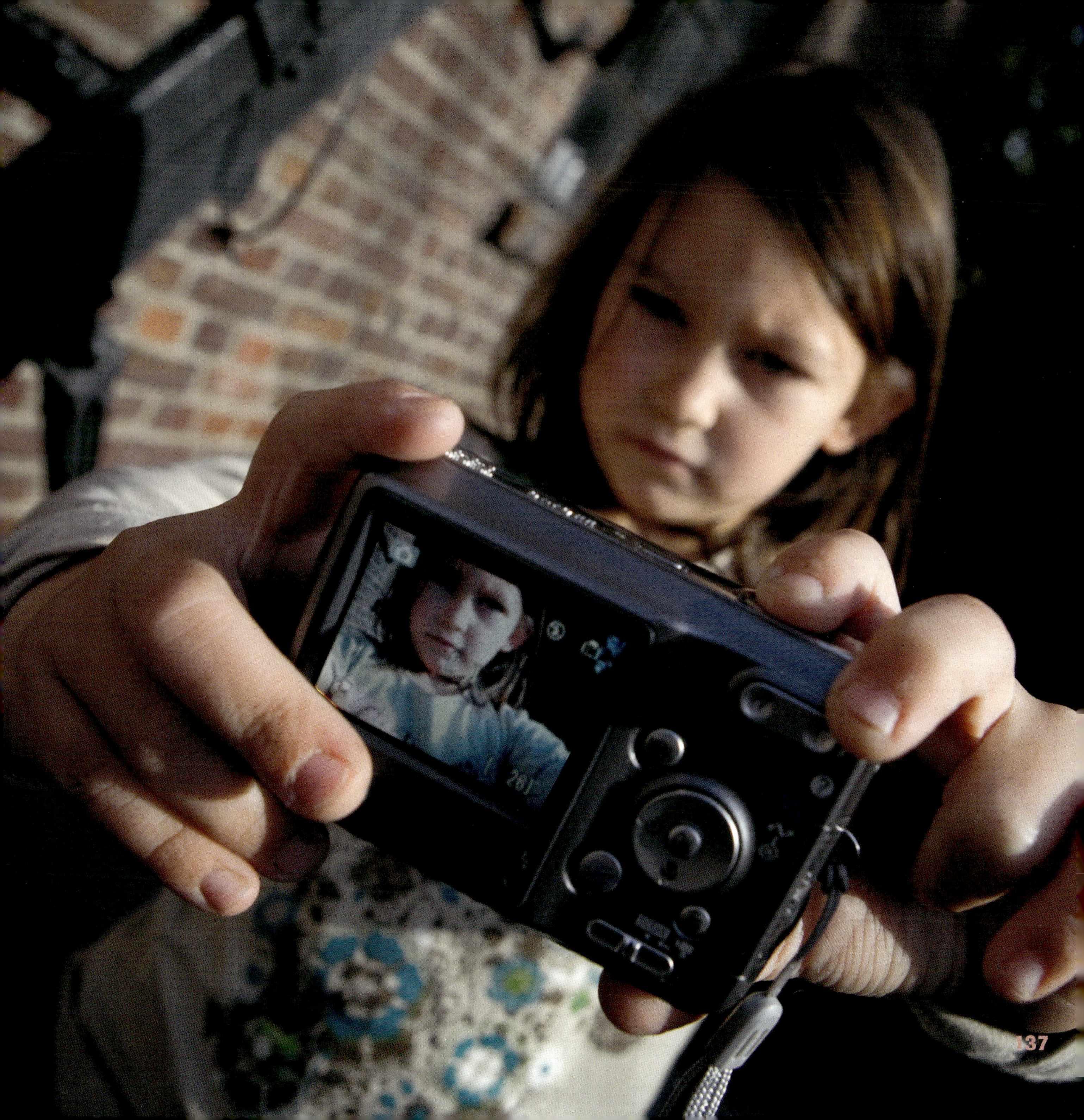

„Ich", ein tolles Motiv

Selbstauslöser

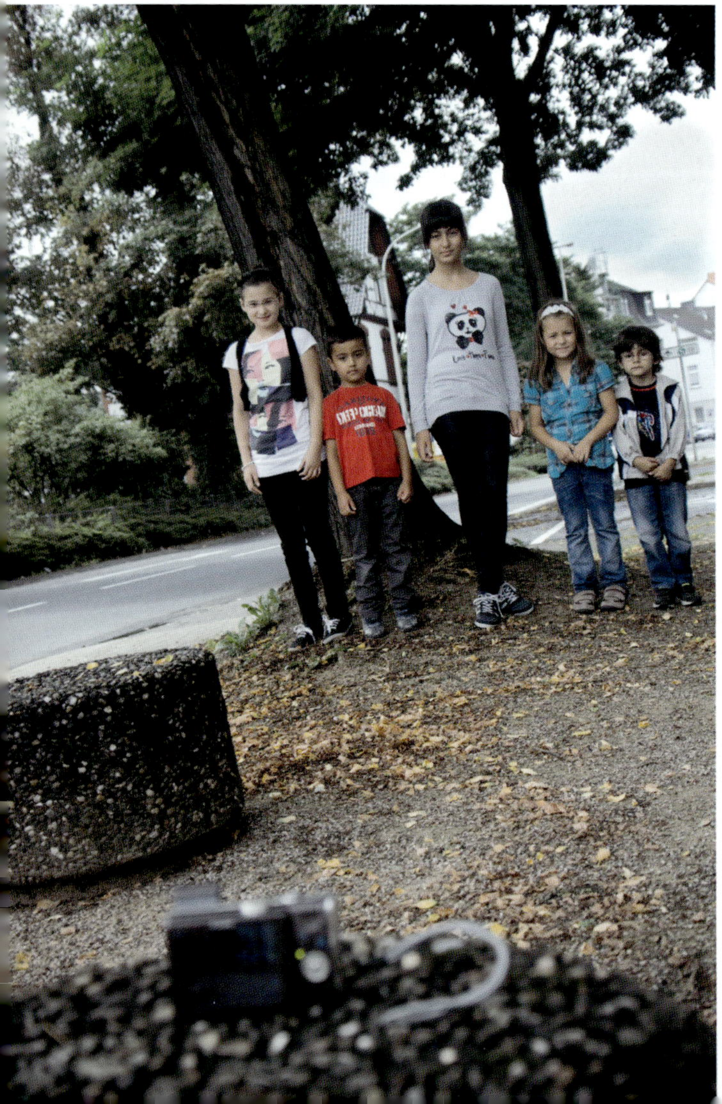

Der Selbstauslöser ⏱ an der Kamera ist eine andere Möglichkeit für Selbstporträts. Das bedeutet, dass die Kamera nach dem Auslösen noch einige Sekunden wartet, bis sie das Bild macht. Schaltet an eurer Kamera die Funktion für den Selbstauslöser ein. Meist kann die Zeit vom Auslösen bis zur Aufnahme von euch festgelegt werden, zum Beispiel auf 5 oder 10 Sekunden. Anschließend stellt ihr die Kamera sicher auf eine gerade Fläche, wie ein Regal, einen Tisch oder draußen auf eine Mauer, sodass sie nicht herunterfallen kann. Auf dem Bildschirm seht ihr den Bildausschnitt, der bei der Aufnahme erfasst wird. Dann drückt ihr den Auslöser. Jetzt habt ihr ein paar Sekunden

Zeit, um euch vor der Kamera in Position zu bringen. Oft entstehen witzige Bilder, wenn man es nicht rechtzeitig schafft, an der richtigen Stelle zu sein. Die Kamera erfasst dann vielleicht nur den Unterarm oder der Kopf ist angeschnitten. Perfekt klappt es, wenn ihr euch die Stelle merkt oder markiert, an der ihr ganz auf dem Foto erscheinen wollt.

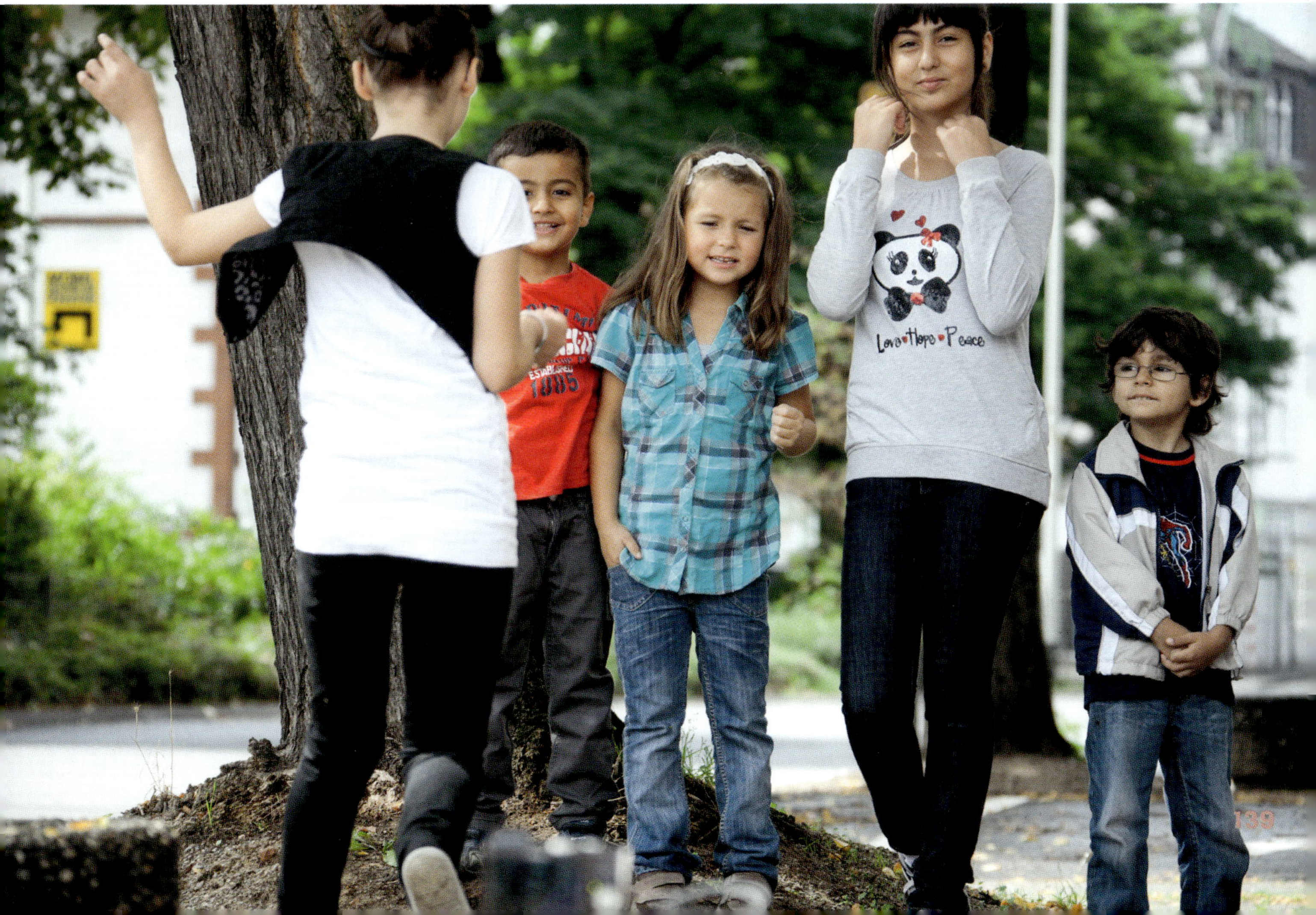

„Ich", ein tolles Motiv

Spiegelungen

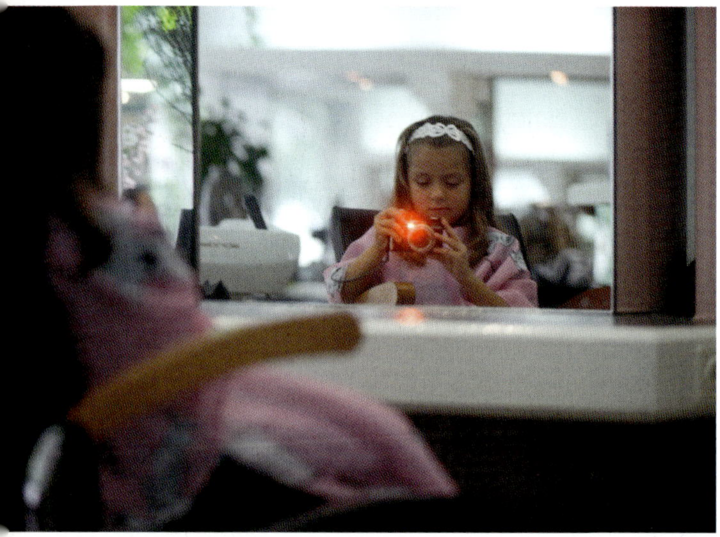

Besonders gut eignen sich Spiegel, um Fotos von euch selbst zu machen. Wenn ihr sogar mehrere Spiegel verwenden könnt, so wie bei einem Friseur oder im Badezimmer, kann es zu witzigen Dopplungen von euch selbst kommen. Auf der Kirmes gibt es oft Zerrspiegel, in denen ihr mal größer oder kleiner, mal dicker oder dünner erscheint. So könnt ihr euch auch im Bild festhalten. Alles, in dem ihr euch widerspiegelt, kann zum Selbstporträt der besonderen Art werden: Fensterscheiben, Pfützen, glänzende Metalloberflächen oder sogar ein dicker Türknopf. Vergesst aber nicht, vorher das Blitzlicht auszuschalten, denn das wird auch gespiegelt und die Reflexion überstrahlt das ganze Bild. Auch

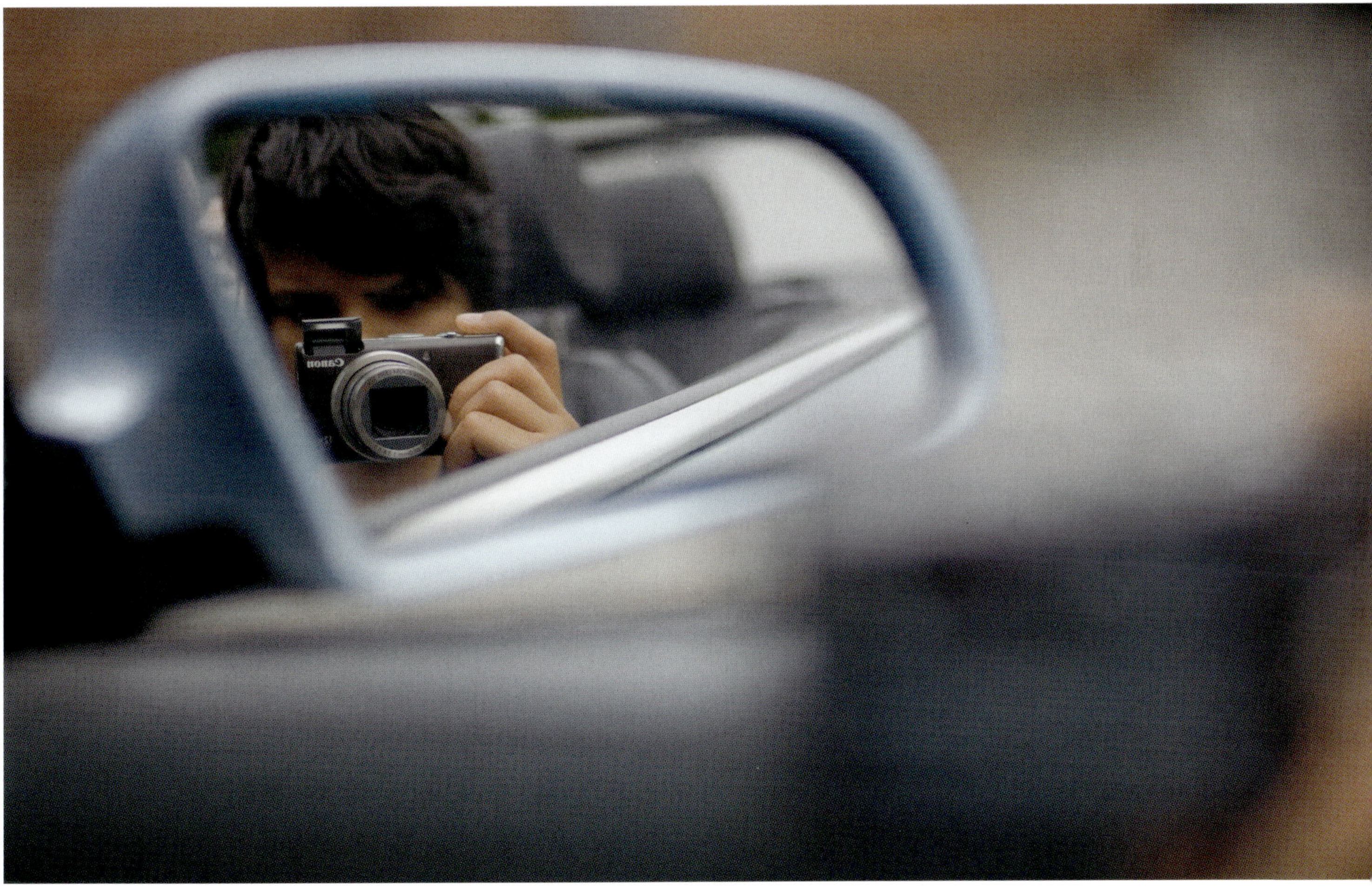

ein Schatten ist genau genommen ein Abbild von euch. Im Spätsommer, wenn der Tag zur Neige geht und die Sonne bereits sehr tief steht, werfen alle Dinge im Freien einen langen Schatten. Stellt euch einmal mit dem Rücken zur Sonne und betrachtet euren Körperschatten. Wenn ihr euch bewegt, verändert er sich mit euch und ihr könnt schöne Schattenbilder von euch aufnehmen.

Tipp Aus Selbstporträts könnt ihr sogar ein richtiges Tagebuch erstellen. Macht doch einfach eine Zeit lang jeden Tag ein Bild von euch, dann könnt ihr später ganz genau erkennen, wie ihr euch verändert habt.

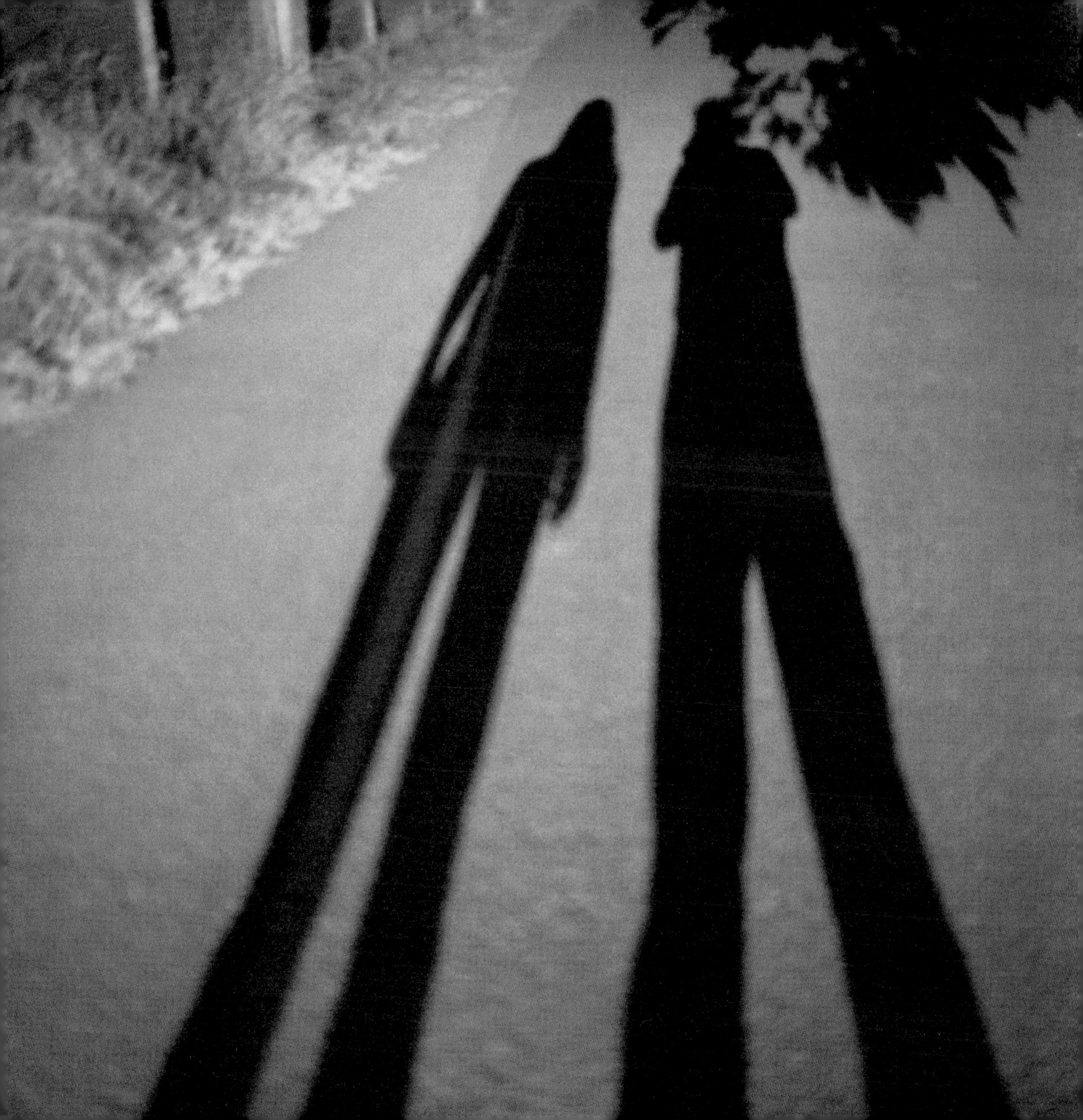

Verkleiden – In eine andere Haut schlüpfen

Das geht nicht nur zu Karneval, wenn ganze Völkerscharen als Clowns, Cowboys oder Indianer die Stadt unsicher machen. In dieser alljährlichen Narrenzeit entstehen unendlich viele, farbenfrohe Fotos von tanzenden, lachenden und schunkelnden Karnevalisten. Und ganz bestimmt haben eure Eltern euch schon mal im Kostüm fotografiert.

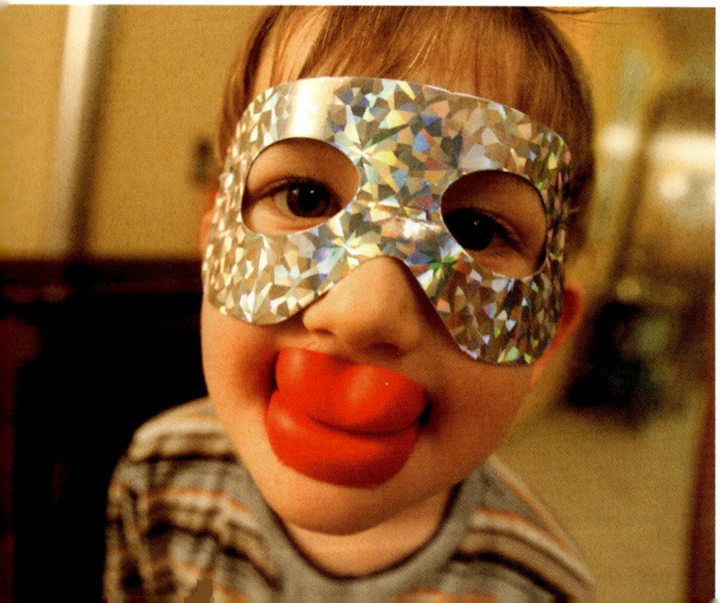

Verkleiden kann man sich aber nicht nur zu Karneval oder Halloween. Wahrscheinlich habt ihr euch mithilfe eines Bettlakens schon mal in einen „echten Geist" verwandelt. Aber wurde diese schaurige Geisterstunde im Bild festgehalten? Und wenn, auch so richtig gruselig? Falls nicht, könnt ihr eine ganze Geistergeschichte in Bildern erzählen. Der Geist schleicht sich an einen Freund ran und erschreckt ihn. Dazu braucht ihr nur einen Geist, weitere Freunde und eine Kamera. Am besten wartet ihr, bis es dämmert, dann habt ihr noch genügend Restlicht und müsst nicht blitzen. So entstehen Bewegungsunschärfen, die den Geist erst richtig unheimlich erscheinen lassen. Ihr könnt die Serienfunktion an eurer Kamera einstellen, um die Handlung schnell hintereinander aufzunehmen.

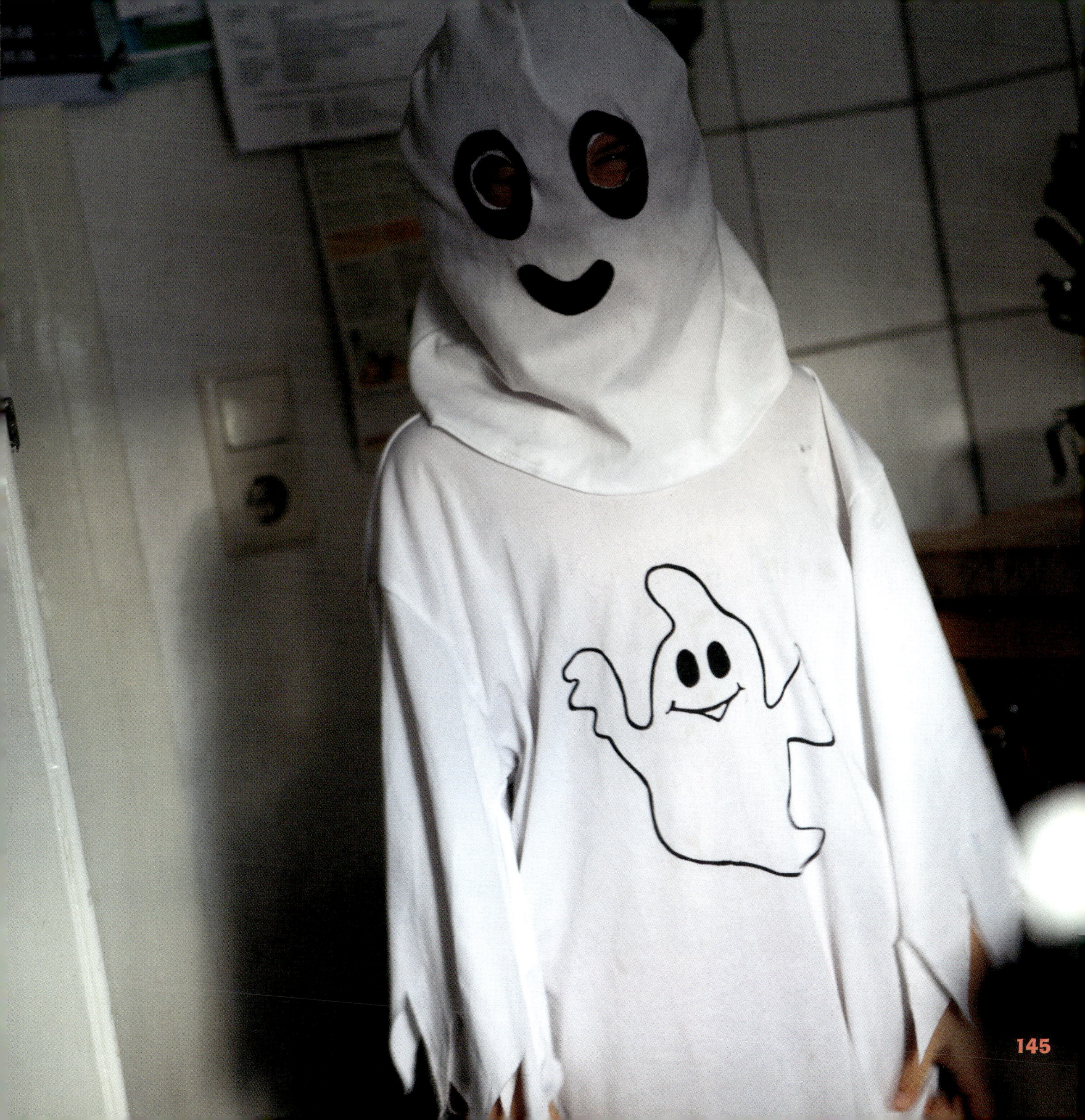

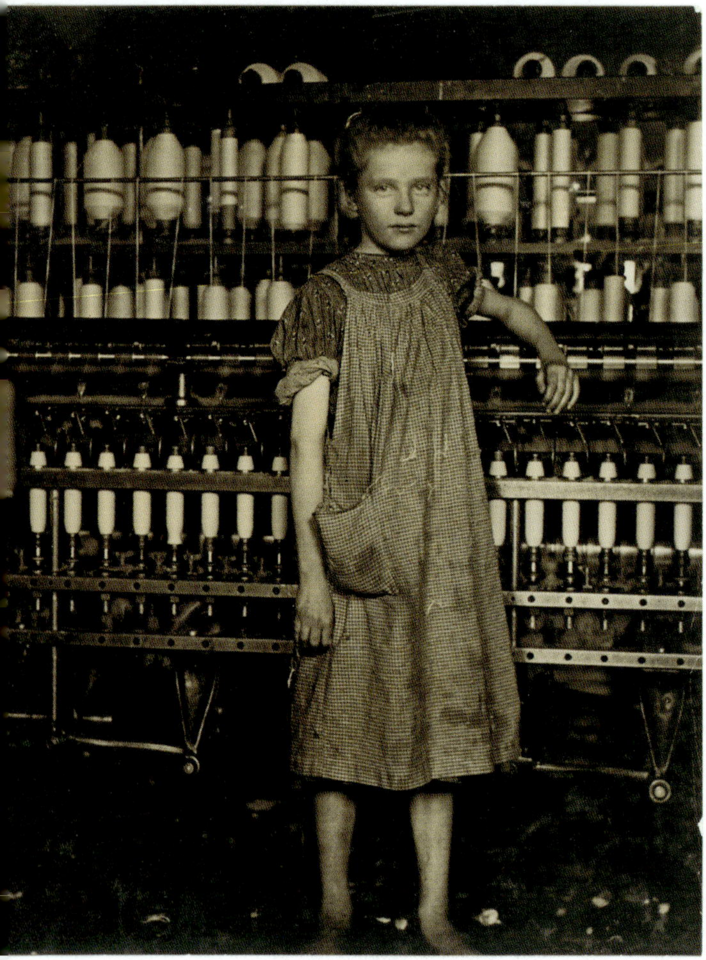

Die harte Arbeit in den Fabriken machte viele Kinder schnell krank. Die kleine Addie Card auf diesem Foto von Lewis Hine (1910) litt unter Anämie, einer Blutkrankheit, die auch durch schlechte Ernährung verursacht wird.

Richtig „wissenschaftlich" kann auch ein Fotoshooting sein, bei dem Ihr mit Freunden in eine andere Zeit reist. Schaut euch mal alte Fotografien in Fotobüchern oder im Internet an, beispielsweise Aufnahmen von Lewis Wickes Hine, die vor über 100 Jahren in den USA entstanden sind. In dieser Zeit mussten viele Kinder in Fabriken arbeiten, anstatt zur Schule zu gehen. Das fand der Sozialarbeiter und Lehrer *Lewis Hine* sehr ungerecht. Er wusste, dass Arbeit Kinder krank macht und das gesamte spätere Leben negativ beeinflusst. Allerdings wussten auch viele Menschen gar nichts von diesen Missständen. Mit anderen sozial engagierten Bürgern überlegte Hine, wie man am besten auf das Schicksal der Kinder aufmerksam machen könnte. Sie kamen auf die Idee, dass Fotos die besten Beweise sind. So wurde er zum Fotografen und porträtierte die Kinder in den Fabrikhallen, vor den großen Maschinen, in den Kohleminen und beim Pflücken von Baumwolle. Seine Aufnahmen zeigen den Stolz und die Würde der Kinder, aber auch die schlimmen Auswirkungen der harten Arbeit.

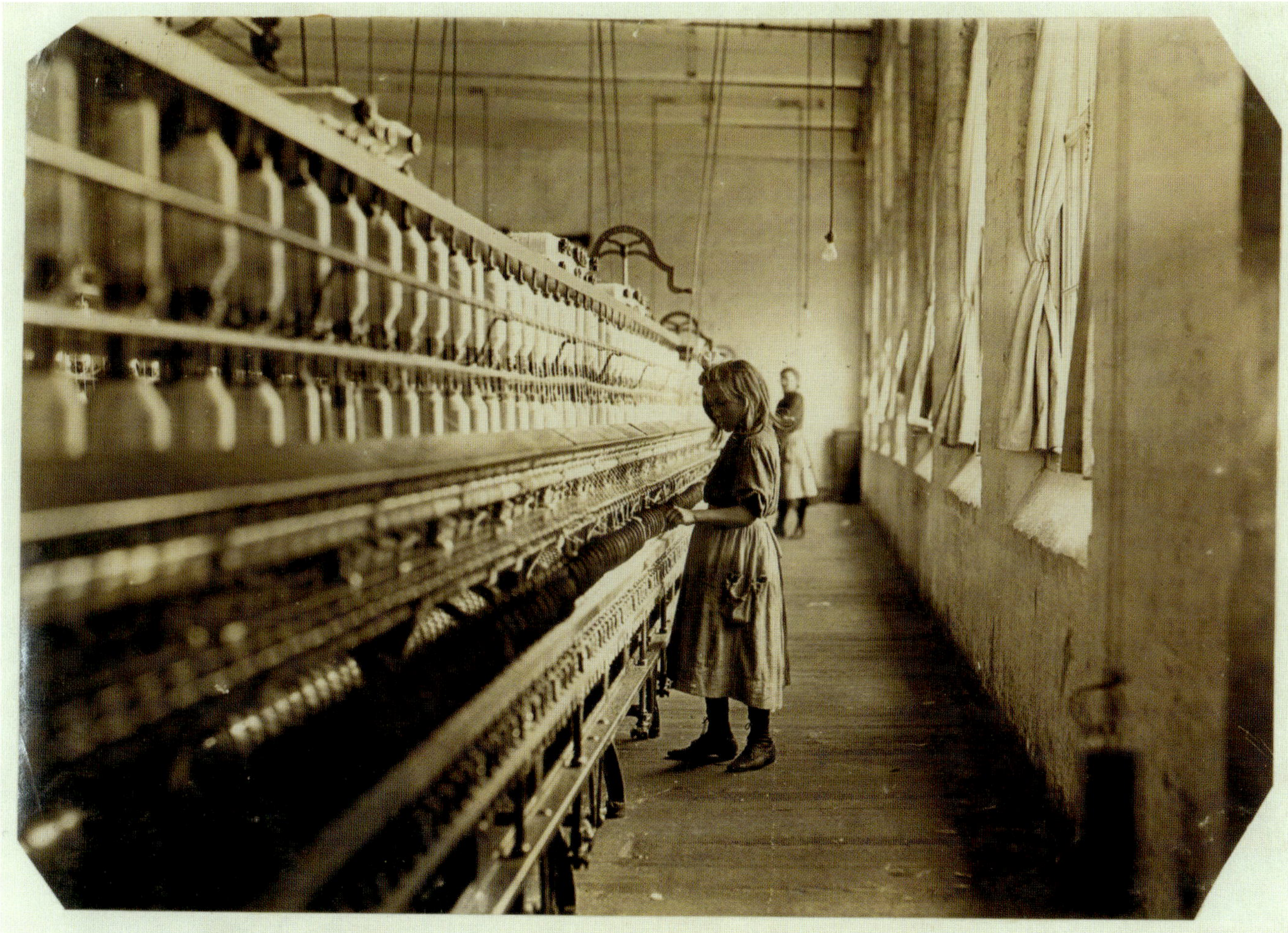

Das Mädchen auf dem Bild heißt Sadie Pfeifer. Lewis Hine hat sie am 30. November 1908 in der Baumwollspinnerei von Lancaster aufgenommen. Das ist in South Carolina, einem der südlichen Staaten der USA. Dort arbeitete sie seit einem halben Jahr zusammen mit vielen anderen Kindern. Lewis Hine hat sogar ihre exakte Größe notiert. Sie ist 48 Zoll groß, das sind knapp 1,20 Meter. Sadie war zu diesem Zeitpunkt ungefähr acht Jahre.

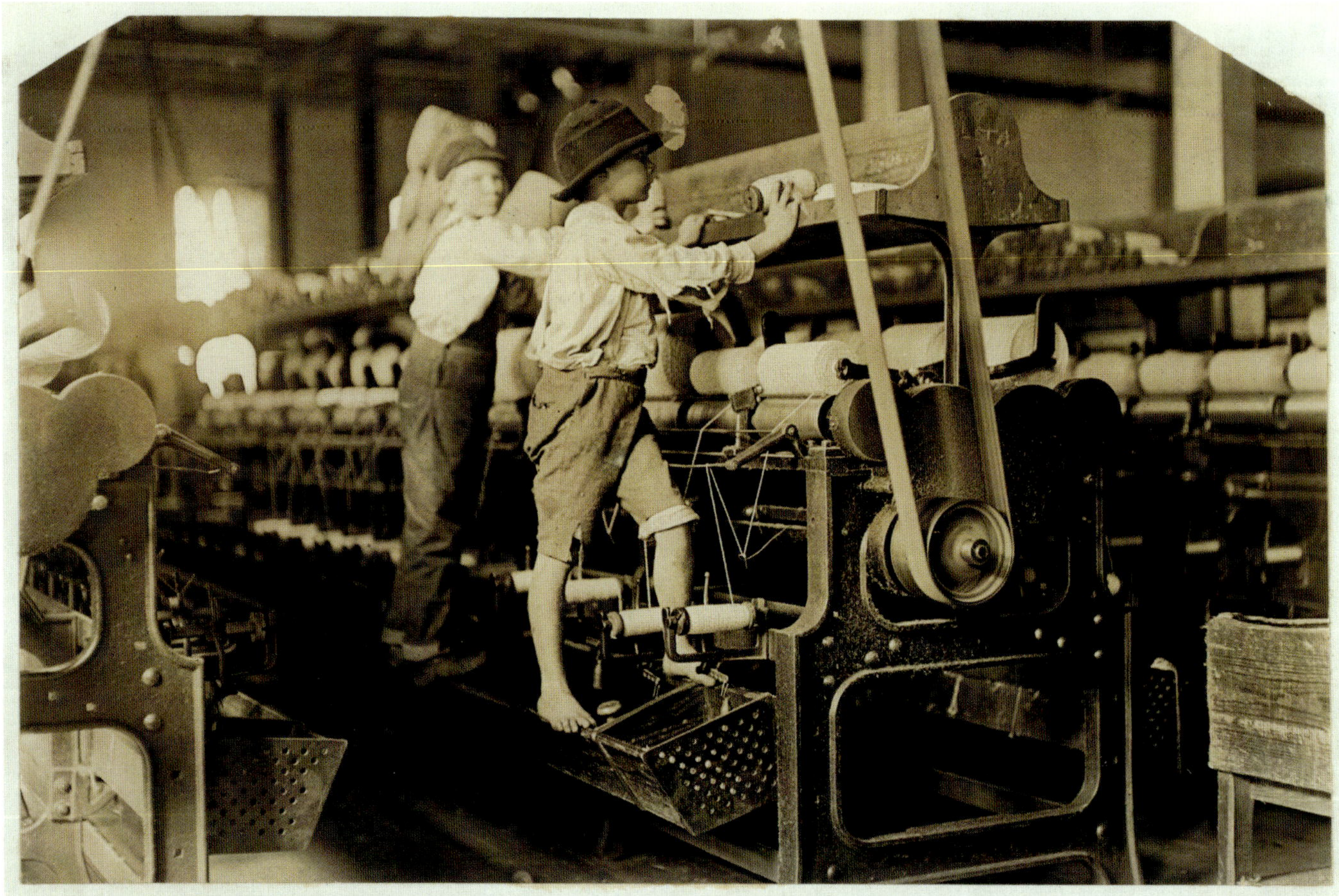

Kinder waren nicht nur beliebt, weil sie billige Arbeitskräfte, sondern auch, weil sie klein waren. Deshalb mussten sie viele Dinge erledigen, für die Erwachsene schlicht zu groß waren. So wie diese Jungen, die auf eine Spinnmaschine gestiegen sind, um die gerissenen Fäden zu flicken. Aufgenommen wurde das Foto von Lewis Hine 1909.

Scannt den QR-Code mit Eurem Smartphone ein, wenn Ihr Euch noch mehr Fotos von Lewis Hine anschauen wollt.

Schaut euch Lewis Hines Fotos mal im Internet an. Sicher werden sie euch genauso fesseln wie uns: http://www.loc.gov/pictures/search/?co=nclc&st=gallery

Was hatten die Kinder auf Hines Fotografien für Kleidung an? Wie verhielten sie sich vor der Kamera? Sehen sie müde oder erschöpft aus?

Vielleicht könnt ihr solche Szenen auf Fotos auch nachstellen. Ein geeigneter Ort kann eine Werkstatt in der Garage oder im Keller eurer Eltern sein. Der Raum sollte an eine Fabrik erinnern. Achtet darauf, dass keine modernen Gegenstände herumliegen, wie eine Bohrmaschine oder eine Elektrosäge. Die gab es damals noch nicht und das Bild soll ja echt wirken. Vielleicht machen eure Eltern mit euch einen Ausflug in ein Industrie- oder Freilichtmuseum, oft darf man dort fotografieren.

Zeitlose Kleidung ohne Aufdrucke ist ebenfalls wichtig und Schmuck solltet ihr auch ablegen. Eure Gesichter können ruhig ein wenig dreckig aussehen. Entscheidend sind noch eure Körperhaltung und eurer Gesichtsausdruck. Wenn ihr dann später eure Bilder am Computer bearbeitet, könnt ihr sie in Schwarzweiß oder in einem Sepia-Ton entwickeln. Viele denken dann, dass es richtig alte Aufnahmen sind.

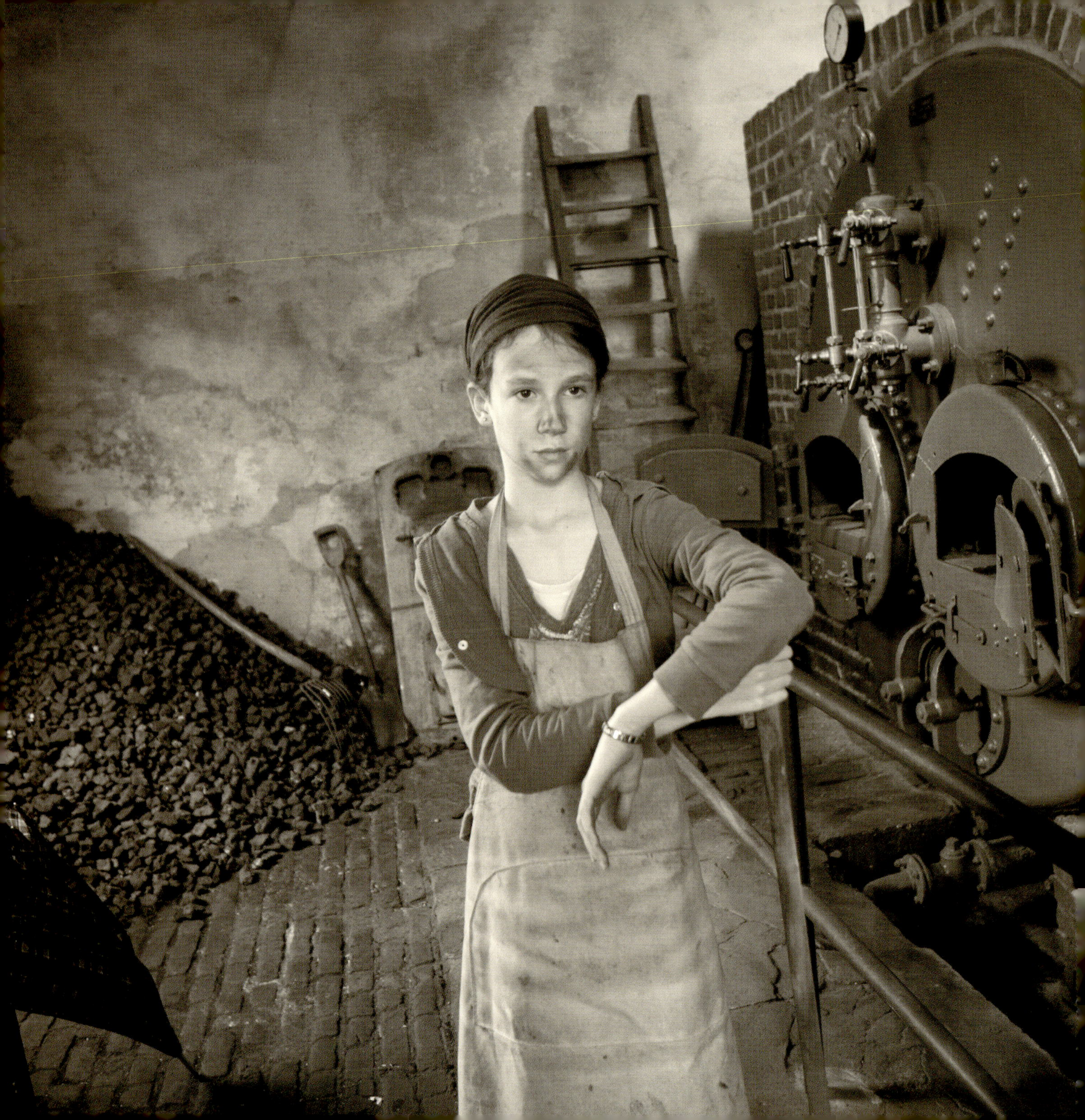

Mit Fantasie könnt Ihr einen noch viel größeren Zeitsprung in eine Epoche machen, in der die Fotografie noch gar nicht erfunden war. Vielleicht in das Barockzeitalter vor rund 250 Jahren. Von Gemälden, Zeichnungen und von erhalten gebliebenen Kleidungsstücken wissen wir, was die Menschen für eine Mode getragen haben. An Königshöfen trug man Reifröcke und weiße Perücken. Selbst die Männer hatten Schuhe mit hohen Absätzen. Als Accessoire und zur geheimen Verständigung hatten die Damen einen Fächer. Vielleicht wart ihr schon mal an Karneval als Prinzessin oder Prinz verkleidet und habt die Kostüme noch zu Hause. Ihr könnt euch natürlich auch mit Freunden austauschen. Im Garten oder im Park, vielleicht sogar in einem Schlosspark, lassen sich wunderbar höfische Szenen nachstellen. Achtet dabei besonders auf einen passenden Hintergrund, damit nicht Hochhäuser oder Reklameschilder zu sehen sind, die es damals noch nicht gab. Das Model sollte eine würdevolle und stolze Körperhaltung einnehmen, um die Szene möglichst echt erscheinen zu lassen. Probiert verschiedene Blickwinkel aus und geht ruhig mal bei einigen Aufnahmen in die Knie, um die Porträtierten erhabener und größer erscheinen zu lassen.

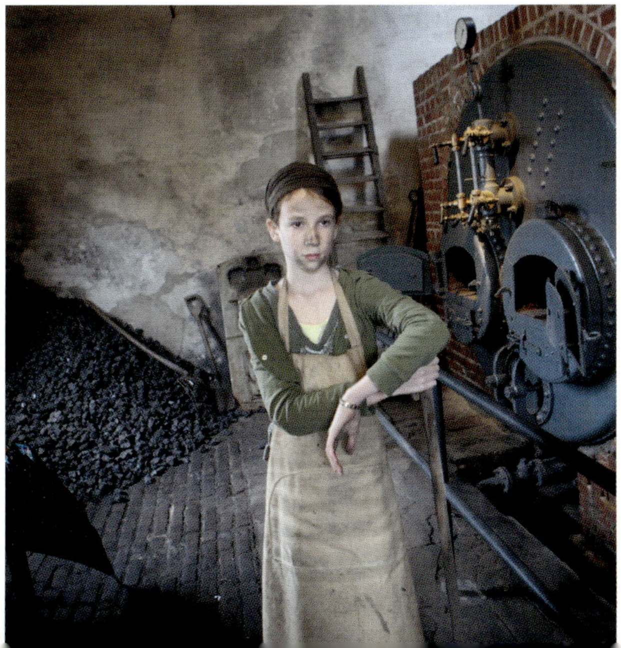

Tipp Einige Museen bieten für Kinder historische Kostüme an – zum Verkleiden und Fotografieren. Ausflüge zu Schlössern könnt ihr in der eigenen Umgebung machen oder als Ausflug im Urlaub.

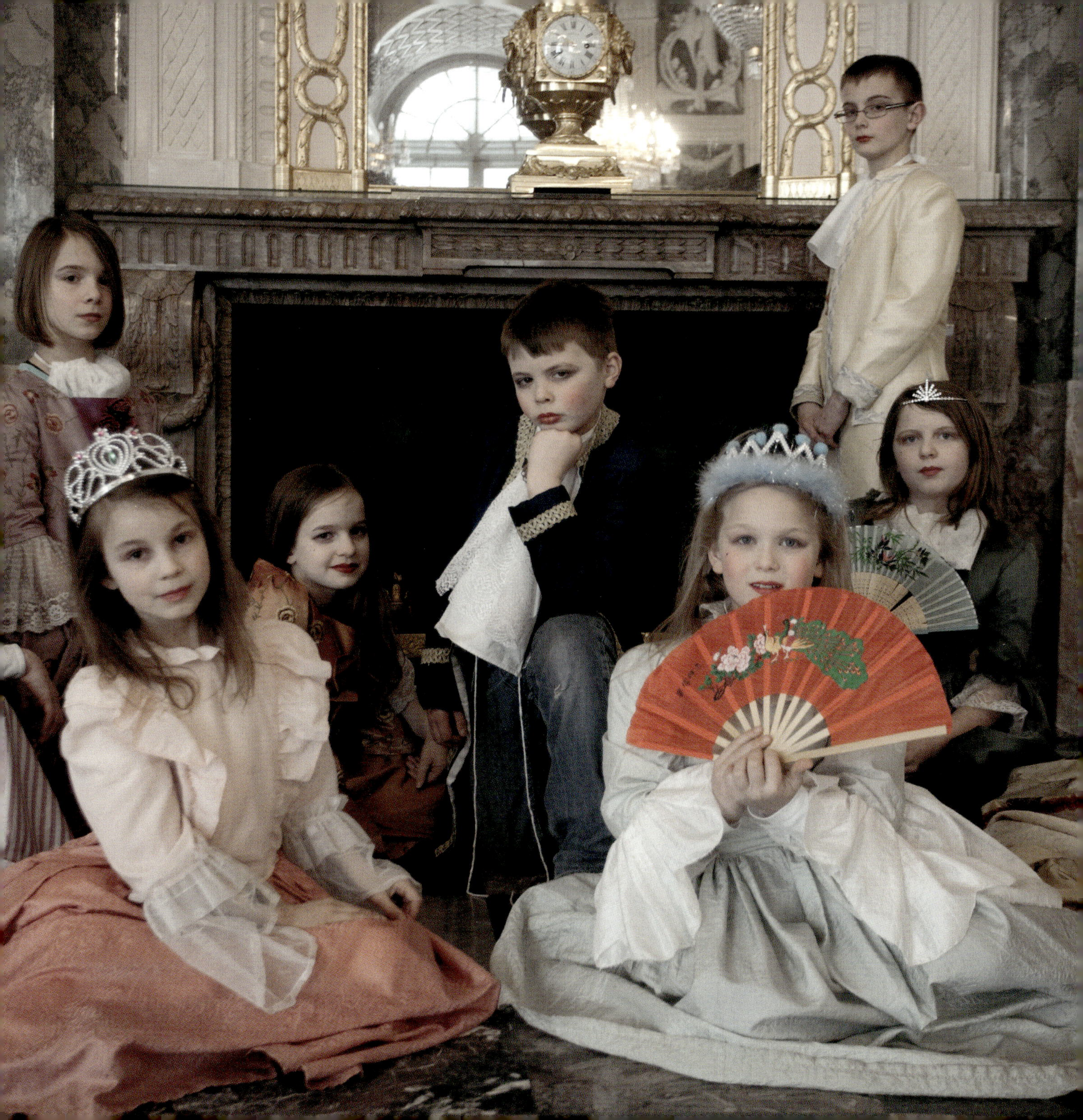

Meine Stadt

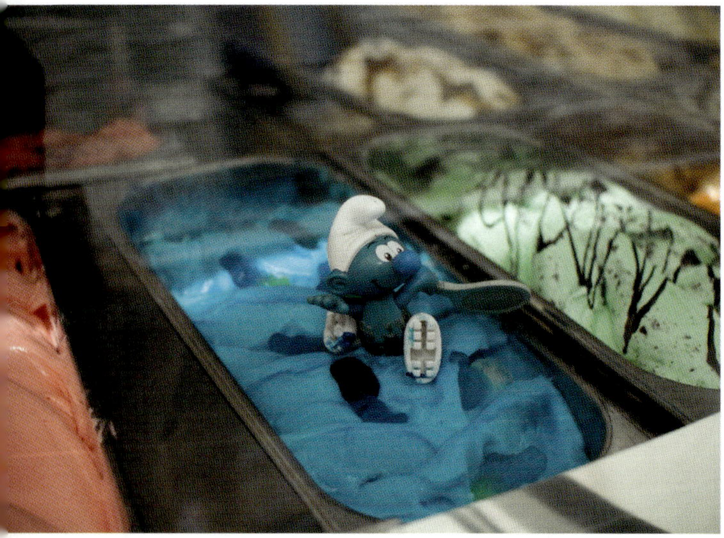

Bestimmt kennt ihr eure Stadt wie eure Westentasche. Aber auch wenn ihr vielleicht gerade erst hergezogen seid, wart ihr sicher bereits mit euren Eltern oder Freunden auf Erkundungstour oder einfach nur einkaufen. Bei einem Streifzug durch die Stadt sind euch bestimmt schon viele spannende Dinge aufgefallen. Je nach Jahreszeit wandelt sich das „Gesicht" der Stadt. Zu Ostern sind die Schaufenster voll mit bunten Eiern, Hasen und mit Süßigkeiten gefüllten Nestern. Im Sommer sind die Straßencafés geöffnet und voller Menschen. Die Schaufensterpuppen tragen Tops, Shorts und Sandalen. Und oft seht ihr riesige Eistüten, die auf die nächste Eisdiele verweisen. Im Herbst, zu Halloween, schmücken Kürbisse, Spinnen und Hexen

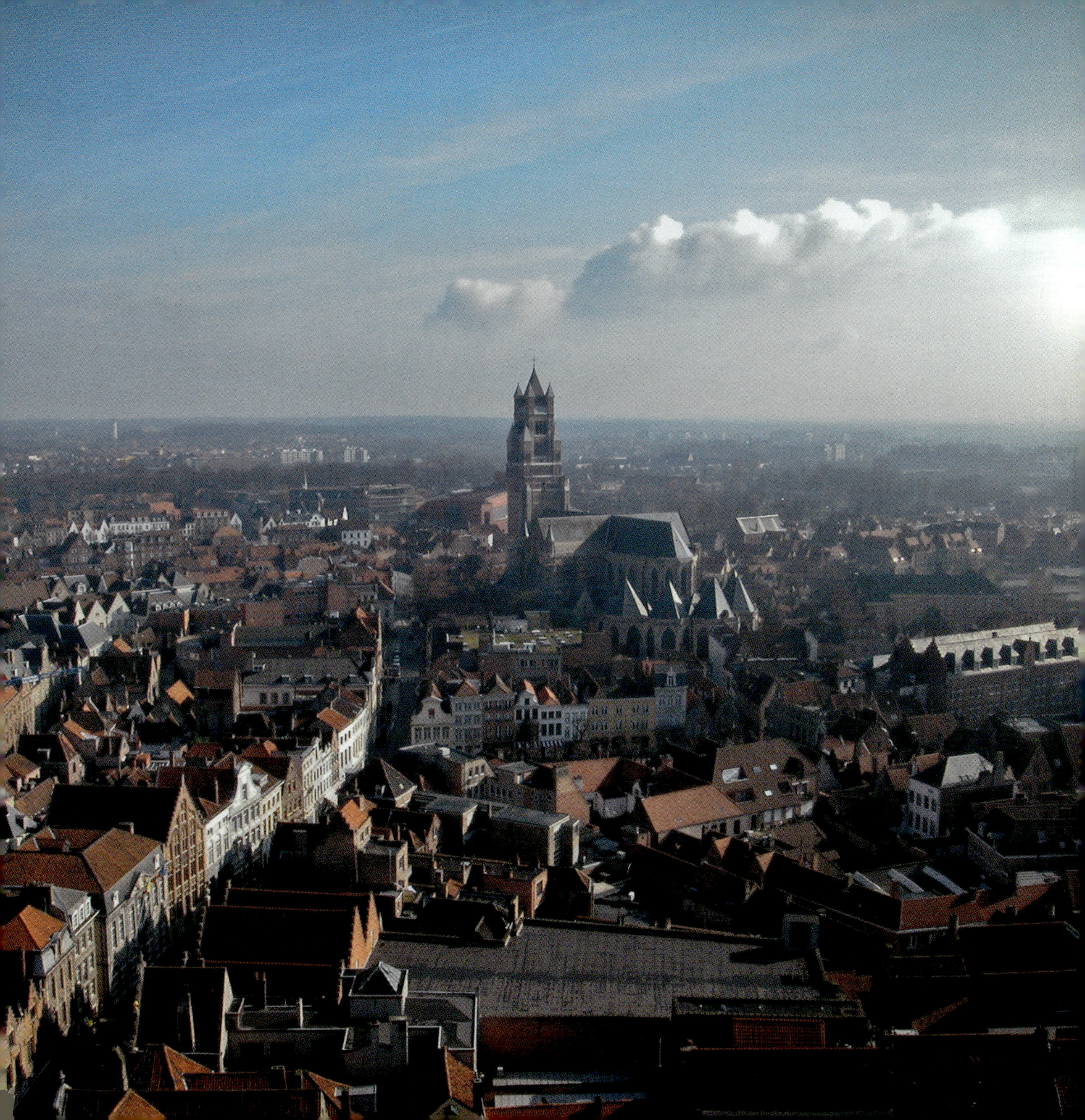

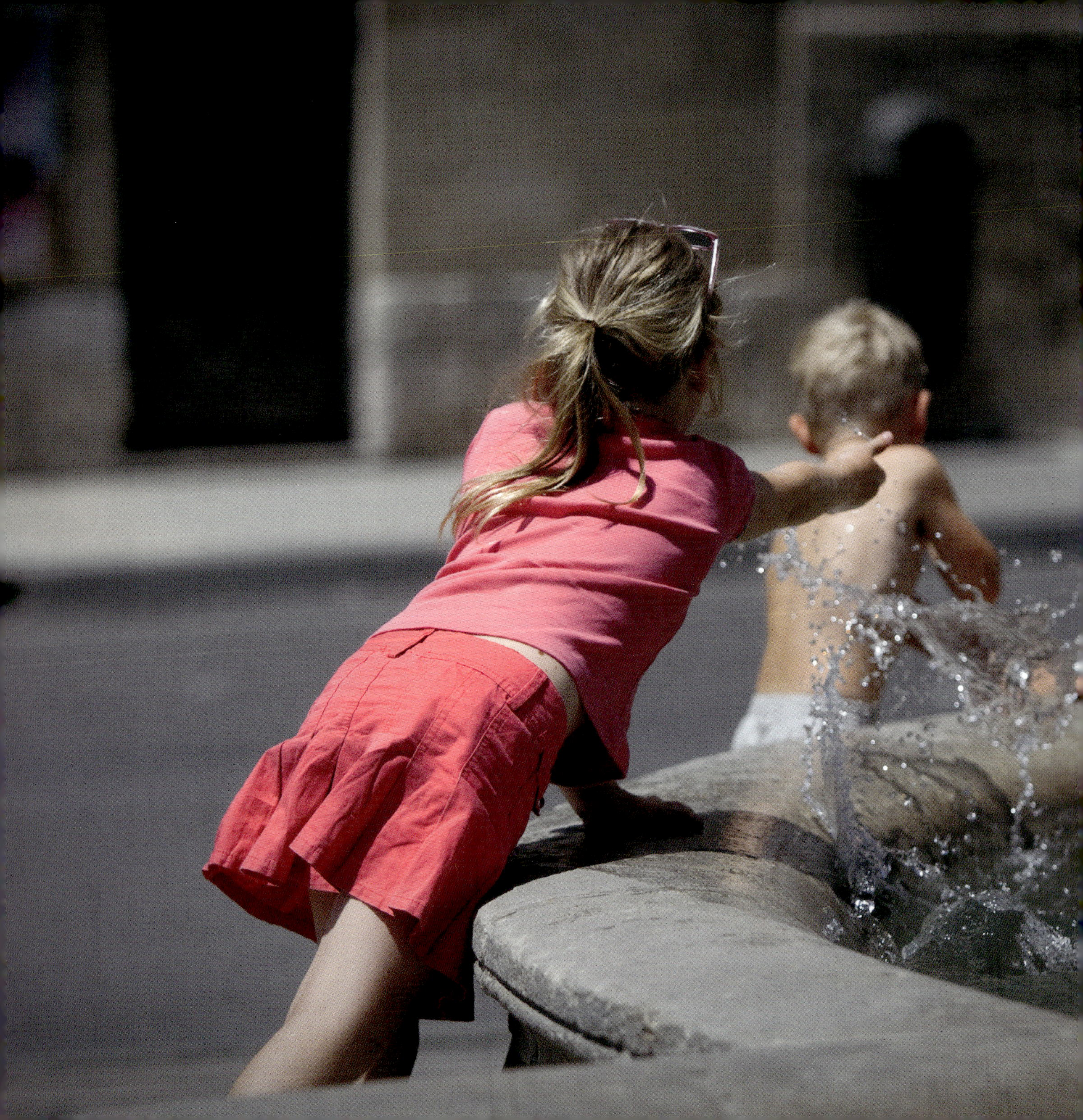

die Fenster der Kaufhäuser. Und im Winter stehen Weihnachtsbäume auf dem Marktplatz und Lichtergirlanden ziehen sich durch die Einkaufsstraßen. Ihr könnt beobachten, wie Kinder sich die Nasen an den Schaufenstern platt drücken, um das neuste Spielzeug zu sehen. Überhaupt ist es spannend zu erleben, wie sich die Menschen in ihrer Stadt verhalten. Einige ruhen sich mit ihren schweren Einkaufstüten auf einer Bank aus, vielleicht lässt ein Kind gerade einen Luftballon in den Himmel steigen und ein Straßenhändler bietet den Passanten seine Waren an. Da die Straße ein öffentlicher Raum ist, könnt ihr all diese Eindrücke mit eurer Kamera festhalten. Daraus kann eine richtige Fotogeschichte entstehen. Das bedeutet, ihr macht einige Bilder zu einem Thema, das ihr interessant findet. Die Geschichte könnte vom Weihnachtsmarkt oder dem Stadtfest handeln. Beobachtet mal, was da so alles passiert, und überlegt,

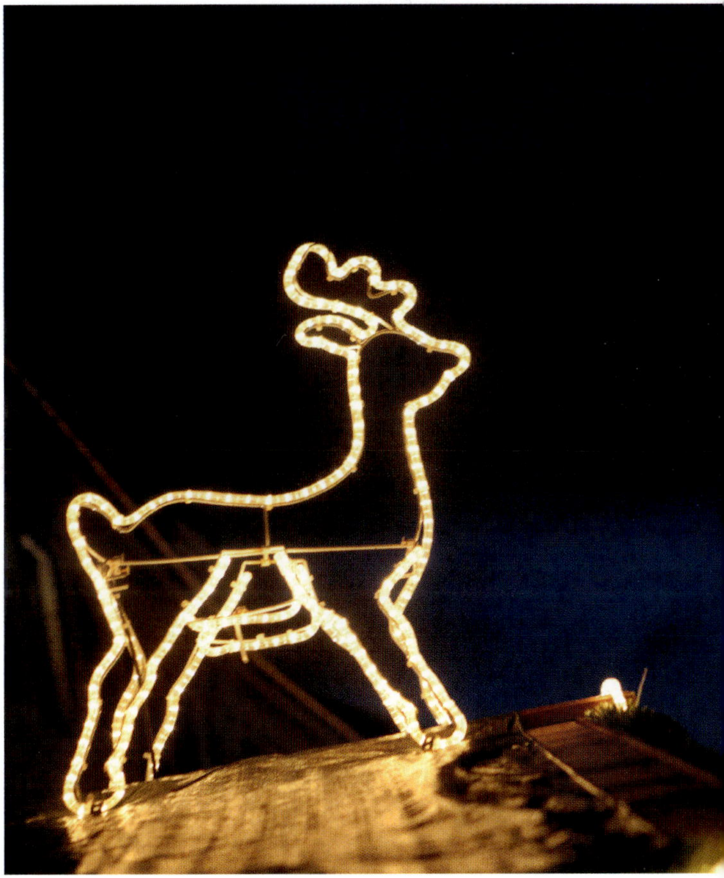

wie ihr das am besten in Fotos festhalten könnt. Auf der Straße ist es immer erlaubt zu fotografieren, in Kaufhäusern und Geschäften benötigt ihr jedoch normalerweise die Erlaubnis des Besitzers.

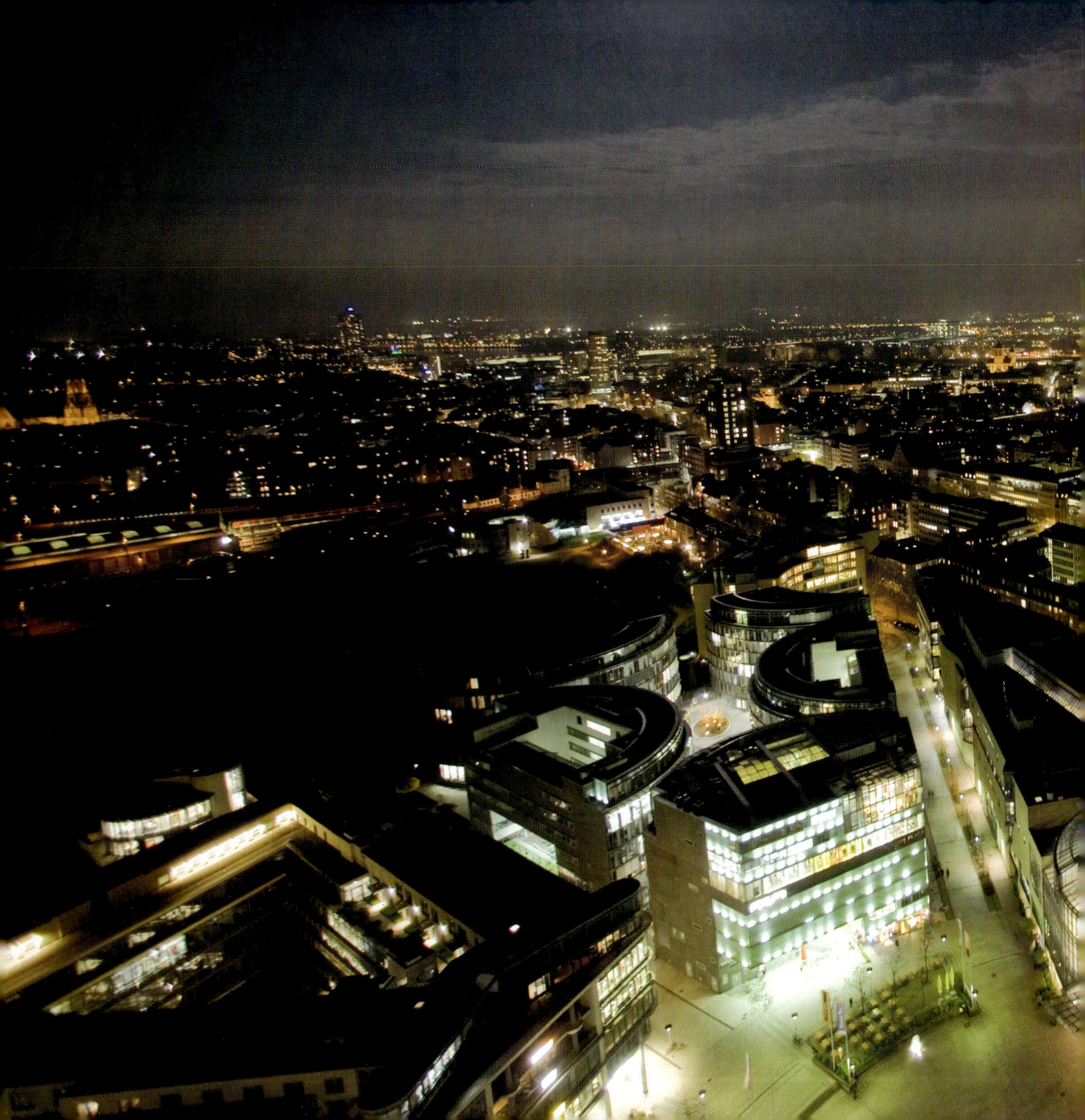

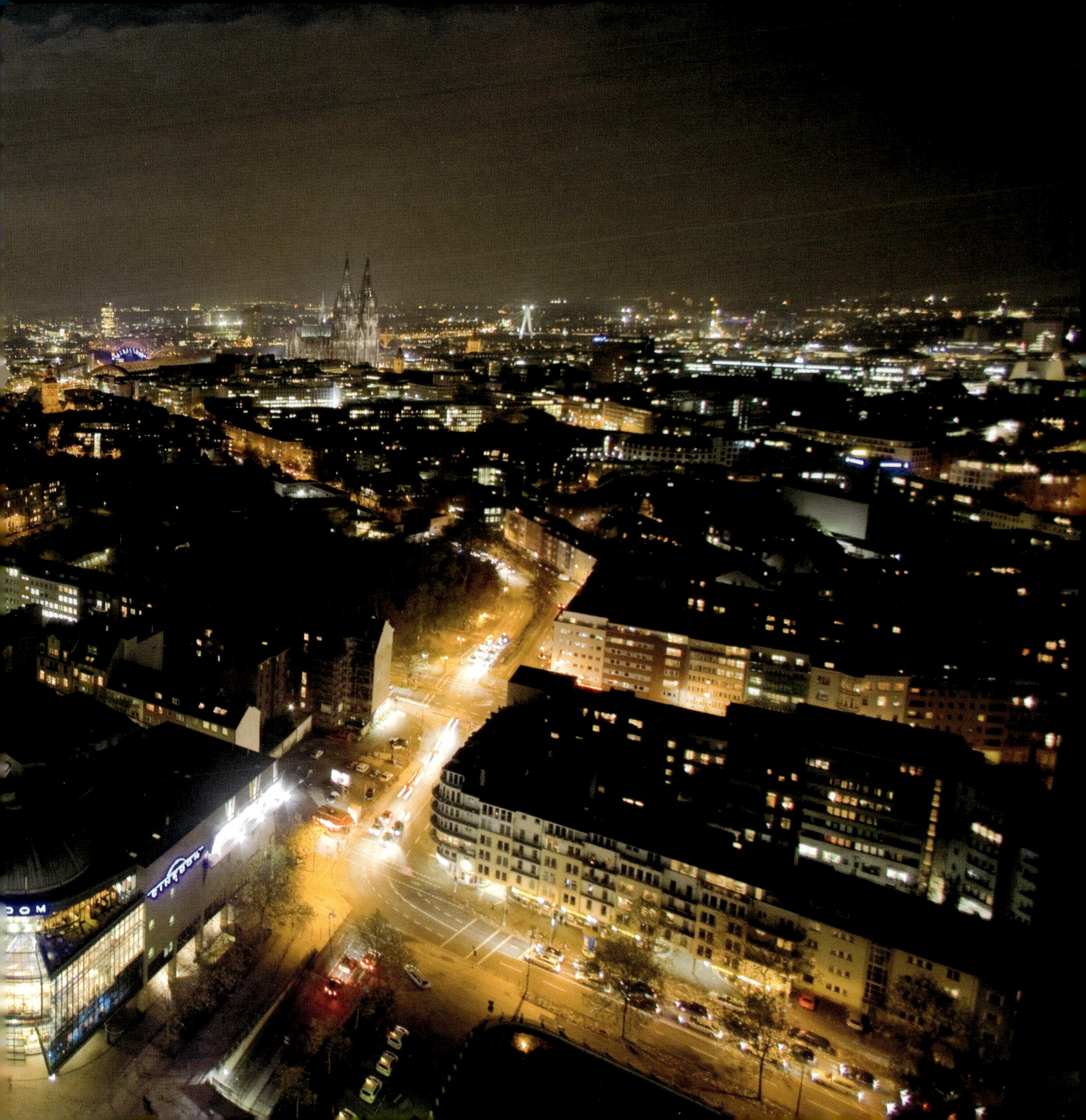

Tipp Sucht euch in eurer Stadt einen interessanten Platz aus, an dem ihr häufig vorbeikommt, vielleicht einen Brunnen, an dem die Menschen sich gerne treffen. Nun macht ihr eine Woche lang jeden Tag ein Bild, immer von der gleichen Stelle aus. Vergleicht die Bilder und seht, wie ein Platz sich ständig verändert.

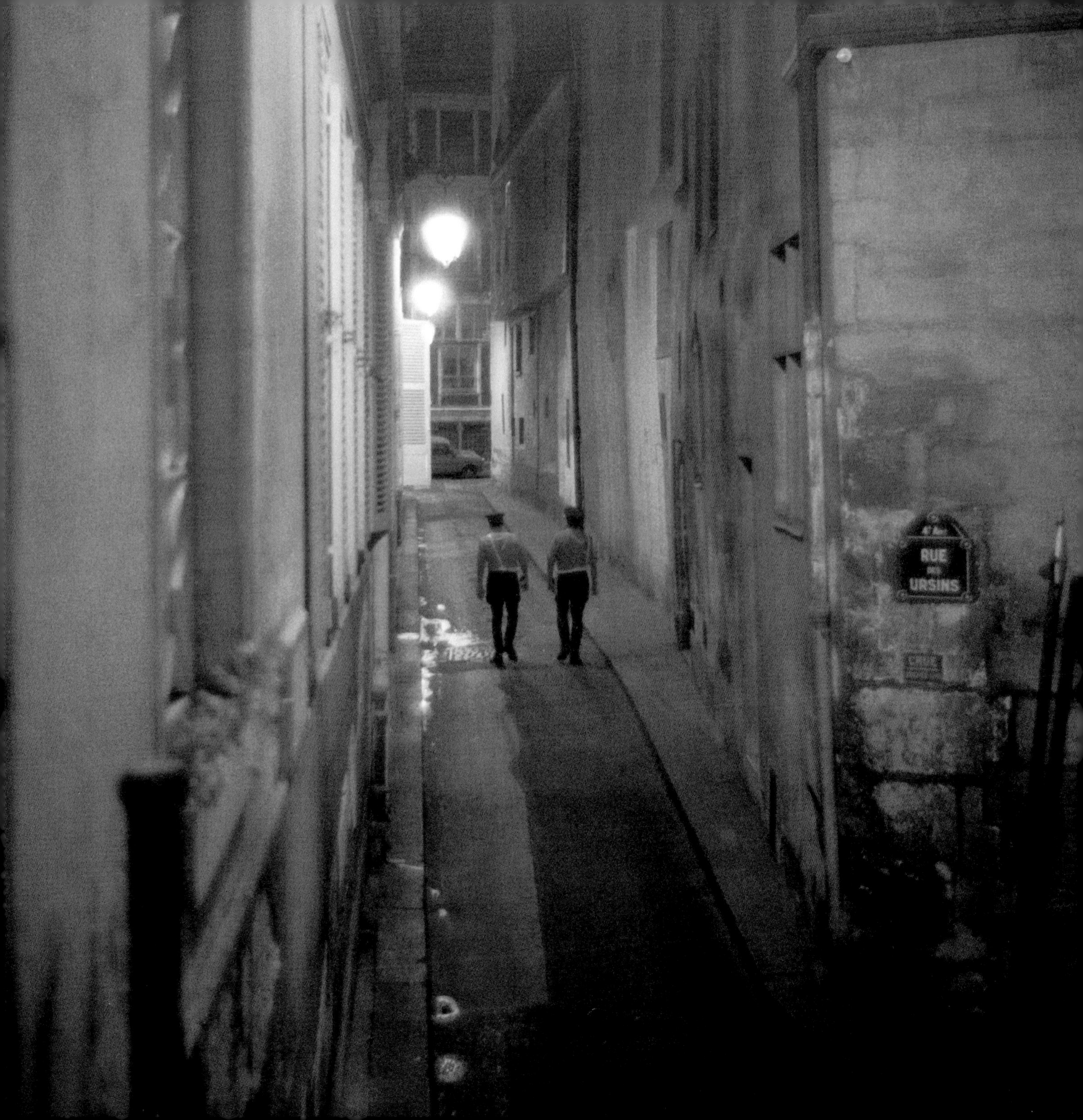
RUE
URSINS

Was macht ihr nun mit all den Bildern?

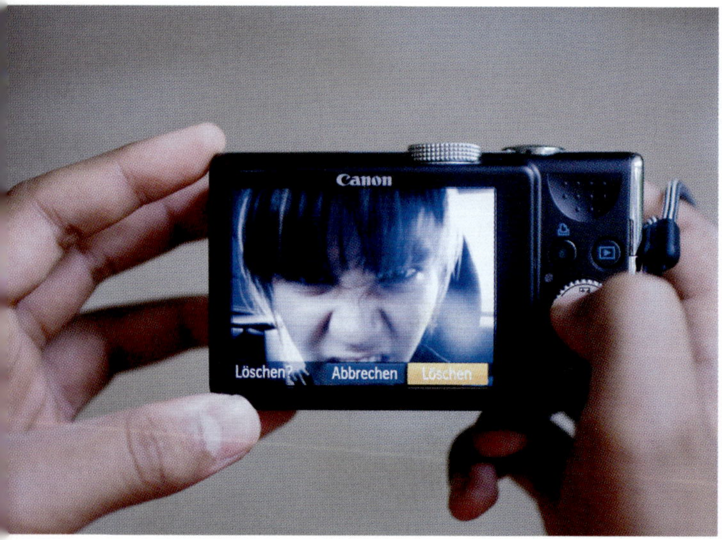

Als Erstes solltet ihr euch die Bilder auf einem großen Bildschirm genau anschauen und entscheiden, welche euch richtig gut gefallen. Nur wenn ihr euch ganz sicher seid, könnt ihr missratene Bilder mit der Löschtaste 🗑 schon in der Kamera löschen. Bestimmt macht ihr von einem Motiv oft viele verschiedene Aufnahmen. Das ist auch gut so, denn ihr wollt ja ausprobieren, wie es am besten aussieht. Nicht jedes Foto ist es jedoch wert, aufgehoben zu werden. Weniger ist oft mehr, sonst läuft euer Computer bald über und ihr verliert den Überblick.

Was hebe ich auf?

Nun gilt es also zu entscheiden, welche Bilder ihr behalten möchtet. Dabei kommt es nicht nur darauf an, ob sie perfekt gelungen sind. Wichtig ist auch, was die Bilder für euch bedeuten. Vielleicht konntet ihr auf der Geburtstagsfeier nur ein einziges Bild davon machen, wie die Geburtstagskerzen auf der Torte ausgepustet wurden. Leider ist diese Aufnahme etwas verwackelt. Ihr möchtet euch aber an diesen schönen Moment erinnern. Dann behaltet dieses Bild trotzdem, weil es für euch einen ganz persönlichen Wert besitzt, egal ob verwackelt oder nicht. Außerdem können auch unscharfe Fotos sehr spannend sein, vor allem, wenn es sich um bewegungsunscharfe Bilder handelt.

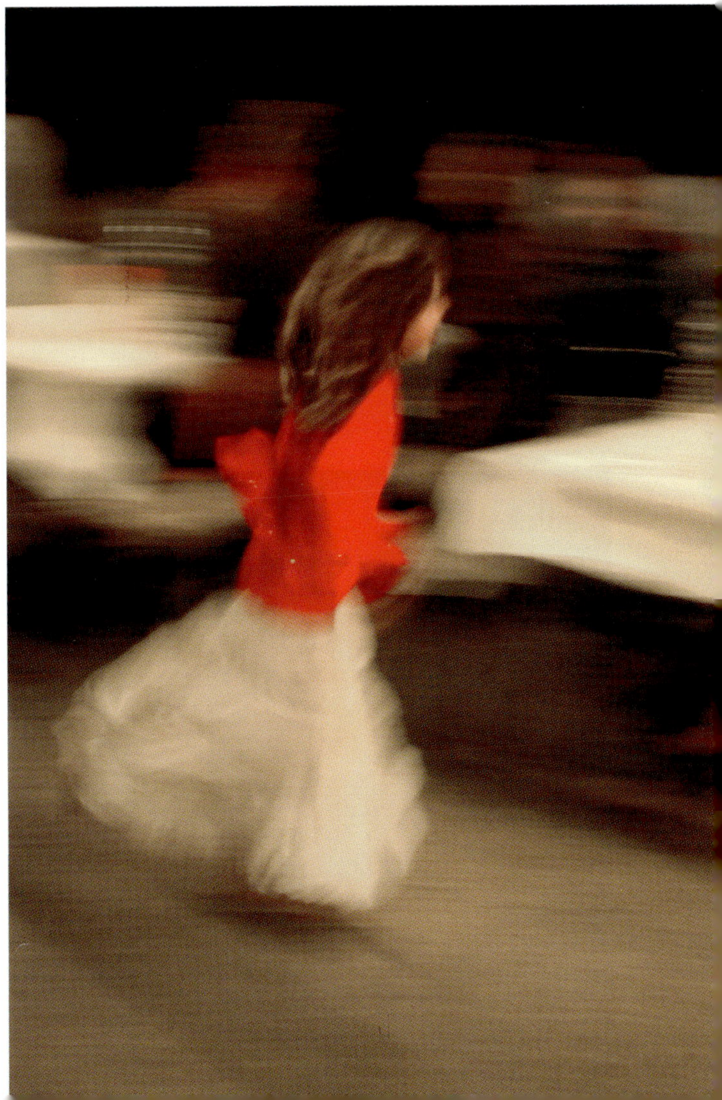

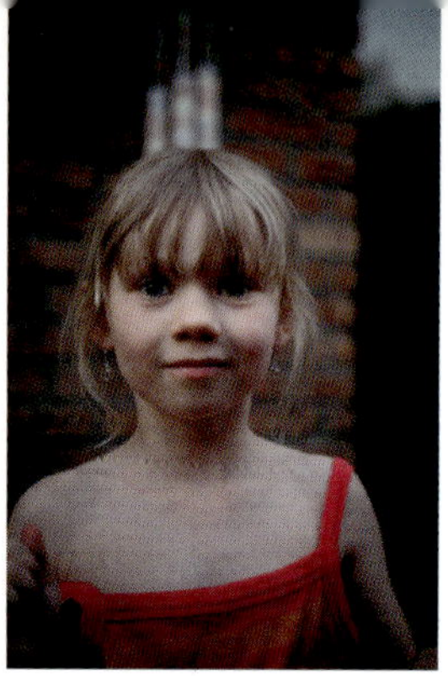
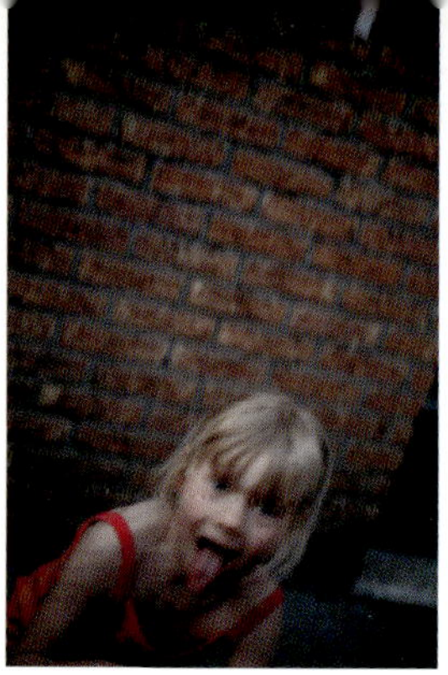
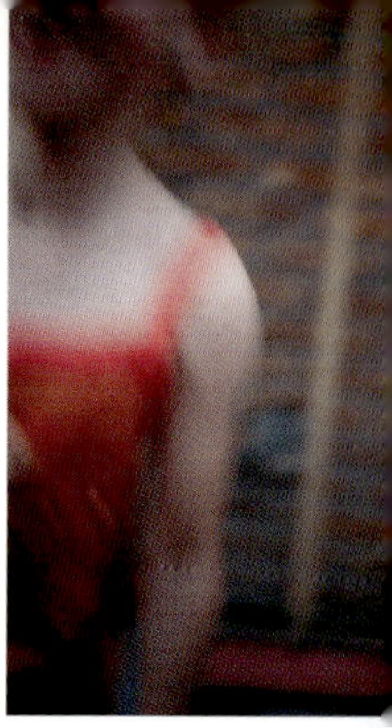

Was kann ich löschen?

Welche Fotos sollte man löschen? Wenn ihr etwa eine Porträtserie von eurer Freundin gemacht habt und sie auf fünf von insgesamt zehn Bildern die Augen zusammengekniffen hat, dann löscht ruhig die, auf denen sie blinzelt.

Manchmal sehen sich Fotos, die kurz hintereinander aufgenommen wurden, so ähnlich, dass man sie wirklich kaum unterscheiden kann. Auch von denen kann man getrost einige löschen.

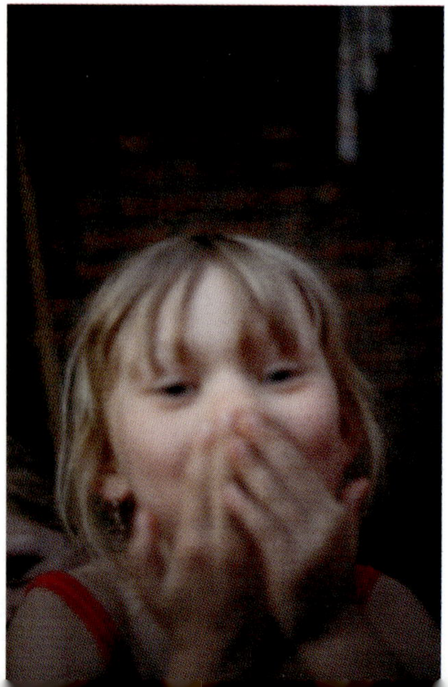
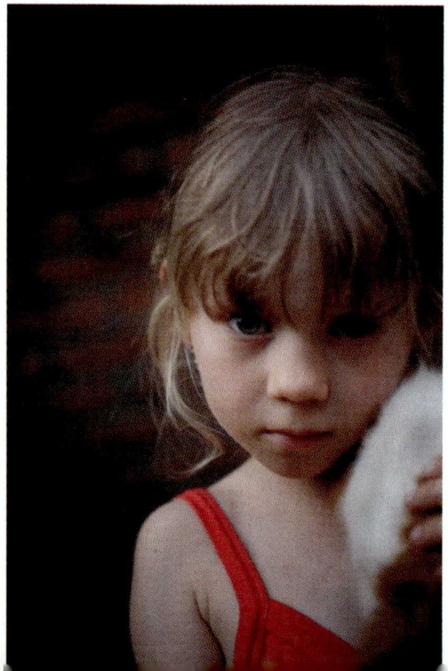

Tipp

Löscht die Fotos am besten erst, wenn ihr sie groß auf dem Bildschirm des Computers angeschaut habt. Denn auch ein zufälliges oder auf den ersten Blick missglücktes Bild kann ganz toll aussehen. Lasst euer Gefühl entscheiden, welches Bild es wert ist, aufgehoben zu werden.

Was macht ihr nun mit all den Bildern?

Bilder speichern, aber wo und wie?

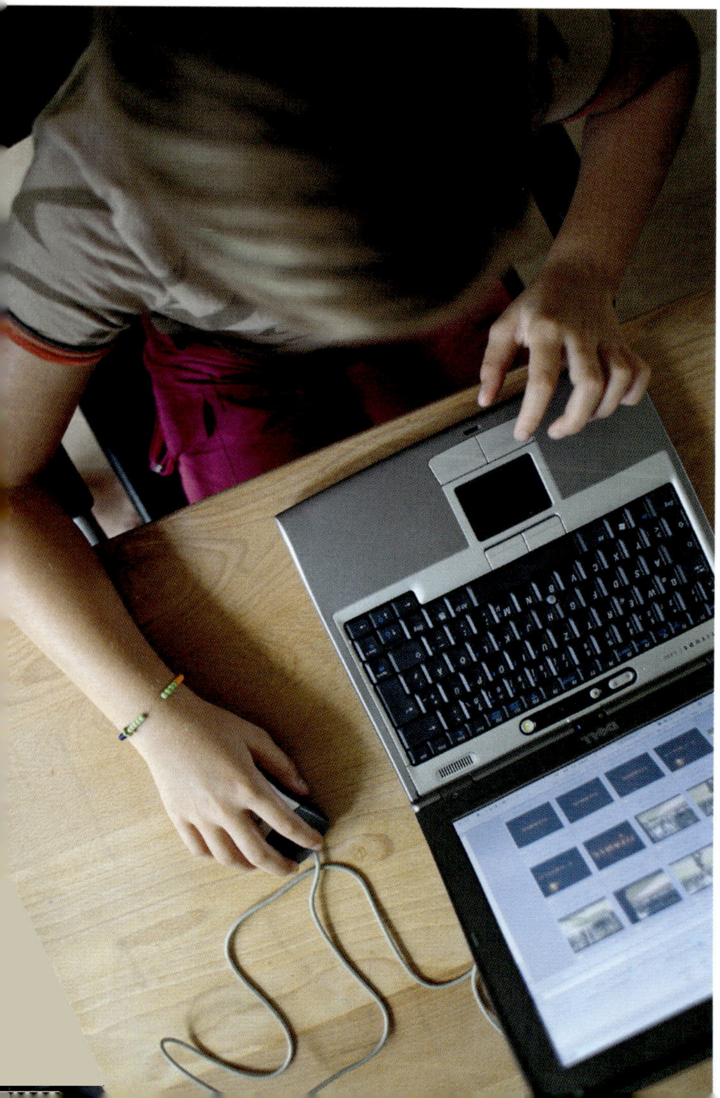

Wichtig ist, dass ihr eure Bilder auf dem Computer so ablegt, dass ihr sie auch wirklich immer wiederfindet. Daher speichert sie nicht wahllos einfach irgendwo auf eurem Rechner ab. Am besten ihr nutzt den Ordner Eigene Bilder. Dort legt ihr erst mal für jedes Jahr einen eigenen Ordner an. In ihm könnt ihr dann die Bilder in eigenen Themen-Ordnern ablegen. Die Themen-Ordner nennt ihr zum Beispiel Ferien Korsika oder Geburtstag Hanni oder Selbstporträts. Wenn ihr es besser findet, könnt ihr auch anstatt Themen-Ordnern einen Ordner für jeden Monat anlegen. Ganz wichtig: Bitte sprecht auch mit euren Eltern über eine Datensicherung eurer Fotos, denn es ist sehr traurig, wenn der Computer kaputtgeht und damit alle Bilder verloren sind.

Tipp

In allen Bildern wird das genaue Aufnahmedatum gespeichert. Viele Computer-Programme können nach diesem Datum suchen und die Bilder sortieren. Wenn ihr also das Bild vom Geburtstag nicht findet, dann müsst ihr nur nach den Bilddateien suchen, die genau an diesem Tag erstellt wurden. Wichtig ist, dass die kleine Uhr in der Kamera immer auf das richtige Datum und die richtige Uhrzeit eingestellt ist. In der Bedienungsanleitung der Kamera ist beschrieben, wie das geht.

Was macht ihr nun mit all den Bildern?

Kreative Bildbearbeitung

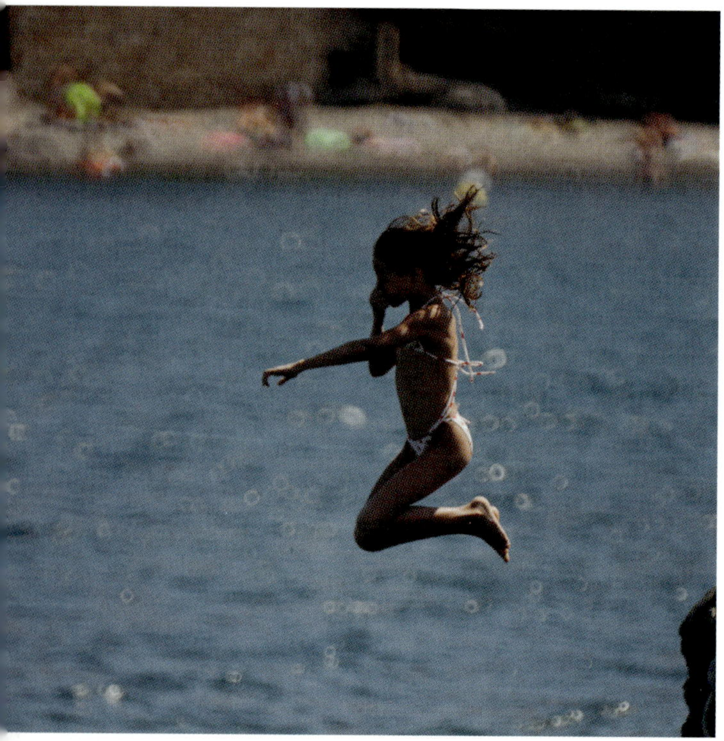

Heute verfügen die meisten Kameras und Smartphones über jede Menge Foto-Apps und man kann sein Foto auch sofort und ohne Computer bearbeiten. Besser ist es jedoch, ihr schaut euch dazu die Bilder auf einem größeren Monitor an. Das hat den Vorteil, dass ihr die Wirkung der Bearbeitung viel besser beurteilen könnt. Heute bietet der Computer schier unendlich viele Möglichkeiten, um Bildern einen eigenen Stil zu geben oder um sie sogar völlig zu verändern. Dazu braucht man natürlich geeignete Programme. Zum Glück gibt es inzwischen jede Menge einfach zu bedienende Software, die man sich kostenlos herunterladen kann. Solche Software nennt man Freeware. Bei der Installation sollte euch jemand helfen, nicht dass ihr noch böse Computerviren herunterladet.

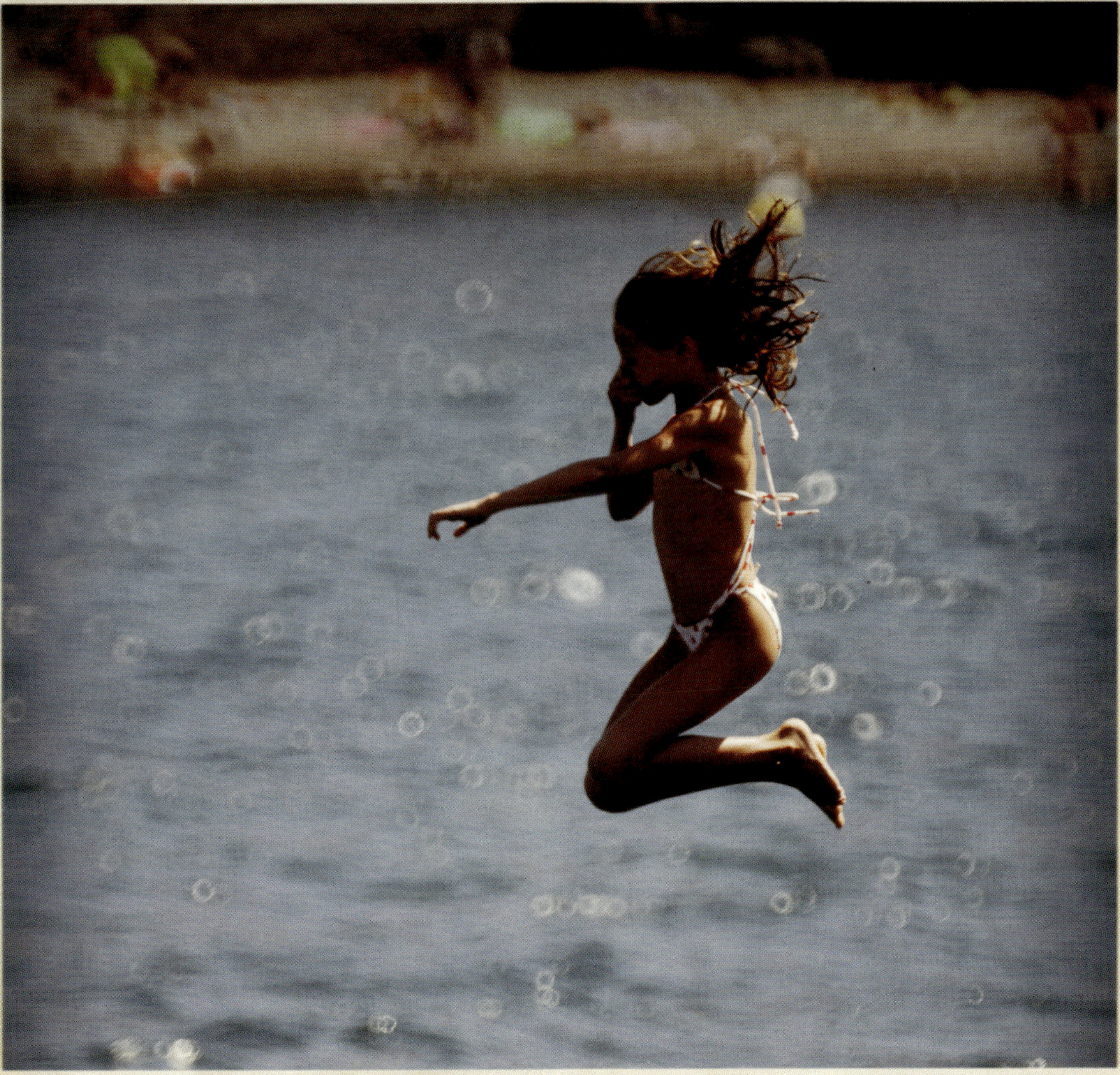

Mit Programmen wie PhotoScape und FastStone kann man Bilder nicht nur bearbeiten, sondern auch anschauen und sortieren. Anspruchsvoller und für etwas erfahrenere Computerkids ist GIMP. Übrigens wird zu fast jeder digitalen Kamera auch ein Fotoprogramm mitgeliefert, mit dem man als Einstieg schon eine ganze Menge anfangen kann. Das Verfremden von Fotos macht mit XnSketch oder XnRetro richtig Spaß. Diese beiden Programme sind wirklich kinderleicht zu bedienen. XnSketch verwandelt eure Bilder durch einem Klick in fantasievolle Zeichnungen oder in echte Cartoons.

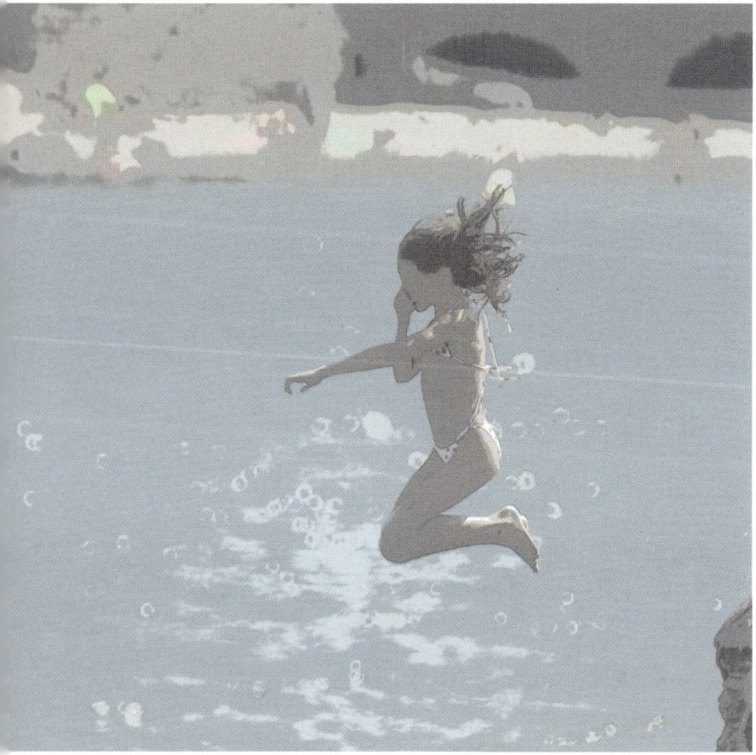

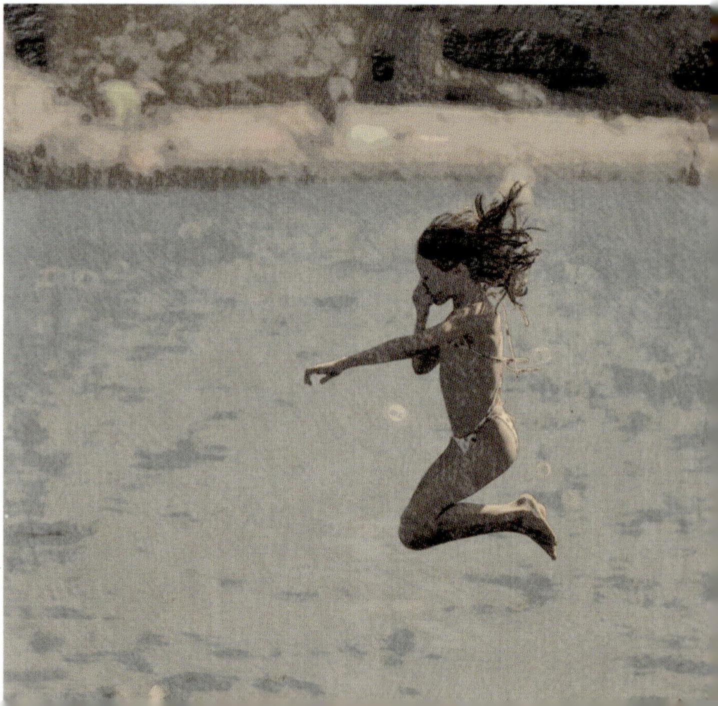

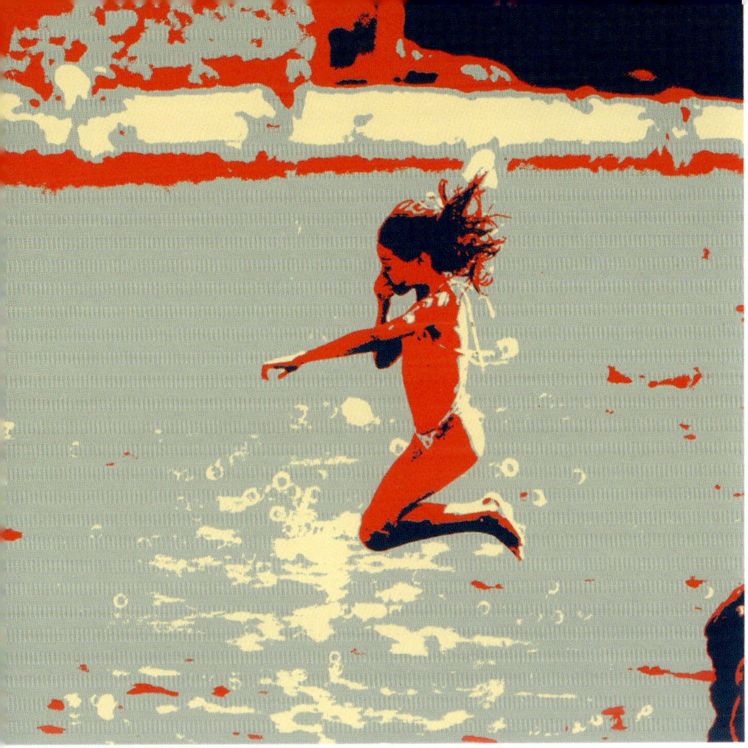

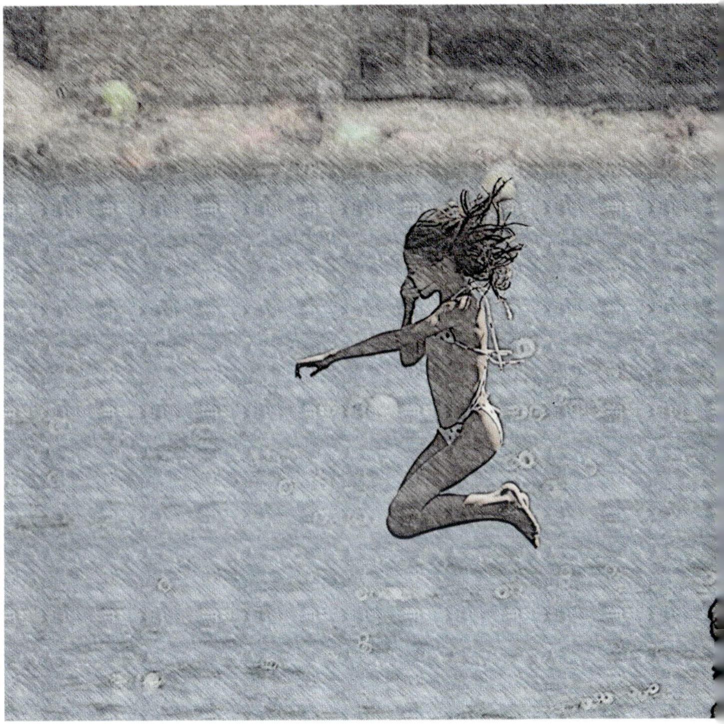

So kann man eine Fotogeschichte zu einem richtigen Comicstrip machen. Mit XnRetro kann man die Bilder wie früher aussehen lassen. Im Retro-Stil sehen eure Aufnahmen so aus, als wären sie in den 1970er-Jahren entstanden. Ihr könnt entscheiden, ob die Fotos einen Rahmen bekommen oder vignettiert werden. Das bedeutet, dass ihr den Bildrand schattiert. Das kann ein schöner Effekt sein, denn die Schatten am Rand lenken den Blick ins Bildzentrum. Daraus kann man beispielsweise fantasievolle Einladungskarten gestalten. Das Ausgangsfoto solltet ihr aber vorher immer kopieren. Mit der Kopie könnt ihr dann alle Effekte ausprobieren und entscheiden, welcher der spannendste ist, ohne dass euer Original verloren geht.

Was macht ihr nun mit all den Bildern?

Ein Bild geht um die Welt

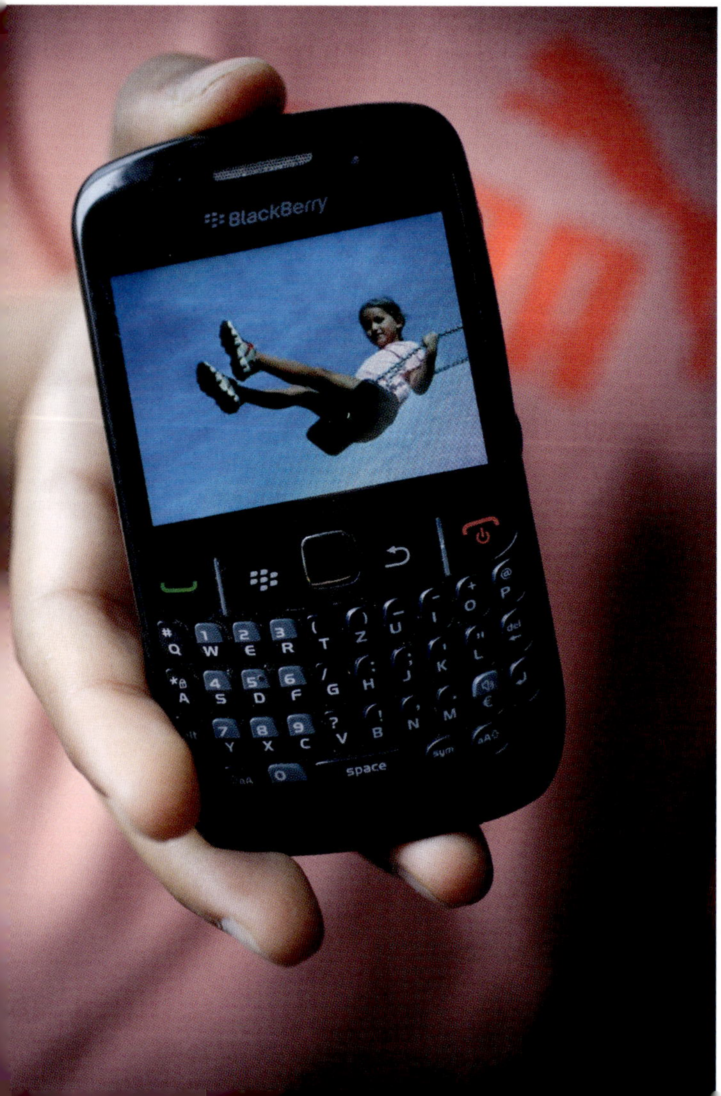

Bilder zu zeigen ist fast genau so schön wie Bilder zu machen. Leider kann man sich nicht jeden Tag sehen. Zum Glück könnt ihr Bilder ganz einfach per elektronischer Post, auch E-Mail genannt, um die Welt verschicken. So können die Freunde in Italien oder auf der anderen Straßenseite in Sekundenschnelle eure Bilder auf ihrem Computer empfangen. Und wenn ihr mit einer Handykamera knipst, dann ist es sogar noch einfacher, denn das Bild kann als MMS sofort verschickt werden. Je nachdem ist das aber ein teurer Spaß, den ihr vorher mit euren Eltern klären solltet.

Tipp

Wenn ihr gute Freunde in der Ferne habt, dann schickt ihnen doch pro Woche ein Foto, das zeigt, was euch gerade bewegt.

Was macht ihr nun mit all den Bildern?

Eure Bilder im Internet

Vielleicht seid ihr ja schon im Internet unterwegs. Auf zahlreichen Websites, wie Facebook und Flickr, könnt ihr Fotos einstellen und allen zugänglich machen. Sicher ist es reizvoll, wenn ihr der ganzen Welt eure besten Bilder zeigen könnt. Dabei müsst ihr allerdings sehr vorsichtig sein. Ein Foto, das einmal im Internet veröffentlicht worden ist, kann nur schwer wieder gelöscht werden und bleibt oft Jahre gespeichert. Außerdem ist es für andere einfach, diese Bilder herunterzuladen, ohne dass ihr es mitbekommt. Überlegt euch also gut, ob eine Aufnahme geeignet ist, um im Internet veröffentlicht zu werden. Was heute noch witzig ist, kann morgen schon sehr peinlich wirken. Wenn ihr unsicher seid, dann fragt am besten eure Eltern, was geht und was man besser nicht zeigen sollte.

Wenn auf euren Fotos andere Personen gut erkennbar sind, dann müssen die damit einverstanden sein, im Internet zu erscheinen. Fragt sie daher zuerst um ihre Erlaubnis. Andersherum sollten andere auch euch fragen, wenn sie ein Foto einstellen, auf dem ihr seid. Wenn ihr es nicht wollt, dann darf man es auch nicht posten.

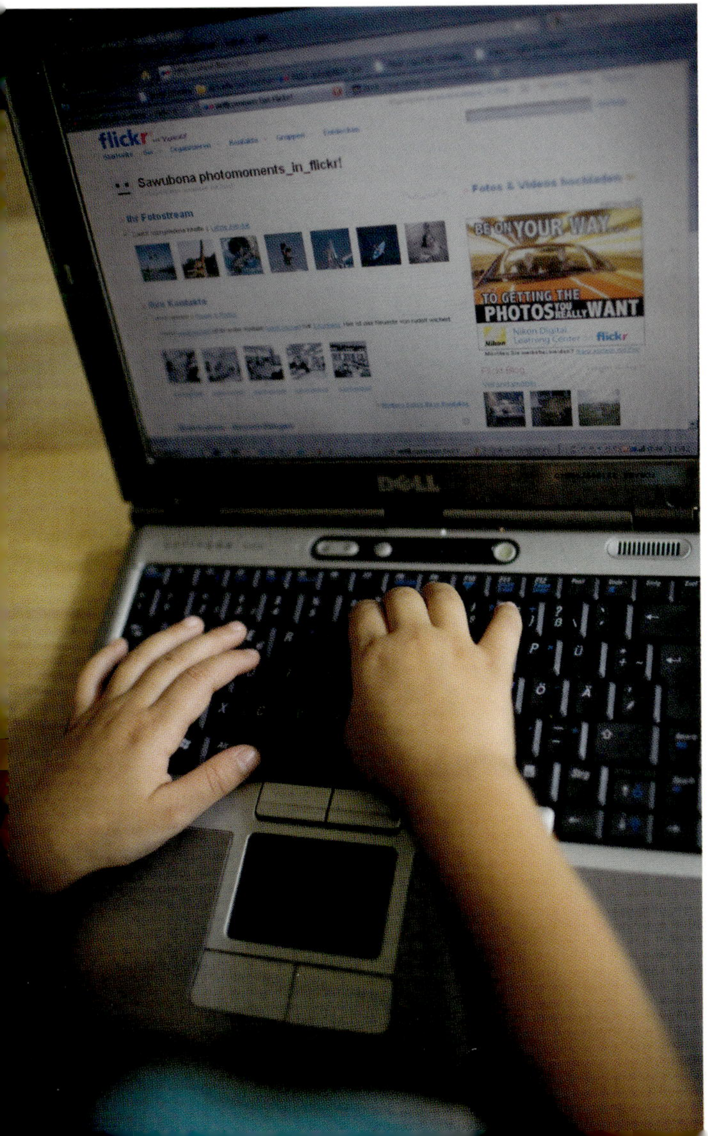
flickr
Sawubona photomoments_in_flickr!
BE ON YOUR WAY
TO GETTING THE
PHOTOS YOU REALLY WANT
DELL

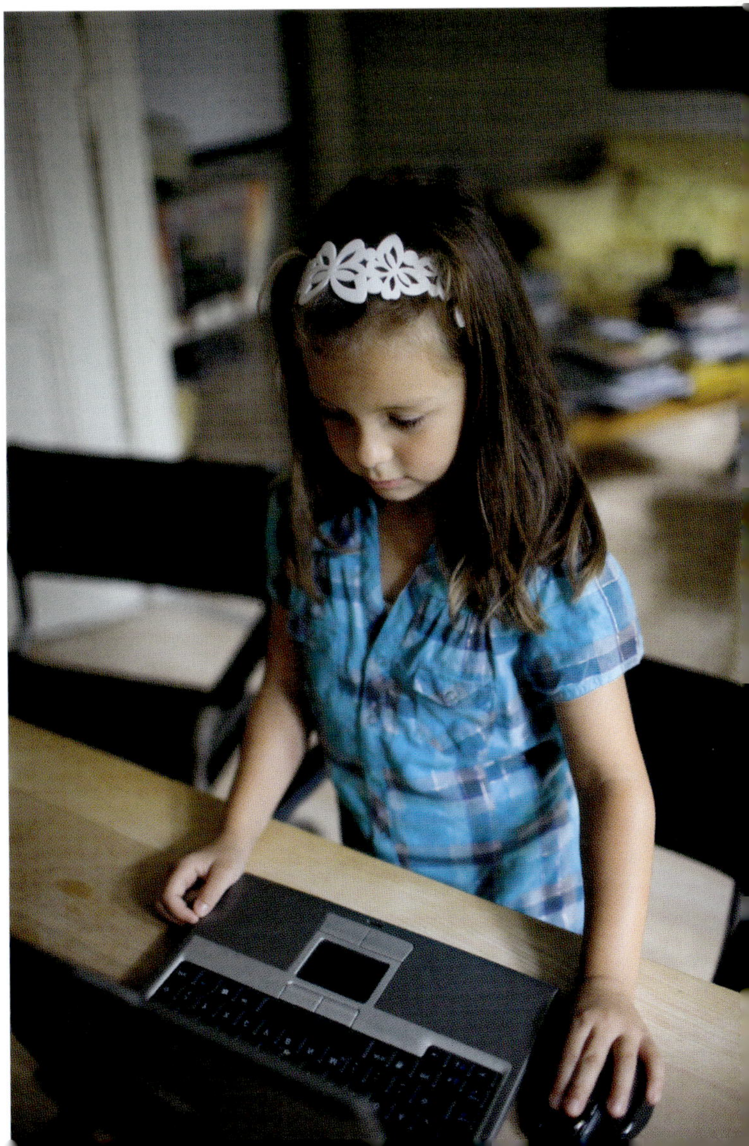

Was macht ihr nun mit all den Bildern?

Das Foto für Hand und Wand

Fotos immer nur auf dem Bildschirm anzusehen, ist auf die Dauer langweilig. Es ist schön, wenn ihr die liebsten und wichtigsten Fotos in die Hand nehmen oder in einem schicken Rahmen an die Wand hängen könnt. Vielleicht möchtet ihr auch das Bild von einem lieben Menschen immer bei euch tragen. Fotos auf Papier sind immer ein schönes Geschenk. Wenn eure Eltern einen guten Farbdrucker und Fotopapier haben, können sie mit euch die Ausdrucke zu Hause machen. In der Regel ist es aber kostengünstiger, die Fotos in einem Laden drucken zu lassen. Drogerien, Supermärkte und Fotoläden haben inzwischen leicht zu bedienende Geräte, mit denen ihr Fotos sofort ausdrucken könnt. Es ist auch möglich, Bilder von zu Hause aus im Internet zu bestellen. Die Bestellung macht ihr besser gemeinsam mit euren Eltern. Wenige Tage später könnt ihr dann die fertigen Fotos im Laden abholen oder sie werden euch mit der Post zugeschickt.

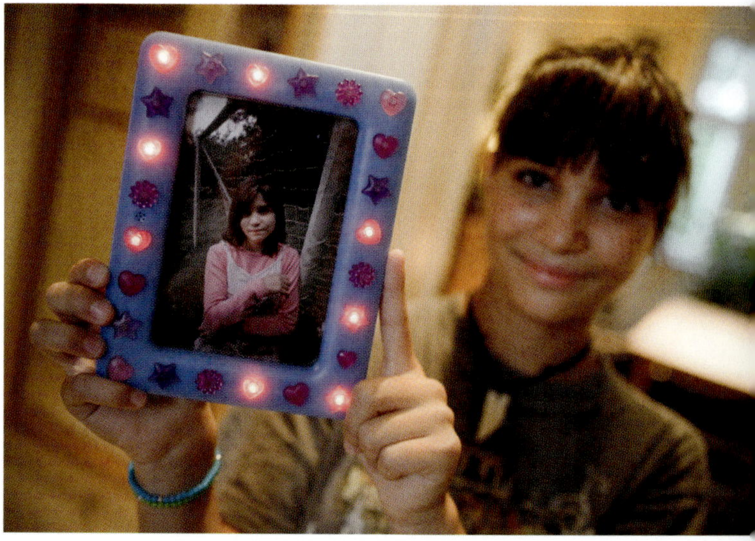

Tipp

Sucht euch in Ruhe eure fünf allerbesten Fotos aus. Von denen macht ihr dann jeweils einen Abzug in der gleichen Größe. Besorgt dann einen passenden Rahmen, in dem man die Bilder leicht auswechseln kann. Nun könnt ihr, wann immer ihr mögt, ein anderes eurer Top-Bilder aufhängen.

Was macht ihr nun mit all den Bildern?

Das Fotobuch ist das Fotoalbum von heute

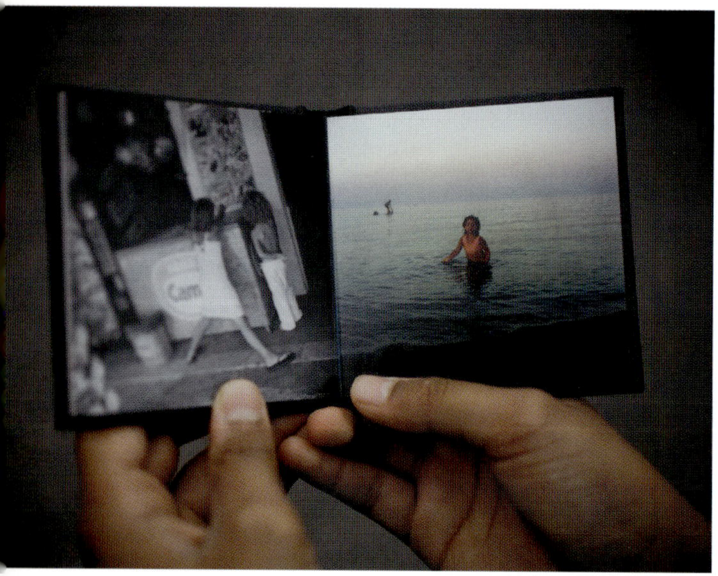

Früher haben die meisten Leute ihre Fotos in ein Album geklebt. Heute könnt ihr dank der neuen Techniken selbst Bücher machen, die richtig gedruckt werden und fast genauso aussehen wie dieses Buch. Vielleicht möchtet ihr ja ein Buch über euren letzten Sommerurlaub drucken lassen, das alle Abenteuer eurer Reise enthält? Der Fantasie sind dabei keine Grenzen gesetzt. Alles kann zu einem aufregenden Buch werden. Mit einem Computerprogramm, das ihr kostenlos bekommt, könnt ihr diese Fotobücher mit ein bisschen Übung selbst gestalten und über das Internet bestellen. Auch hierbei ist es eine gute Idee, sich von jemandem helfen zu lassen, der das schon einmal gemacht hat.

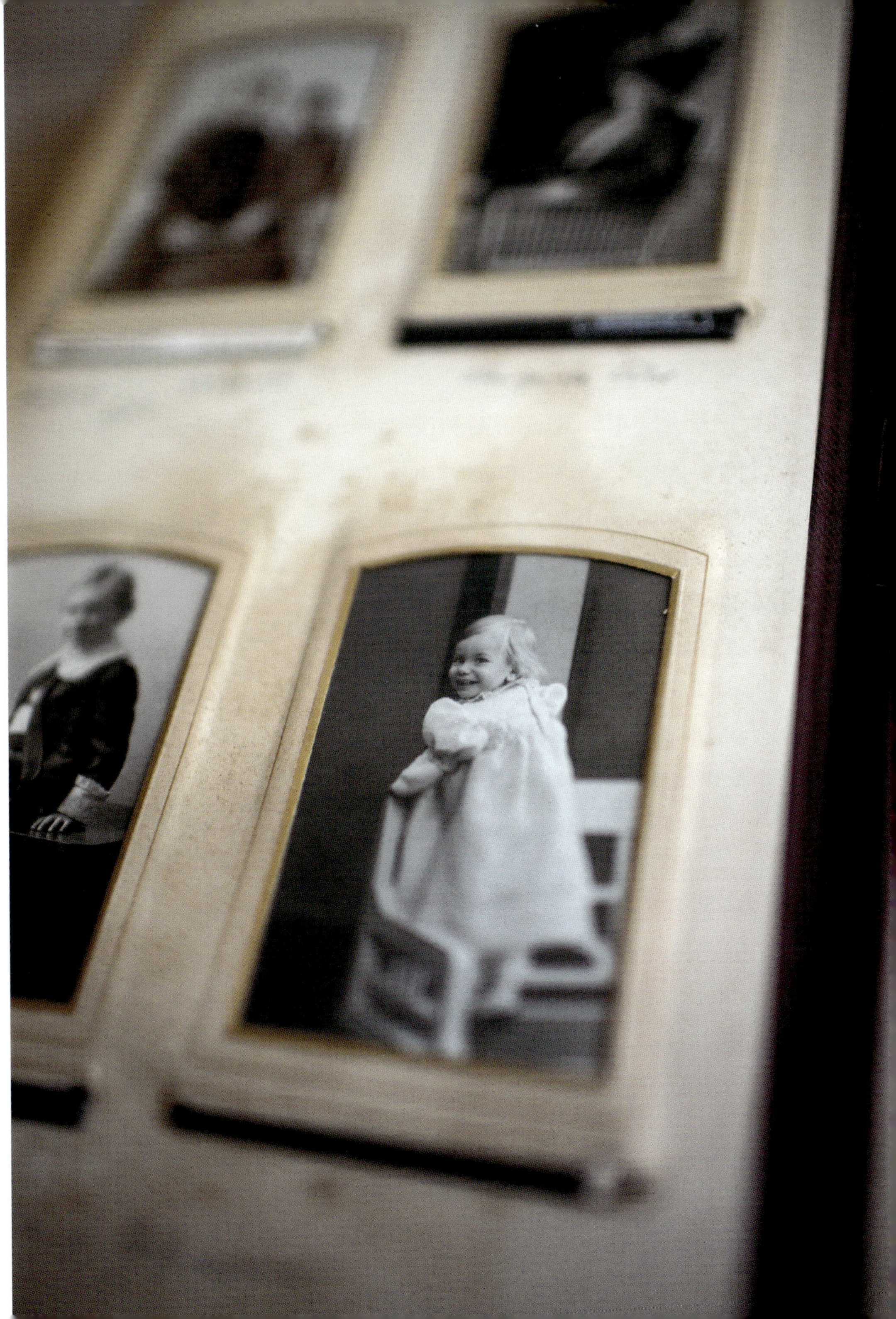

Wenn ihr euch noch mehr für Fotografie interessiert

Vielleicht habt ihr nach der Lektüre dieses Buches sogar Lust bekommen, euch noch intensiver mit Fotografie zu beschäftigen. Das würde uns natürlich freuen, und dafür gibt es viele Möglichkeiten.

Als Erstes solltet ihr so viele Foto-Ausstellungen wie möglich besuchen und euch dort die Bilder gut anschauen. Denn wenn man sehr viele Fotos sieht, bekommt man ein besseres Gefühl dafür, was gute Fotografie ausmacht. Am besten nehmt ihr eure Eltern oder Freunde mit und diskutiert darüber, was euch gefällt oder was ihr nicht mögt. Tolle Fotos findet man natürlich auch in Büchern: Stöbert einfach mal in der Bücherei oder in einer gut sortierten Buchhandlung in den Bildbänden.

Einige Schulen bieten Foto-AGs an. Wenn es an eurer Schule noch keine Foto-AG gibt, dann sprecht einfach mit euren Lehrern. Bestimmt hat einer Lust, mit euch eine Foto-AG zu gründen. Auch für den Unterricht ist ein Fotoprojekt eine klasse Idee, und mit ein bisschen Glück entsteht daraus sogar eine Fotoausstellung im Foyer, zu der man dann Eltern und Familie einladen kann.

Workshops sind auch ein sehr guter Weg, um mehr über Fotografie zu erfahren. Solche Kurse bieten beispielsweise Volkshochschulen und andere Einrichtungen, wie Jugendzentren, Museen und Jugendkunstschulen, an. Am besten informiert ihr euch im Internet über geeignete Angebote in eurer Gegend.

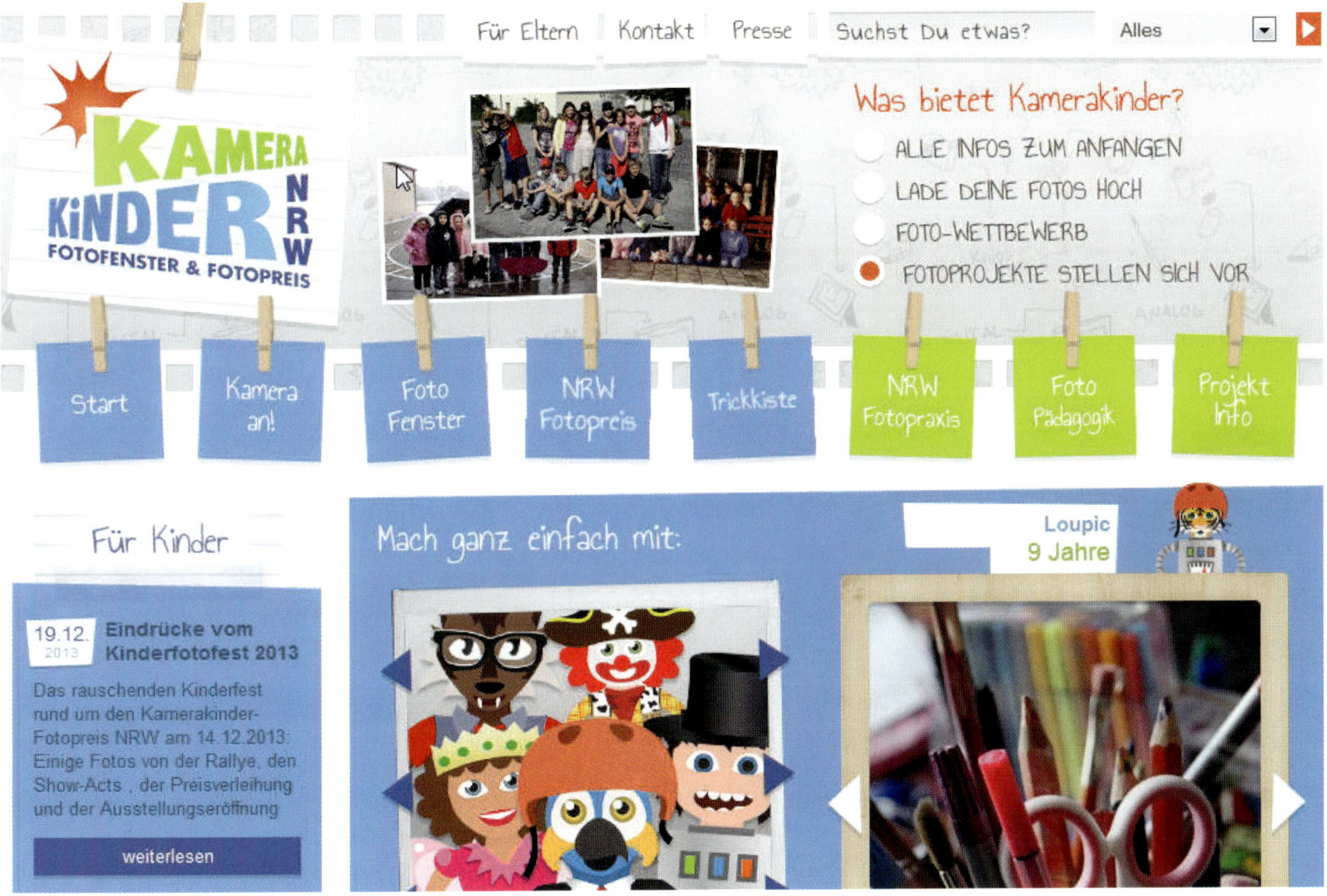

Jede Menge Infos findet ihr auf der Website http://www.kamerakinder.de. Dort gibt es auch viele Vorschläge für interessante Projekte und auch technische Tipps.

Vielleicht habt ihr auch Lust, mit ein paar Freunden eine eigene Fotogruppe zu gründen, denn gemeinsam macht ja alles mehr Spaß. Dann könnt ihr zusammen fotografieren, experimentieren, über Bilder sprechen und bei Fotowettbewerben mitmachen, zum Beispiel beim Deutschen Jugendfotopreis.

Wenn ihr euch noch mehr für Fotografie interessiert

Fotografie als Beruf

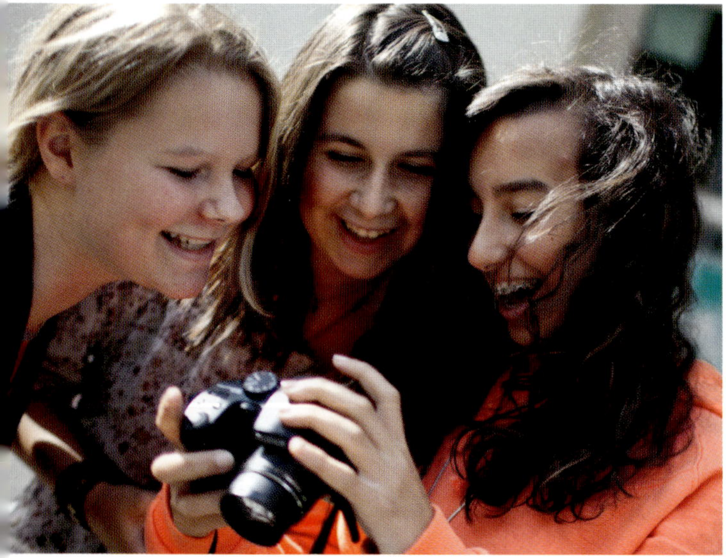

Möglicherweise kommt irgendwann der Zeitpunkt, an dem ihr sogar darüber nachdenkt, die Fotografie zu eurem Beruf zu machen. Um Fotograf oder Fotografin zu werden, gibt es unterschiedliche Wege. Vorab solltet ihr jedoch überlegen welche Richtung euch besonders interessiert, denn die Fotografie ist ein wirklich weites Feld. Es gibt Fotografen für Zeitungen, Modefotografen, Autofotografen, Porträtfotografen, Hochzeitsfotografen usw. (Ihr könnt euch das ungefähr wie bei den Ärzten vorstellen. Da gibt es ja auch sehr verschiedene Spezialisten, und schließlich geht man mit Bauchschmerzen nicht zum Zahnarzt.)

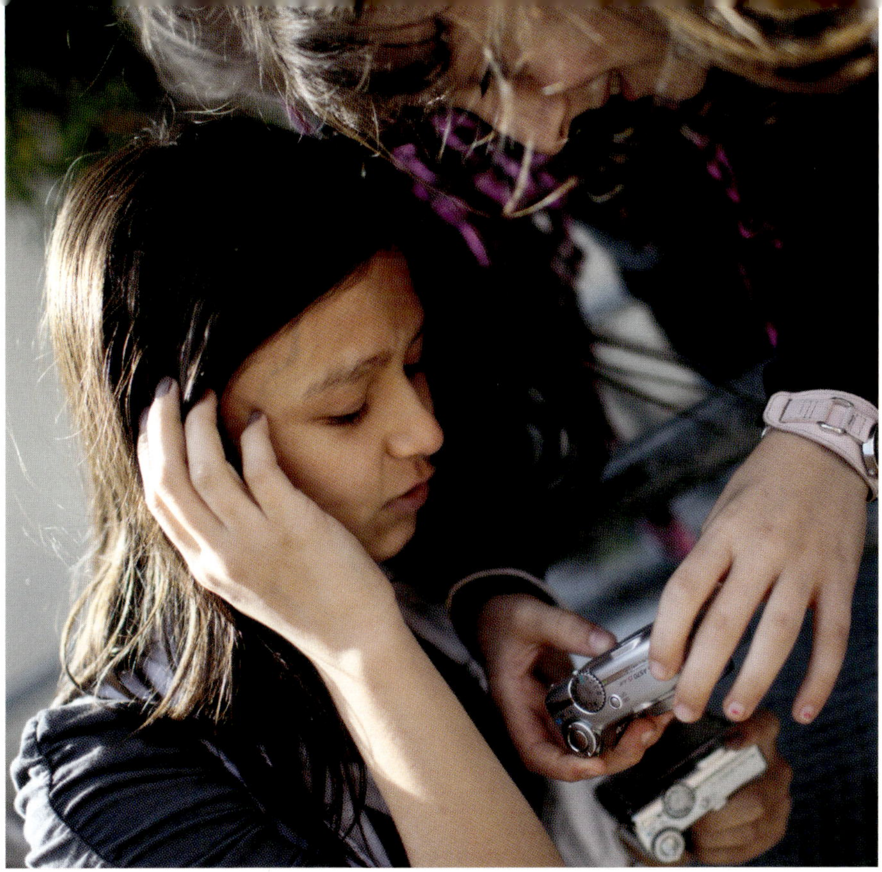

Zum einen kann man Fotografie an einer Hochschule studieren. Das geht in vielen Städten und in den letzten Jahren sind einige interessante Standorte hinzugekommen. Einen umfassenden Überblick über die angebotenen Studiengänge bekommt ihr auf der Website http://www.foto-studium.de/.

Zum anderen ist Fotograf auch ein klassischer Lehrberuf mit einer dreijährigen Ausbildungszeit und begleitender Berufsschule. Allerdings sind die beruflichen Perspektiven nach einer Lehre in mancher Hinsicht begrenzt. Darum glauben wir, dass ein Studium in der Regel der bessere Weg ist.

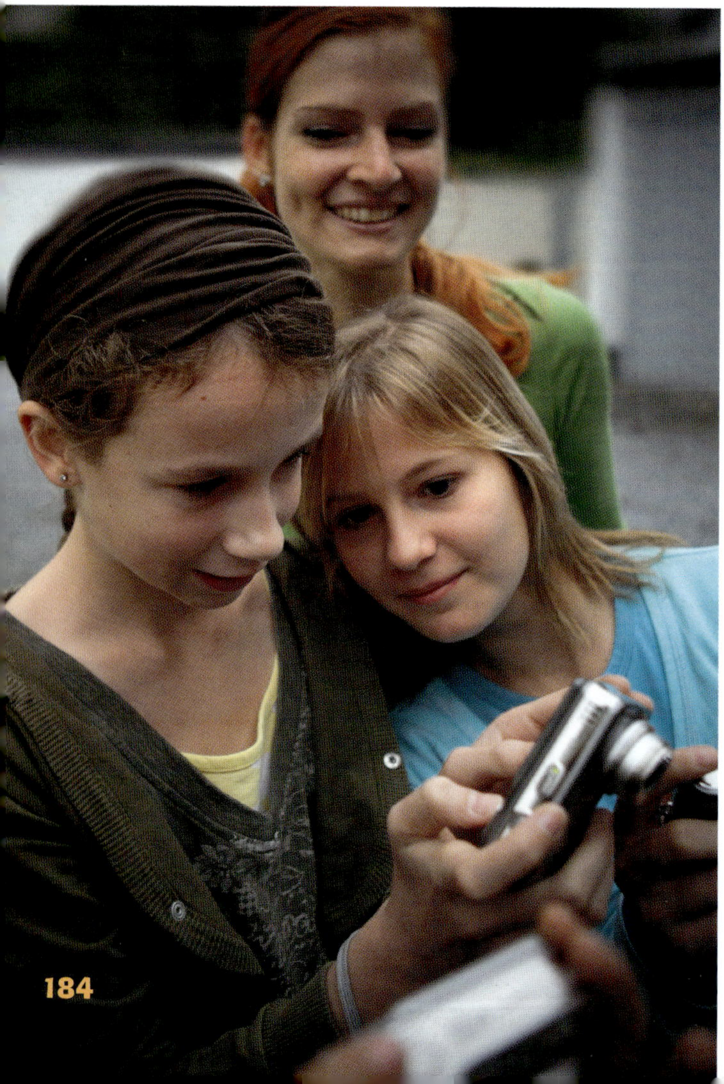

Bevor ihr euch für einen der Ausbildungswege entscheidet, solltet ihr auf jeden Fall so viele Praktika wie möglich machen, um diesen spannenden Beruf besser kennenzulernen. Möglicherweise gibt es ja in eurem Umfeld einen Fotografen, den ihr fragen könnt. Oder ihr schaut euch einfach die Websites von Fotografen in eurer Stadt an. Den, dessen Bilder euch am besten gefallen, ruft ihr einfach an. Wenn ihr sagt, dass ihr seine Bilder toll findet, dann stehen die Chancen für ein Praktikum gar nicht schlecht.

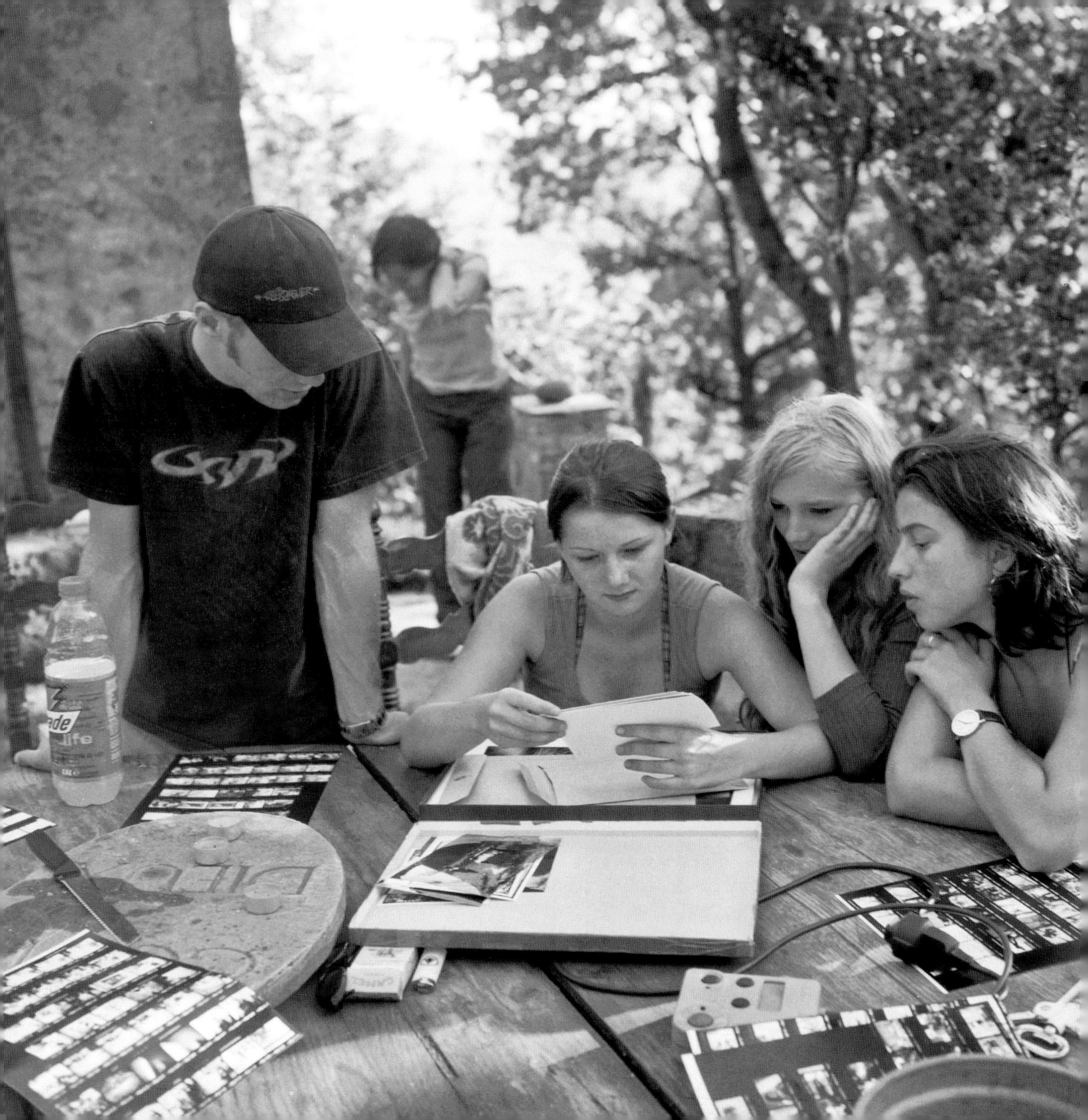

Zu guter Letzt

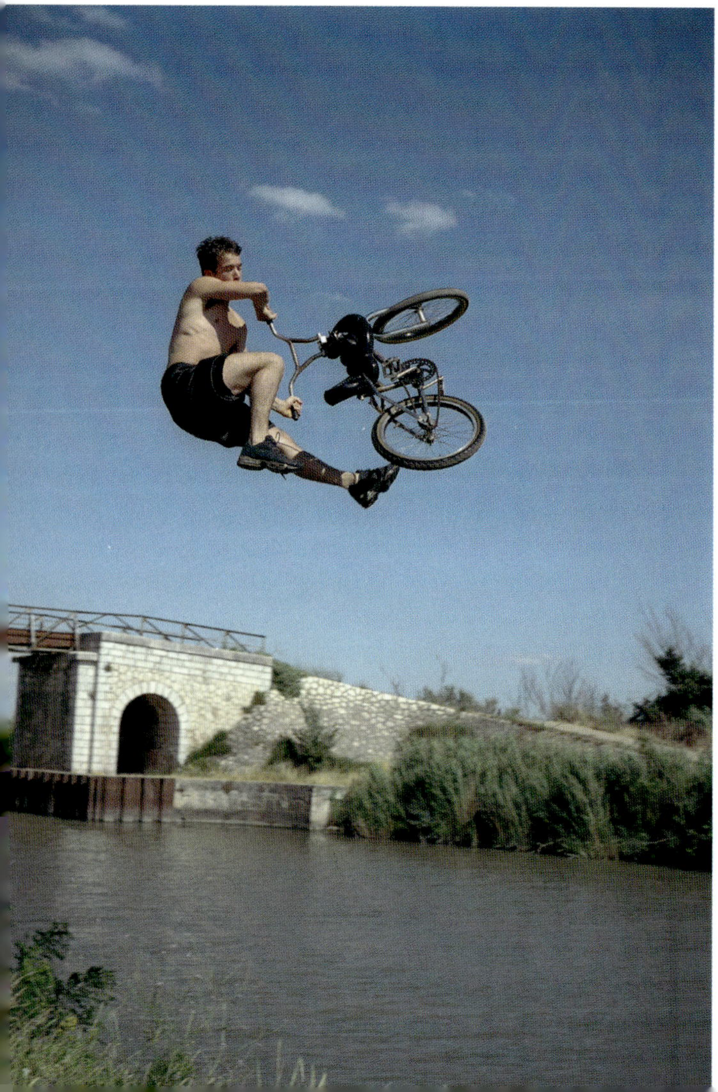

Nun haben wir euch eine ganze Reihe von Ideen und Vorschlägen für eure Fotos gemacht. Aber es gibt ja noch viel mehr: Karneval, Straßenfest, Ballonwettbewerb oder der Tag der offenen Tür bei der Feuerwehr. Immer und überall gibt es Ereignisse, die ihr fotografieren könnt. Nehmt eure Kamera und erkundet die Welt. Ganz sicher werdet ihr in kurzer Zeit eigene Vorlieben und Lieblingsthemen für euch entdecken.

Natürlich konnten wir in diesem Buch nicht auf alle Einzelheiten des Fotografierens und der Kamera eingehen. Fotografieren ist wirklich eine der schönsten Beschäftigungen und mit modernen Kameras gelingen Bilder auch ohne große technische Kenntnisse sehr schnell. Sobald ihr aber noch tiefer in die Foto- und Computertechnik einsteigen wollt, werdet ihr in der Bedienungsanleitung eurer Kamera wertvolle ergänzende Informationen und Tipps finden. Vielleicht studiert ihr sie gemeinsam mit jemandem, der sich schon länger damit beschäftigt und euch weitere Fragen beantworten kann. Auch im Internet befassen sich unendlich viele Webseiten mit der Fotografie und geben Tipps für tolle Bilder. Das Wichtigste ist jedoch, dass ihr Lust bekommt, zu fotografieren, und durch die Bilder im Buch angeregt werdet, eure eigene Welt mit der Kamera zu entdecken.

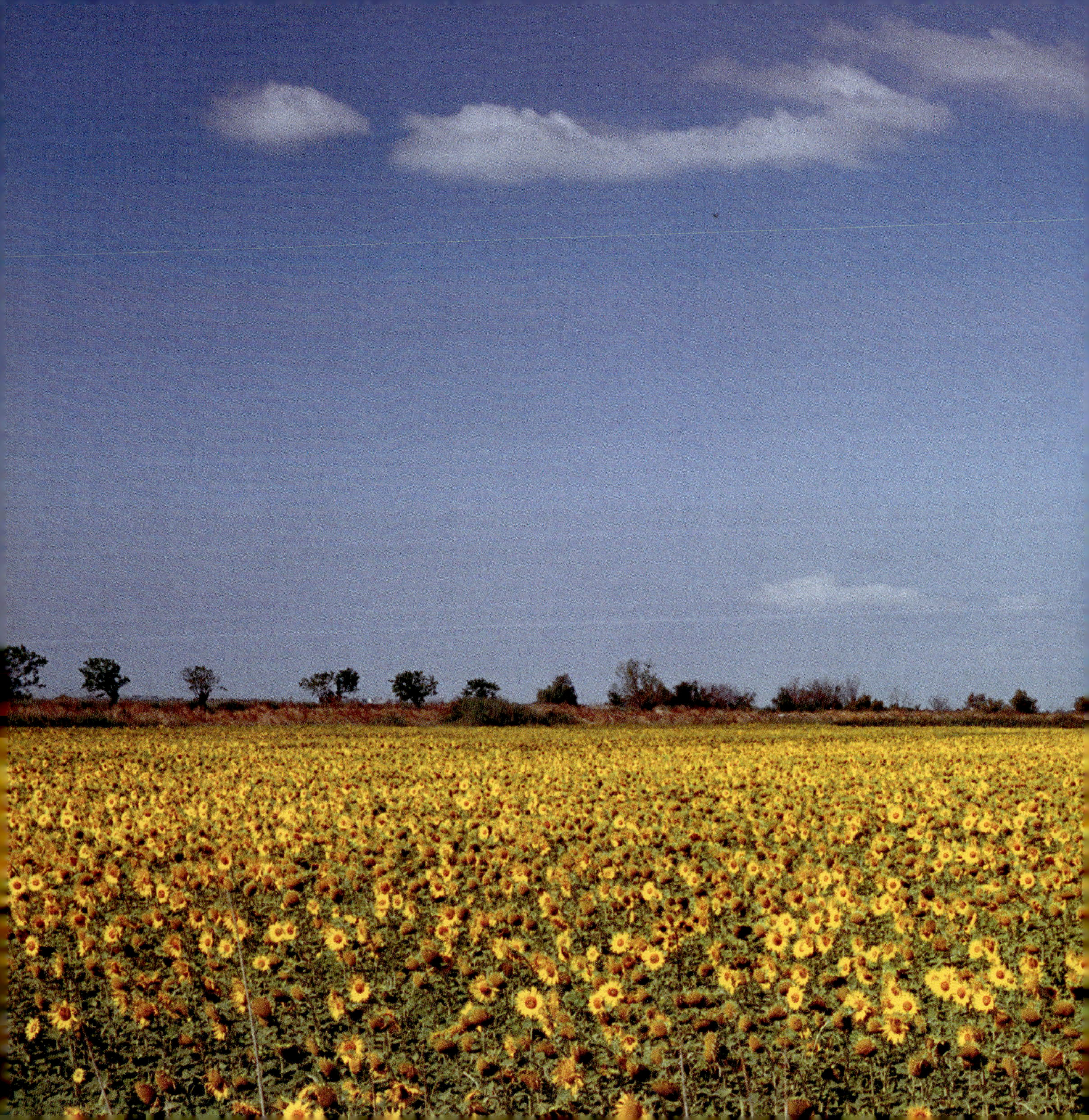